KB081167

이효경

어려서는 책을 싫어했는데 어쩌다 보니 도서관학을 공부하고
사서가 되었다. 무심코 선택한 전공 덕분에 미국으로 유학을
떠났고 공부를 마친 후에도 여전히 도서관 뜰을 밟고 있다. 뉴욕의
컬럼비아대학 도서관을 거쳐 지금은 시애틀의 워싱턴대학
도서관으로 출근한다. 한 줄로 세우면 서울에서 춘천 거리보다
긴 도서관 서가를 오가며 자연스레 책과 친해졌다. 대부분의
책과는 옷깃만 스친 정도의 인연을 맺고 있지만 그중 몇 권과는
더 돈독해지고 싶어 애쓰고 있다. 굽어진 책등을 어루만지며,
세파에 찢겨 나간 표지를 쓰다듬으며, 낡은 책장이 바스러지지 않게
천천히 넘기며, 지면에 박힌 활자를 눈으로 확인하고 손으로 다시
더듬으며 도서관 서고를 맴돈다.

한국학 사서로 경험한 에피소드를 모아 『책들의 행진』을, 습작 삼아
쓴 자전적 소설 『아를, 16일간의 기억』을 출간했다. 2019년에는
워싱턴대학 최고 사서로 선정되었다. 매년 내 돈이 아닌 학교
예산으로 한국 책 사들이는 호사를 누리며, 오늘도 도서관 서가의
마일리지를 늘리는 일로 분주하다.

워싱턴대학의 한국 책들

워싱턴대학의 한국 책들

동아시아도서관의 보물: 1900~1945

이효경 지음

들어가는 말

나의 직업은 책을 찾는 일이다. (책을 정보로 대체하면 더 그럴싸하게 들리지만, 여기선 간단히 책이라고 해 두자.) 도서관 이용자에게 책을 찾아 주거나, 잘 찾는 법을 전수한다. 일의 만족도는 필요한 책을 빨리 찾았을 때 커지고, 못 찾았을 때는 정확히 반비례한다. 때로는 책 찾는 과정이 며칠간 길게 이어질 때도 있지만, 이 또한 일상에 지나지 않는다.

그런 일상에 반전이 찾아왔다. 내 평생 이렇게 책을 못 찾았으면 하고 간절히 바란 적은 없었다. 제발, 제발, 내가 찾는 책이 이 세상 어디에도 없기를 바라며 컴퓨터 자판의 실행 키를 누른다. 검색 결과에 희비가 엇갈린다. 먼저 미국 내 도서관을 찾고, 이어서 세계 도서관 서지를 뒤진다. 여기서도 찾아지지 않으면 일단 기대를 걸어 볼 만하다. 내가 찾는 책은 대부분 한국 책이기 때문에 마지막으로 한국 도서관을 샅샅이 뒤진다. 국가 대표 도서관인 국립중앙도서관 및 대학도서관들을 차례로 훑어 나간다. 그래도 없으면, 고서점이나 박물관 목록을 인터넷으로 뒤지며 마지막 색출에 나선다.

이 과정을 수없이 반복했다. 혈압이 올라가고, 심장 박동수가 오르락내리락, 부신 호르몬이 들썩거리는 시간으로 연구년 대부분을 보냈다. 목표는 하나, 내가 근무하는 워싱턴대학교의 한국 귀중서가 아직 세상에 알려지지 않은 책이길 바라서였다. 대학 내 귀중서가 세계적인 귀중서로 탄생하기를 기대하면서.

유일본으로 보이는 몇몇 자료를 발굴하긴 했지만, 아쉽게도 워싱턴대학교에서 세계 유일본이 대거 쏟아져 나오는 꿈 같은 일은 벌어지지 않았다. 물론 한국을 제외한 해외 유일본인 경우는 수도 없이 많다. 한국에 몇 권 존재한다 해도, 소장 도서관이 극히 드물어 우리 대학의 한국 장서 수준을 다시 확인할 수 있었던 것은 큰 소득이다.

그간 내 마음을 쥐락펴락하며 엔도르핀을 가장 많이 선사한 44권의 책을 처음으로 공개한다. 선정 이유는 44권마다 제각각이다. 어떤 책은 정말 이 세상에 하나밖에 없어 보여서(누군가의 서고, 다락, 또는 창고에서 언제든 불쑥 나타날 수 있으므로), 어떤 책은 그 가치에 비해 너무나 알려지지 않은 책이어서, 어떤 책은 미스터리로 남은 손그림이 인상적이어서, 어떤 책은 저자의 소중한 필체와 따뜻한 메시지가 남아 있어서, 어떤 책은 그 내용이 파격적이라서, 어떤 책은 유명인의 손길이 닿은 모던한 표지 디자인 때문에, 어떤 책은 삽화가 좋아서, 어떤 책은 심하게 작거나 심하게 너덜너덜해서, 어떤 책은 많이 팔린 책이라서, 어떤 책은 기획 아이디어가 기발해서, 어떤 책은 저자의 굽이진 인생이 애달파서, 어떤 책은 저자가 도대체 누구인지 확인이 되지 않아서, 어떤 책은 속지로 쓴 종이가 너무 곱고 예뻐서, 어떤 책은 누군가 몰래 남긴 낙서가 재밌어서, 어떤 책은 서문이 감동적이어서, 어떤 책은 시대를 초월했기에, 또 어떤 책은 누구나 다 아는 책이라서 나도 알아야 했기에 등. 44권의 공통점이라면 외딴 시애틀 서고에만 모셔 두기엔 모두 보물 같은 책이라는 것이다.

선정의 기준은 1900년을 시작으로 1945년 해방 전까지 나온 책으로 한정했다. 44권으로 한정한 이유는 그만큼이 연구년 내에 감당할 수 있는 적절한 권수였기 때문이다. 한정된 지면에 넣을 수 있는 최대한이기도 하다. 1900년을 시작으로 삼은 것은 대망의 20세기 벽두이자 내 미흡한 한자 실력으로 되돌아갈 수 있는 가장 먼 시기였기 때문이다. 시기를 1945년 광복 전으로 한정한 것은 역사적 의미도 없지 않지만, 무엇보다도 광복 후 출간된 책의 양이 엄청나기 때문이다. 언제 기회가 되면 1945년 이후 책도 소개하고 싶다.

이 책은 독자에게 대한민국의 20세기 초 반세기를 그 당시 책으로 비추어보는 흥미로운 인문 탐험이 될 것이다. 지금은 가 볼 수 없는 과거의 길을 당대 사람들의 친절한 안내를 받으며 걸어 볼 수 있다. 시대마다 다양한 저자를 만나 그들의 생각과 경험을 함께하는 독특하고도 생경한 경험을 얻게 되리라. 식민지 시대라는 역사의 무게 때문에 지치고 힘든 길도 많지만, 흥얼거리며 가볍게 산책하듯 걸을 수 있는 길도 더러 있으니 마음껏 즐기시길 바란다.

시대가 시대인만큼 길의 시작은 해독이 어려운 한문으로 가득 찬 오르막길이지만 점차 국한문 혼용에서 순한글 내리막길로 접어든다. 오래된 책이라고 너무 처음부터 겁먹지 말고 그래도 손을 잡고 함께 걸으면 여행을 잘 마칠 수 있으리라 생각한다. 무엇보다 어려웠던 내 나라의 지난 역사를 책과 함께 걸어 보는 경험은 책 순례의 가장 큰 보람이라 장담한다.

　길 구비마다 이정표처럼 우리를 반갑게 맞아 주는 44권의 책에 대한 각별한 마음도 밝혀 둔다. 오랜 기간 도서관 서고에서 누군가 찾아 주기만을 간절히 바라며, 짧게는 75년에서 길게는 120년을 묵묵히 기다려 준 책들이 드디어 독자를 만나게 되었으니까. 책 찾는 사서의 일상에 독자 찾기라는 새로운 일상이 찾아왔다. 살아남아 선택된 44권의 오래된 책들이 긴 침묵을 깨고 간절히 독자를 찾고 있다. 이 서문을 읽는 여러분이 바로 그 독자이기를 희망한다.

4부 1930~1939: 암흑기에 뿌려진 한국 문학의 씨앗 ——————

1900

1부
근대화와 식민화의 운명 앞에서

몇 차례의 양요를 겪고 결국 개항하게 된 조선 후기의 혼돈을 막 지난 1900년 초, 조선은 근대화의 새물결과 식민화 위협 앞에 놓여 있었다. 미처 준비되지 않은 조선에 다가온 미지의 세계는 두려움이면서 설렘이 아니었을까? 이 시기의 출판물들은 계몽의 도구이자 경계의 몸사림이었다. 근대 공교육이 시행되면서 다음 세대에게 새로운 지식을 가르치고자 했던 책들이 가장 눈에 띈다. 외국 선교사가 아이들에게 신지식을 가르치기 위해 펴낸 『유몽천자』는 재밌게도 옛날 우리나라 교육의 첫 걸음이었던 천자문 형식을 빌렸다. 하지만 근대 공교육 시작과 함께 인기를 끌었던 민간 초등교과서 『초등소학』은 일제에 의해 발매금지 처분을 받는다. 이미 식민화의 그림자가 다가온 것이다.

1909

책을 만드는 이들은 그 참혹을 경험한 다른 나라의 경험담 『월남망국사』를 통해 식민화에 대한 경각심을 일깨우려 했지만 다른 한편, 일본 제국주의의 교묘한 논리를 포장하는 나팔수가 되기도 했다. 가토 히로유키의 『인권신설』은 계몽을 가장한 채 약육강식의 논리로 제국주의를 옹호했다. 그럼에도 새로운 시대는 척박한 식민의 땅에 신소설, 신연극 같은 새로운 문화를 가져왔다. 세계로 열린 뱃길을 따라 모국을 떠나 외국에 정착한 이들의 이야기 『포와유람기』 너머로는 식민화에 이은 이념 갈등으로 비극이 되어 버린 개인의 역사와 시대사가 쓰라리게 중첩된다.

유몽천자 牖蒙千字

제임스 게일James S. Gale
대한성교서회 & The Fukuin
Printing Co., LTD
1901

세상에
하나뿐인
초판본

한글과 한문, 영어가 뒤섞인 유몽천자의 표제지는 구한말 조선 사회를 보여 준다.
저자인 게일 목사의 이름을 '대미국교인 기일(大美國敎人奇一)'이라고 적은 것이 특이하다.

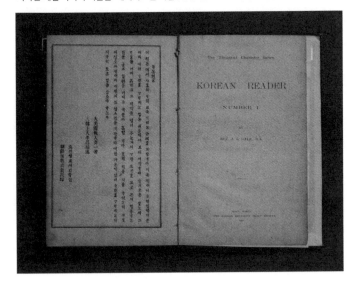

『유몽천자』는 서양 신지식을 소개하는 세 권짜리 국한문 혼용 어린이 교재다. 세 권을 합본해 놓은 책의 첫 페이지에는 천자문을 연상시키는 제목과 달리 영문 제목과 영문으로 된 저자 이름이 나란히 쓰여 있다. Korean Reader(한국어 교재) Number I, II, III(1, 2, 3권), 부제는 천자문 시리즈를 뜻하는 The Thousand Character Series로 세 권 모두 동일하다. 저자는 캐나다 선교사 제임스 게일James S. Gale(1863~1937) 목사인데, 저자 이름을 영어 발음대로 게일이라 쓰는 대신 자신의 한국 이름인 기일奇一이라 표기한 것이 흥미롭다. 영어로 된 표지와 나란히 놓인 국한문 혼용 서문에서 구한말 조선에 불어온 서구의 바람이 물씬 느껴진다.

제발 단 한 권도 없기를

내용에 앞서 사서로써 이 책이 가장 눈길을 끈 것은 1901년이라는 출판년도였다. 『유몽천자』는 1909년(순종 3년)까지 여러 번 중간되었는데, 워싱턴대학교 동아시아도서관이 소장하고 있는 1권에서 3권까지가 모두 1901년에 출간된 초판본이다. 사서에게 세상에 미처 알려지지 않은 초판본을 발견하는 기쁨이란 콜럼버스가 아메리카 신대륙을 발견했을 때의 감격과 비교할 만하다. 비유가 과하다면, 적어도 고래잡이의 포획이나 도박꾼의 잭팟보다 가슴이 벅차오르는 감격이라고 감히 말하고 싶다. 내 손에 있는 이 책이 이 세상에 단 하나뿐인 존재라고 생각해 보라. 묘한 전율이 온 몸에 느껴지지 않는가?

세상의 수많은 사서 중에 세계 유일본을 발견해 본 사서가 몇이나 될까? 설레는 마음으로 제발 그 어느 곳에도 없기를 간절히 바라면서 이미 전자책으로 올려진 국립중앙도서관 소장본과 미국의 하티트러스트HathiTrust(미국 대학도서관을 중심으로 결성한 디지털 도서관 프로젝트)의 스캔본을 떨리는 손으로 클릭했다. 재판Second Edition이라는 글자가 화면에 떠오르고, 1901년이 아닌 1903년과 1904년 출간본만 확인했을 때의 환희란!

그뿐인가? 『유몽천자』에 관한 연구 논문이란 논문은 다 뒤져가며 논문의 자료가 된 책들의 발행일을 찾으며 안도와 실망의 한숨을 번갈아 쉬었다. 비록 국립한글박물관에서 제 1권의 초판본을 보고 김이 좀 새긴 했지만(3권 초판본은 서울대와 성균관대 도서관에도 있다), 제 2권의 초판본은 아직 발견되지 않았고, 1권부터 3권까지 전체를 초

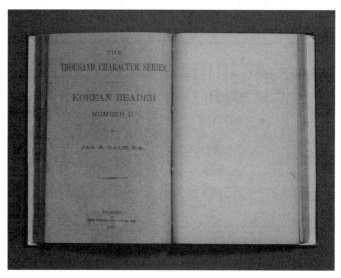

『유몽천자』 1, 2, 3 전권을 초판본으로 소장한 곳은 전세계에서 워싱턴대학교
동아시아도서관이 유일하다. 전세계 유일본 소장은 사서의 꿈이기도 하다.

판본으로 소장한 곳은 전세계에서 내가 재직하고 있는 워
싱턴대학교가 유일하다.

　　바로 이런 날을 기다리며 지난 몇 년간 한국 장서 기금
을 모금하고, 기금 행사를 하고, 전문가에게 목록을 맡겨
전산화하고, 또 정리 작업을 해서, 지금 이렇게 연구년을
받아서 우리 대학의 귀중서들을 온 세상에 알리려 몸부림
치는 게 아닌가? 사서가 책을 만나 흥분하다 보니 서두가

조금 길어졌는데 이 참에 독자의 너그러운 양해를 미리 구한다. 앞으로 종종 책에 흥분한 필자를 만나게 될 테니까.

워싱턴대학교 소장본은 1~3권이 한 책으로 묶인 합본이다. 양장으로 제본되어 있고, 안에 4개의 송곳 자국이 그대로 남은 걸 보면, 이전에는 사침선장四針線裝으로 묶여 있었던 듯하다. 선장이란 고서에서 가장 일반적인 제책방식으로, 책에 바늘구멍針眼을 뚫고 실이나 끈으로 책등 가까운 쪽을 맨 형태이다. 선장의 경우 우리나라에서는 주로 오침안정법五針眼訂法을 썼고, 중국이나 일본에서는 사침을 주로 썼는데 이 책이 사침인 것은 특이하다. 세로 22센티미터의 작은 책이라서 그런 듯하다.

책을 살펴보다가 1권과 2, 3권 출판된 곳이 다르다는 사실을 발견했다. 1권은 영국계 개신교 출판기관의 한국 지부인 조선성교성회The Korean Religious Tract Society에서 출간했지만, 2, 3권은 일본 요코하마에 있는 후쿠인출판사 The Fukuin Printing Co,. LTD로 되어 있다. 조선에서 쓸 교재를 왜 굳이 일본까지 가서 인쇄했을까?

기록에 따르면 후쿠인출판사는 다른 곳에 비해 다양한 한자 활자를 인쇄할 수 있었다고 한다.[1] 『유몽천자』는 한자 학습서라 각 권마다 1천 자씩 총 3천 개의 한자에다

속편까지 있어서 상용한자를 훨씬 뛰어넘는 한자 활자가
필요했기에 이 인쇄소에 신세를 졌을 것이다. 또 일본어로
복음福音이라는 뜻의 '후쿠인'이라는 이름에서 알 수 있듯
일본과 한국에 체류했던 미국 선교사들과의 교류가 활발
했으리라 짐작해 볼 수 있다.

　　후쿠인출판사는 독실한 기독교 신자였던 무라오카
씨가 1898년 요코하마에 설립한 출판사로[2] 주로 찬송가,
교리서 등의 종교서적과 한자, 한글 등 다양한 언어의 성경
을 출간하는 등 개신교 출판사로 정체성이 분명했다. 1923
년 고베대지진으로 문을 닫을 때까지 많은 미국 선교사들
과 일을 했으므로 한국의 선교사들과도 교류가 잦았으리
라. 기독교 서적이 아닌 『유몽천자』가 이곳에서 출간된 데
는 저자가 선교사였다는 점 역시 크게 작용했을 것이다.

공저자와 국한문 혼용의 수수께끼

책의 저자인 게일 목사는 캐나다 태생의 미국 선교사로
1888년 12월 15일에 조선에 들어와 선교 활동을 시작했
다. 특히 조선의 언어와 문자 및 교육 등에 깊은 관심을 갖
고 많은 책을 펴냈다. 『사과지남』辭課指南(1894), 『텬료역

뎡』(1895), 『한영자뎐』韓英字典(1897), 『연경좌담』演經坐談 (1923) 등인데, 한국학 연구자로서 어떤 선교사보다도 탁월하고 월등한 업적을 남겼다. 이런 게일 목사 곁에는 그에게 한국어를 가르치고 책의 교열을 도왔던 이창직李昌稙이라는 한국인이 있었다.

그의 이름은 『유몽천자』 1권 서문에 교열을 함께한 이로 등장하는데, 게일 목사가 『한영자뎐』을 발간할 때는 1년간 후쿠인출판사에서 교열 및 출판을 공부하기도 했다니[3] 이 책과 후쿠인출판사와의 인연을 짐작해 볼 수 있는 또 하나의 단서다. 하지만 무슨 사연인지 정작 후쿠인출판사에서 펴낸 『유몽천자』 2, 3권에는 이창직의 이름이 빠져 있다.

오래전에 출간된 책을 찬찬히 들여다보면 이런저런 궁금증과 상념이 생긴다. 어떤 것들은 논문이나 자료를 찾아보면 당장 해결되지만 어떤 것들은 짐작할 수만 있을 뿐 정확하게 알 수 없다. 알 수 있는 것과 알 수 없는 것, 둘의 간극이 때로는 옛 책을 살피는 재미지만 어떤 때는 답답하다. 잘 아는 한글과 잘 모르는 한자, 때로는 영어가 섞여 있는 구한말 출판물은 꼭 그런 상황의 은유 같기만 하다.

이렇게 탄생한 『유몽천자』는 조선 아이들에게 신지

식을 가르칠 목적이니만큼 어려운 한자를 병기하기보다 순한글로 교재를 만드는 것이 더 쉬웠을 텐데, 왜 굳이 국한문 혼용을 택했을까? 여전히 교육의 중심으로 한자가 권위를 갖고 있을 때라 여성들이나 쓰는 속된 언어로 취급되던 한글로 교재를 펴낼 경우, 외면당할 수도 있다고 생각해서였을까? 그 역시 수수께끼다.

서구식 교육을 경험한 선교사가 펴낸 책이어선지 『유몽천자』는 형식상 서양 교과서의 특징을 따른다. 쉬운 것에서 시작하여 점차 어려운 것을 익혀 가는 심화 학습 방식이 특히 눈길을 끄는데, 한문 독본으로 단계적으로 심화 학습할 수 있도록 1권은 한자어 중심, 2권은 한자어와 한문 혼용, 3권은 한문 중심으로 구성했다. 3권 서문은 아예 한문으로만 적어 점점 어려워지는 학습 수준을 실감할 수 있다. 이 시리즈의 속편격인 『유몽속편』은 선인들의 한문 작품을 그대로 실었다.

각각 1권 25장, 2권 33장, 3권 31장으로 각 권마다 한자 1천 자를 학습할 수 있도록 구성했다. 어휘 학습을 먼저 하도록 본문 앞에 한자 어휘만을 따로 모아 제시해 둔다거나 각권 말미에 친절하게 천 개의 한자를 다시 정리해 자전字典을 만들어 실은 것 등은 곧바로 유교 경전을 읽는 전통 방식에 비해 매우 효율적이다. 그런데 요즘으로 치면 '찾아보기' 격인 자전의 색인 순서가 가나다 순과 다르다. 'ㅇ'에서 시작해 그다음에는 가장 끝에 있어야 할 'ㅎ'이 불쑥 튀어나오고, 그다음에서야 'ㄱ'이 비로소 등장한다. 이제부터 가나다 순이겠지 하면 오산이다. 'ㄱ, ㅁ, ㄴ, ㅂ, ㅍ, ㄹ, ㅅ, ㄷ, ㅌ, ㅈ, ㅊ' 순서다. 모음의 순서도 좀 다르다. '아야어여으의오요우유' 순이다. 규칙을 찾아보려 애를 썼지만 아무래도 순서는 저자 마음대로인 것 같다.

가장 궁금한 본문 내용은 자연과학 현상들과 서양의 역사 및 신지식에 관한 참신한 이야기로 가득하다. 한 단락만 읽어도 이 책을 보았던 조선 아이들이 이제껏 익숙하던 한자의 숲을 지나 난생처음 접하는 신기한 과학과 서양 문물을 접하고 상상의 나래를 펼치는 모습이 그려진다.

地球(지구)는 우리 거처하난 대니 물과 흙이 合(합)하야 된 거신대 地面(지면) 四分(4분)의 三(삼)은 물이오 四分(4분)의 一(일)은 흙이라 옛적에는 모지다 하였으나 時方(시방)은 둥글다 한다. 이 지구는 한 둥근 덩어리가 단단히 뭉쳐서 堅固(견고)하게 된 物件(물건)으로서 晝夜(주야) 쉬지 않고 돌매 晝夜(주야)가 바뀌여 유롭과 아머리가 兒孩(아해)가 夕飯(석

반)을 먹을제 우리 大韓(대한) 兒孩(아해)는 朝飯(조반)을 먹나
니 이 世上(세상) 知識(지식)이 옛날 生覺(생각)보다 勝(승)하
도다.

　제 1권 1과정의 '지구의 약론' 앞부분이다. 비록 한자
의 옷을 입고는 있지만 지극히 서양적인 지식과 세계관이
선명하다. 우리를 둘러싼 세상을 알기 위해 우선 우리가 딛
고 선 땅 '지구'로 시작한 1권의 과학 지식이 마치 먼나라
요술책처럼 흥미진진하지 않았을까? 이렇게 시작한 세상
공부가 우리와 함께 사는 생물들인 새와 어류, 자연 현상인
구름과 비와 눈, 천둥과 번개를 넘어서 지진과 화산까지 이
어진다. 여기에 쇠와 강철, 돈과 교역에 대한 이야기, 시간
과 일, 질병과 운동 등 신지식이 쏟아진다.
　2권에서 지식의 폭은 세계 역사로 뻗어 나간다. 무려
총 8과정을 할애한 콜럼버스의 신대륙 발견 (원문의 제목
은「고롬보스의 아미리가亞美利加 신점득新占得」) 이야기만 읽
어도 조선 아이들의 경계가 훌쩍 넓어진다. 3권 내용의 목
차는 보스턴 티파티를 시작으로, 나일강과 피라미드, 베토
벤, 키플링, 북아메리카의 원주민, 프랑스 혁명의 바스티
유 감옥 함락과 카이사르의 암살, 로빈슨 크루소 등 세계

곳곳을 누비며 역사를 이야기하고 영미 문학을 소개한다.

서양의 아이들이 읽었을 아니 게일 목사님이 어린 시절 읽었을 동화책을 요약해 읽는 느낌마저 든다. 이 시리즈의 내용과 구성은 게일 목사가 어린 시절 접했던 교과서가 기본이 되지 않았을까 싶은데, 안 그래도 이 책의 저본이 되었음직한 서양 어린이 교과서와 요약본 동화책에 대한 재미난 연구가 활발히 진행 중이다.

잘 아는 지식이 낯설어지는 시간의 마법

한자와 한글이 섞인 이 책을 요즘 아이들에게 읽힌다면 어떤 반응이 나올까? 다 알고 있는 사실인데도 낯설게 느끼지 않을까? 그 아이들도 이 책을 처음 보았을 때 나처럼 놀라지 않을까? 어, 우리 할아버지의 할아버지도 이런 내용을 배웠단 말이야 하고.

시간여행자처럼 『유몽천자』 속을, 한글과 한자로 뒤덮인 신지식의 바다를 서양식 배를 타고 항해한다. 낯선 한자어, 다른 어투 때문에 금방이라도 뱃멀미가 날 것 같은데, 멀리서 조선의 아해兒孩들이 읊조리는 소리가 어느 집 문턱을 넘고 돌아 이곳 시애틀까지 들려온다. 하늘 천天 땅지地 물가 애涯, 악어 악鰐, 사나울 악惡, 어두울 암暗 하는 소리가 자그맣게 들린다. 과연 새롭다. 그들 목소리에 가만히 귀 기울이면, 신비한 이야기가 흘러나온다.

"아머리간(아메리칸)의 얼굴은 적동색 인종으로 합중국의 토인이라, 얼굴이 붉은 구리와 방불하고 뺨뼈가 높고, 눈에 정신이 나타나고 코가 크고, 두발이 곱슬곱슬하다"며 소곤댄다. 많이 보아 이미 잘 아는 아메리칸의 얼굴이 책 속 묘사로 더 선명해진다. 아, 세상은 훨씬 일찍 연결되어 있었구나, 동양과 서양이 그리 멀지 않았구나, 그제야 깨닫는다. 그 아이가 묻고 답한다. 세상에 대해 알고 싶은가? 유몽천자를 읽고 깨우치라고.

초등소학 初等小學

국민교육회
대한국민교육회
1906

발매 금지당한 초등 교과서

국민교육회라는 민간단체에서 1906년 펴낸 초등학교 교재 초등소학은 인기가 높았음에도 1909년 판매 금지 처분을 받았다.

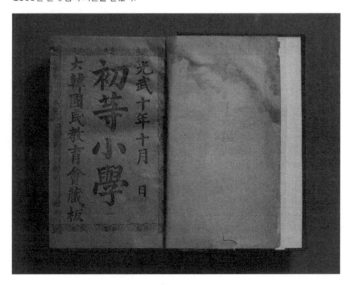

『초등소학』은 총 8권으로 이뤄진 개화기 시절 초등학생 국어교과서다. 전부 합치면 그 두께가 목침만큼 두툼하다. 1906년에 처음 나왔는데, 몇 해 지나지 않은 1909년에 발매 금지 처분을 받았다. 학생들의 손때가 묻기도 전에 이 교과서는 세상에서 사라졌다. 왜 그랬을까?『초등소학』의 운명은 1900년대 초반, 일본 제국주의가 우리나라에 드리웠던 암울한 그림자와 무관하지 않다.

출간 3년 만에 발매 금지 처분

초등학교 교과서를 이야기하려면 근대 공교육을 먼저 알아야 한다. 우리나라 근대 교육은 갑오개혁 이후 1895년에 공포된 '소학교령'에서 시작되었다. 소학교령에 따라 당시 학교 설립은 정부, 민간, 선교사 세 집단을 주축으로 이루어졌는데, 최초의 관립 소학교 개교 이래 1905년까지 전국적으로 수백 개의 학교가 생겨나면서4 교과서 수요도 폭발적으로 늘었다. 최초의 교과서『국민소학독본』(1895)을 시작으로 교과서는 주로 중앙관청인 '학부'學部(지금의 교육부)에서 발행했는데,『초등소학』은 '국민교육회'라는 민간단체에서 만든 교재다.

근대화의 여명과 제국주의의 위협이 함께 몰려오던 1900년대 초반, 조선에는 구국계몽을 위한 단체들이 하나둘 결성되었다. 헤이그 특사로 우리에게도 잘 알려진 이준 등이 1904년 조직한 국민교육회는 이름 그대로 교육을 통해 국민을 계몽하고 애국심을 고취하는 데 앞장섰다. 『초등소학』은 이 단체에서 1906년 12월 총 8권으로 펴낸 교과서로 이 외에도 『신찬소물리학』新撰小物理學, 『대동역사략』大東歷史略, 『초등지리교과서』初等地理教科書, 『신찬소박물학』新撰小博物學 등의 교과서를 간행했다.

국민교육회는 1907년 7월 헤이그 특사 사건을 구실로 고종이 강제로 퇴위되었을 때 이에 항거하는 가두집회를 서울에서 가지는 등 애국운동에 힘쓰다 안타깝게도 재정난을 이기지 못하고 해산했다. 그렇다면 『초등소학』은 이 단체와 운명을 같이한 것일까? 그러나 국민교육회의 해체가 『초등소학』이 사용금지 처분을 받게 된 직접적 이유는 아니다. 이 교과서는 초판 간행 후 불과 몇 달 만에 2천 질의 책이 팔려 나가서 재판을 서둘러야만 했을[5] 정도로 인기가 높았다. 단체의 후광이 아니더라도 책 자체의 생명력만으로도 얼마든지 살아남을 수 있었다는 뜻이다. 불과 몇 년도 지나지 않아 운명이 뒤바뀐 것은 당시 중앙관청인 학부로부터의 압력 때문이었다.

이미 일제의 통제 아래 놓이게 된 대한제국기의 중앙 관청 학부(비록 4개월여의 기간이었지만 학부의 최초 수장은 을사오적으로 알려진 이완용이었다)는 알아서 일본의 눈치를 봐야 했다. 이보다 앞서 학부에서 발행한 교과서들은 일본 교재를 수용해 일본의 간섭 하에 출간됐다. 실례로 1896년 학부에서 나온 『신정심상소학』新訂尋常小學은 학부에서 고용한 일본인 보좌관에 의해 편찬되었고, 그외 상당수 교과서들도 일본 교재를 번역하거나 번안했다. 이렇듯 학부 교과서가 일제의 직접적인 간섭을 받는 동안 민간에서 발행한 교과서는 이를 피할 수 있었다.

그러므로 국민교육회 같은 민간 애국교육단체에서 편찬한 교과서는 일본인들의 감시 대상이었을 것임에 틀림없다. 게다가 자주독립사상이 강하게 배어 있는 『초등소학』이 전국 학교에 보급되어 사용되었으니, 일본 통제 하의 중앙관청에서 강 건너 불구경 하듯 지켜볼 수만은 없었을 것이다. 이것이 우리가 짐작해 볼 수 있는 『초등소학』 발매 금지 처분의 진상이 아닐까? 본격적인 한일합병이 이뤄지기도 전에 중앙부처가 이런 조치를 취했다면 일제 강점기 동안 우리 민족 교육이 어떻게 말살되었을지 상상이

가고도 남는다.

일본 교재를 번안한 국정 교과서들

비록 짧은 유효기간이었으나 애국계몽의 기치를 높이 올렸던 자랑스러운 국어 독본『초등소학』의 내용을 1권부터 8권까지 차례대로 살펴보자.

난이도 순으로 구성된 교과서는 1권부터 8권 가운데 가장 초급 단계인 1권에서 개별 단어와 단어를 활용한 짧은 문장이 가나다 순으로 소개된다. 삽화가 많은 게 이 책의 특징인데, 1906년 당시 생활상을 한눈에 살펴볼 수 있다. 나무 판자 하나에 바퀴만 두 개 덜렁 달린 '구루마', 짚신만 신고 마차를 끄는 '남정네', 엄마 아빠 아들 아기 등 한 가족이 사랑채에 앉아 작은 손기구 하나를 갖고 놀이에 열중하는 모습, 지금 모습 그대로의 태극기도 등장하고, 온갖 가축과 동물들도 자세히 묘사되어 있다.

이 가운데 삽화가의 그림 솜씨와 식견에 의구심이 드는 동물 그림 하나가 눈에 띈다. 애완견 요크셔테리어 털을 닮은 갈기에 크고 사랑스러운 눈망울을 가진 사자다. 조선 땅에 호랑이는 많았지만 사자는 볼 수 없어서였을까? 그보다 맹수조차 국어교과서를 펼쳐든 어린이들을 반갑게 맞이한 것이라 믿고 싶다.

2권부터는 아침에 어르신께 문안 인사를 드리는 일부터 초등학생의 일상 생활을 그대로 담았다. 학교에서는 셈을 공부하고, 학도들이 나란히 줄을 서서 조례시간을 갖고, 친구들과 어울리는 다양한 학교 생활 및 집에서의 일상이 그림과 함께 펼쳐진다. 간간히 우화를 넣어 삶의 지혜와 교훈도 가르친다. 출판 당시에는 1, 2권을 하나의 책으로 엮었다고 하는데, 워싱턴대학교의 소장본은 8권 전체를 한데 묶었다. 제본의 차이로 보인다.

3권에서는 13과 '조련'이 눈에 띈다. 아이들이 조련하는 모습이 나온다. 조련보다는 교련시간이라 생각하면 이해가 빠르다. 아니, 병정놀이라고 해야 하나? 대장은 칼을 들고 한 병정은 지휘를 하며 또 다른 병정들은 목검을 어깨에 맸다. 나팔수는 앞에서 나팔을 불고, 깃발을 높이 든 기수도 보인다. 팔괘가 뚜렷한 태극기가 바람에 날리며, 대포를 실은 수레를 개 한 마리가 열심히 끌고 간다. 아이들이 일제히 애국가를 부르며 훈련하는 모습이 대견해 보인다. 그들이 이런 구호를 외친다.

날내고도 날내도다 우리군인 날내도다

반석같이 굳은마음 충군애국 깊이새겨

3천리에 울이되고 2천만에 보호되세

높고높은 태극기는 독립기상 그려냈네

앞에부는 나팔소리 구보호령 분명하다

나아가세 나아가세 용맹있게 나아가세

(현대어에 맞게 고쳐 씀)

4권에서는 '직업' 단원이 흥미롭다. 달라진 세상에 필요한 여러 가지 직업군을 소개한다. 목수는 집을 짓고, 토공이 벽을 바르고, 치공은 철을 만들고, 농부는 밭을 갈고, 상인은 물건을 판다. 공부하는 학생들도 먹고 살기 위해선 직업을 가져야 하며, 부자나 빈자나 모두 부지런히 일하면 부하게 된다고 교과서는 가르친다. 결론은 부한 사람이 부한 가정을 만들고 부한 나라를 만든다는 논리다. 여러 직업군을 설명하는 그림 중에 '서관상점'書館商店이란 간판을 단 그림이 한 장 끼어 있다. 개화기 시절 서점의 모습이다. 서관상점 진열대에 놓였을 책들이 문득 궁금하다.

5권은 울릉도가 들어간 한반도 지도와 '대한제국'으로 첫 단원을 열면서, 근면하게 공부해서 국가를 부강하게 하자는 말로 다시 한 번 공부의 중요성을 강조한다. 우리 국민의 교육열은 일찌감치 시작된 듯하다. 중간쯤 지나면, 고구려 충신 을지문덕과 고려의 강감찬이 나와 애국정신을 한껏 드높인다. 더불어 개인이 똑똑해야 나라가 부강해진다는 국민 교육의 기본 목표를 책 전체에 걸쳐 반복한다. 5권에서는 공동체적 국민 양성을 통해 국가를 바로 세운다는 내용에 중점을 두었다.

6권을 펼치면 '개국기원절'이라는 낯선 기념일이 나온다. 독본의 설명에 의하면, 대한제국 시기에 고종 황제가 만든 국가 경축일로 태조 이성계가 조선을 개국한 날을 기념하는 날이다. 이날엔 모두 일을 쉬고 국기를 문에 달고 경축하며 애국가를 부른다. 대한제국의 역사를 조선 건국까지 거슬러 올라가 역사와 전통에 대한 자부심을 드높였다. 6권은 자주와 독립과 애국을 이야기한다.

7권의 시작은 '아국고대我國古代의 사기史記'로 단군이 국호를 '조선'이라 정하고 이후 기자, 마한, 고구려, 백제로 이어졌다는 단군 시조의 내용을 담았다. 다른 교과서에 비해 역사 인물을 다수 실은 점이 『초등소학』만의 특징이다. 앞서 소개된 을지문덕과 강감찬에 이어 양만춘, 단군, 혁거세, 고주몽, 고온조, 조광조, 곽재우, 송상현, 조헌과 7백

의사, 삼학사(홍익한, 오달제, 윤집), 영조, 이시백, 이문원, 문익점 등의 이야기로 7, 8권을 채웠다. 마치 역사 인물편 교과서를 읽는 듯하다. 뒤로 갈수록 삽화는 점차 줄어들고, 문장은 단문에서 복문으로 복잡해지고, 한 단원의 길이도 한 페이지에서 두세 페이지 이상으로 늘어난다.

조선 역사와 전통에 대한 자부심

8권 마지막에 실은 '공공의 이익'이라는 단원 내용이 흥미로워 그 내용을 자세히 적는다. 마을의 둑과 교량을 수리하고 소학교 경비를 만들어야 한다며 마을 주민들이 모였다. 공공의 이익을 위해 너도 나도 돈을 내겠다고 나선다. 모두가 함께 규칙을 정하고 방법을 찾아 마을을 번창하게 만들자는 내용이다. 공공의 이익을 위해서라면 '백성들은 조세를 납부하고 병역에 복무할 의무가 있다'는 것도 상기시킨다.

마을 사람 예닐곱이 둥그렇게 모여 앉아 회의하는 삽화가 인상적이다. 머리가 반쯤 벗겨진 노인도 있고 젊은이도 보인다. 모두 어떻게 돈을 모을지 진지하게 고민하는 듯하다. 그 가운데 한 사람은 얼굴을 모로 외면한 채 손에 쥔

『초등소학』8권 24과 「공공의 이익」편. 외면한 채 곰방대만 쳐다보는 사람에게 손을 내민 콧수염 신사가 책을 만든 국민교육회의 수장이자 우리가 잘 아는 그 이준 열사가 아닐까.

곰방대만 하염없이 쳐다본다. 그를 향해 콧수염 신사가 돈을 내라며 손을 내민다. 손을 내민 신사는 아마도 이 책 출간 당시 국민교육회를 이끌었던 이준李儁[6] 선생, 우리에겐 이준 열사로 알려진 그분이 아닐까 상상해 본다.

국민교육회는 교육을 목적으로 설립된 단체였으나 관료 출신인 이준李儁, 이원긍李源兢과 당시 독립운동의 한 축을 담당했던 개신교 목사 전덕기全德基 등이 설립자인 것을 보면, 정치와도 무관하지 않았다. 특히 이준은 1907년 고종에 의해 헤이그 특사로 파견되어 을사늑약이 일본이 조선의 자주권을 박탈하기 위해 강제로 체결한 조약임을 세계에 알리려 최선을 다했다. 안타깝게도 그는 일본과 영국 대표의 방해로 목적을 이루지 못한 채 헤이그에서 순국하고 말았다. 하지만 이준의 애국충절은 후학들에게 살아 있는 교과서가 되었다. 이준 선생과 『초등소학』 모두 길지 않은 생이었지만 자신의 소임을 다하고 지금까지도 모범이 되고 있다.

덧붙여 한 가지 놀라운 사실! 국민교육회의 주요 간부였던 이준 열사는 연동교회의 게일 목사(앞서 소개한 『유몽천자』의 저자)로부터 세례를 받은 교인이었다. 게일 목사 또한 국민교육회에 외국인 특별회원 자격으로 깊이 관여해7 국민교육회의 창립 총회를 자신의 집에서 열기도 했다.8 어지러운 시국에 조선 어린이 교육에 힘썼던 두 사람은 알고 보니 뜻을 같이한 한동네 교인이었다. 서로 다른 책 속에서 두 분을 연이어 만나니 친구의 친구가 내 친구였음을 알고 놀라는 기쁨에 비할까 싶다.

자주 독립과 항일의 의지를 가지고 부국강국을 만들기 위해 편찬된 『초등소학』은 국민으로서 가져야 할 기본

적인 자세를 담았다. 그 교육이 오래 지속되지 못하고 중단
된 것이 무척 안타깝다.

월남망국사 越南亡國史

판보이쩌우潘佩珠 술
량치차오梁啓超 찬
현채玄采 역
현공렴玄公廉 발행
1907

우리나라와 베트남 인연의 첫 장에는 식민지 경험을 담은 책 『월남망국사』가 놓여 있다.
제목이 쓰여 있을 뿐, 저자 이름도, 발행처 이름도 보이지 않는 옛날 서책 모양 그대로다.

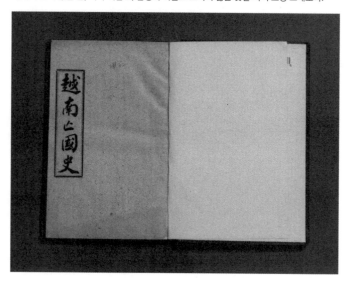

우리가 베트남에 대해 아는 것은 베트남 전쟁이 전부가 아닐까? 지금보다 이동이 자유롭지 않았던 구한말 조선 사람들은 과거 안남安南이라 불렸던 베트남을 얼마나 알고 있었을까? 조선에서 베트남에 본격적인 관심을 가진 것은 19세기 말 베트남이 프랑스 식민지로 전락해 나라를 잃고 난 후, 그러고도 한참이 지난 후였다. 그 앎의 시작에 『월남망국사』가 있었다.

베트남과 한국의 첫 연결고리

필자가 이 책에 대해 처음 알게 된 것은 불과 몇 해 전이다. 2015년 워싱턴대학교에서 열린 베트남과 한국에 관한 심포지엄을 준비하면서였다. 심포지엄 준비 모임에 필자도 참고인 자격으로 참석했는데, 세계의 석학들이 두 나라를 잇는 다양한 주제들을 앞다투어 제안하기 시작했고, 놀랍게도 가장 먼저 언급된 것이 바로 이 책이었다. 참석자 가운데 한 사람이 먼저 이 책을 베트남과 한국의 연결고리의 시작으로 끄집어 내자, 잇따라 이 책에 대한 의견을 한 마디씩 보탰다. 한국학 사서였던 필자만 정작 이 책의 존재를 모르고 있었다. 그나마 워싱턴대학교 도서관에 이 책이 소장되어 있어서 위안을 삼았지만, 회의 내내 얼마나 민망했는지 모른다.

자국의 망국 이야기를 썼던 저자를 생각하면 그 정도 망신과 민망이 대수일까 싶긴 하다. 베트남 망명자 판보이 쩌우潘佩珠(호 소남자巢南子)가 프랑스 식민지가 된 자국의 상황을 전하던 그때 그 마음은 어땠을까? 서서히 다가오는 일본의 마수에 나라꼴이 엉망이 되어갈 때 이웃 나라의 망국 소식은 조선인들을 얼마나 두렵고 슬프게 했을까? 베트남처럼 식민지 처지로 전락한 후에 이 책을 접한 조선인들은 나라 잃은 슬픔과 치욕에 떨지 않았을까? 이 책이 담고 있는 망국의 아픔이 우리 상황과 겹쳐 두 배 크기로 느껴졌으리라.

이 책의 원본은 중국의 유명한 사상가 량치차오梁啓超가 1905년에 일본 망명 중에 펴낸 책으로, 베트남의 독립운동가이자 베트남 망명객 판보이쩌우를 만나 베트남의 실상에 대해 나눈 대화를 기록한 책이다. 당시 대한제국 관료이자 사학자로서 한문 번역에 뛰어났던 현채는 이 책을 읽고 그 내용을 1906년 8월 28일부터 9월 5일까지 총 7회에 걸쳐 '독월남망국사'라는 제목으로 『황성신문』에 싣고 바로 단행본으로 출간했다.9 당시 『황성신문』 서평에서는 이 책이 아시아 이웃 나라 베트남이 프랑스 식민지가 된 상황을 일목요연하게 잘 정리해 두었으니 꼭 읽어 보도록 권했다.

이 책을 편찬한 량치차오는 청나라뿐 아니라 1900년대 조선에서도 꽤 인기 있는 중국의 근대 사상가이자 개혁가였다. 그는 철학과 문학 저술가로도 명성이 높았는데, '동아시아 자강론'의 원조이자 조선의 개화파 신지식인들에게도 큰 영감을 주었던 영향력 있는 '근대의 교사'였다. 그는 서양의 근대 지식을 배워 청나라의 개혁을 시도했지만, 반대 세력에 밀려 일본으로 망명했다. 요코하마에 머물던 그가 베트남 망명객 판보이쩌우를 만나 그에게서 나라 잃은 애통한 상황을 전해 듣는다. 량치차오는 동아시아 이웃 나라가 하루 아침에 서양의 식민지로 전락한 슬픈 현실을 모국 사람들에게도 전해 경각심을 일으키고자 했다. 그는 서두에 "다른 사람이 내가 내 자신을 애통해하지 않고 남을 먼저 애통해하는 것을 보면 나를 애통해할지도 모른다"며, "사람들이 이 책을 읽고 애통해하는 마음이 경계하고 두려워하는 마음으로 변하기를 바란다"고 썼다.

베트남과 중국 망명객의 대담

조선의 관료였고 이미 량치차오의 명성을 익히 알고 있던 현채가 이 책을 번역하고자 했던 이유도 다르지 않았다. 조선 땅은 이미 주권 침탈을 위한 일본의 외압이 날로 거세지는 풍전등화의 상황이었다. 그런 조선을 지켜보면서 현채는 하루라도 빨리 이 책을 조선 땅에 알려 반면교사로 삼고 싶은 마음에 출간을 서둘렀다. 『월남망국사』에 대한 조선 지식인들의 관심은 뜨거웠다. 하지만 책을 읽었다고 해서 나라의 운명을 돌려놓을 수는 없었다. 시대의 흐름은 이미 거스를 수 없는 불행한 운명으로 닥쳐오고 있었다. 이 책이 더 일찍 세상에 나왔더라면 나라를 잃지 않을 수 있었을까? 100페이지도 안 되는 이 작은 책을 대하는 마음이 복잡하다.

『월남망국사』의 워싱턴대학교 소장본은 현채의 번역본으로 1907년 5월에 찍은 재판본이다. 초판이 1906년 11월이었으니 불과 6개월 만에 재판을 찍은 것이다. 그 인기가 어떠했는지 쉽게 짐작할 수 있다. 현채는 국한문 혼용으로 번역했으나 1907년 7월과 12월에 각각 주시경과 이상익에 의한 순한글 번역본도 뒤따라 나왔다.[10] 주시경의

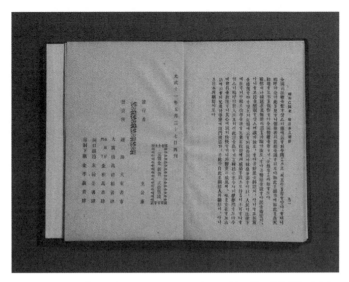

옛날 책의 판권은 단출하다. 발행자 현공렴은 1900년 초반 많은 국한문 혼용 책을 펴냈다.
『월남망국사』는 인기가 높아 주시경과 이상익에 의해 순한글로 번역된 책이 나와 널리
읽혔다.

순한글 번역본도 재판에 3판까지 찍어, 초등학생을 비롯해 연령과 계층에 관계없이 광범위하게 읽혔다.[11] 하지만 1909년 3월에 이 책은 일본으로부터 금서 조치를 받아 압수당했고, 1910년에는 량치차오의 저서 전부가 금서 목록에 올랐다.[12] 그 후 한 세대가 지나 해방이 되고 1949년을 맞이해서야 『월남망국사』는 김진성의 새 번역으로 다시 나왔다. 새로 나온 『월남망국사』는 1950년 말에 나이 40대

이상 중에는 모르는 이가 없을 정도로 유명한 책이었다.13

서구 제국주의 국가 대열에 뒤늦게 합류한 일본은『월남망국사』가 이웃 나라의 이야기임에도 금서 조치를 취했다. 프랑스에 침략당한 식민지 베트남의 비참한 상황을 적나라하고도 소상하게 밝히고 있기 때문이었다. 그 비참함이란, 판보이쩌우의 표현을 직접 빌리면, "이제 프랑스 사람의 독한 수단을 다 말하고자 하나 다만 듣는 사람이 말하는 자가 말을 너무 과도히 하는가 의심할 것을 두려워한다"고 까지 했을 정도다. 필자도 베트남이 프랑스로부터 이토록 혹독하고 악착스러운 학정을 받았는지 이 책을 읽기 전까지는 잘 몰랐다. 베트남 백성은 도마 위에 올려진 '어육'魚肉(아주 짓이겨서 결딴낸다는 뜻)의 신세였고, 칼을 쥔 프랑스인들의 횡포는 날로 심해졌다.

책에서 읽은 사례 몇 가지 살펴보자(필자는 태학사에서 현대 문체로 출간한『역주 월남망국사』(2007)를 참고했다). 프랑스는 가장 먼저 전근대 국가의 국체와도 같았던 10살도 채 안 된 어린 황제를 아프리카 남쪽 먼 섬나라에 유배 보내 밀실에 가두고 목숨만 간신히 부지시켰다. 베트남 국세를 탈취해 대부분은 프랑스인들이 차지하고, 그 일부로 베트남 지배층과 군대를 거두어 먹였다. 그들은 대항하는 베트남 사람들의 가족과 동향 사람까지 연좌제로 처벌하고, 죽은 자들의 무덤까지 파헤쳐 유골을 부수어 성문에 매달거나 물에 던지고 불에 태우는 등 악랄한 방법으로 고통을 주었다.

프랑스는 온갖 방법을 동원해 식민지 백성들의 재산을 탈탈 털어갔는데, 세금의 종류를 나열하는 데만도 하루 해가 질 판이다. 모든 땅에 부여한 전토세, 모든 성인 남자가 매년 내야 할 인구세, 집세, 가옥세, 강과 하천을 건널 때 내는 나룻세, 아이가 태어나면 신고하며 내는 생사세, 각종 계약을 맺을 때 내는 문서세, 사람들이 모여 회식하면 내야 하는 인사 잡세, 선박세, 상점을 운영하는 상고세, 시장에 나와 장사를 할 때 내는 시전세, 소금세, 주세, 절과 사당의 세, 공장세, 지방 생산품의 세, 담배를 심는 사람들이 내는 담배밭세, 수확된 담배를 팔면서 내는 생담배세, 담배 장사하는 사람이 한 성에서 다른 성으로 담배를 가져가서 팔 때 내야 하는 담배 도매세 등 식민지 재물을 빼앗는 방법이 하도 기발해서 베트남 사람들의 삶은 막막하기만 했다.

이뿐 아니라 양가의 여성을 핍박하여 기생이 되게 하고, 불쌍한 과부나 의지할 곳 없는 여인을 겁탈하는 일도 많았다. 프랑스 글과 말은 노예 노릇할 만큼만 가르치고 학문을 깊이 하지 못하게 했고, 언론을 통제하고 신문을 보지 못하게 하는 등 우민정책도 시행했다. 프랑스 하면 낭만과 예술을 상징하는 파리와 에펠탑, 민중의 자유와 혁명을 떠올렸는데, 과거 베트남에게 가한 극악무도한 제국주의의 면모는 충격 그 자체다.

일제시대 이 책을 접했던 시인 김소운金素雲(1907~1981)도 자신의 수필집에 "예술의 메카聖地인 프랑스, 베를레에느, 보오들레에르를 낳은 그런 프랑스인데도 월남인에게 있어서는 지옥의 사자 같은 무서운 침략자였다"며 격앙된 마음을 토로했다.[14]

제국주의가 세상을 지배하던 시절, 강대국치고 남의 나라를 짓밟지 않은 나라가 없었다. 프랑스 외에도 신사의 나라 영국, 무적함대 스페인, 튤립의 나라 네덜란드, 미국도 예외가 아니다. 아시아에서는 일본이 이 대열에 합류해 조선을 유린했다. 그나마 이 책을 읽을 수 있었던 시절에는 한 가닥 희망이라도 있었을 텐데 힘의 역사란 참 가혹하다.

'지옥의 사자 같은 무서운 침략자'

량치차오도 당시 조선의 상황을 익히 알고 있었기에 일본이 조선에 행한 악행과 식민 지배의 실상을 담은 「일본지조선」日本之朝鮮이라는 논문을 썼다. 번역자였던 현채는 『월남망국사』 원본에는 없던 이 논문을 번역본에 함께 넣었다. 논문에서 조선 정부는 아직 꿈 속에 있어 형제가 다투느라 문을 열어 도둑을 접대하는 꼴이라며 날선 비판도 주저하지 않았다. 세계 정세를 제대로 읽지 못한 채 서투른 대응으로 나라를 잃는 일을 되풀이하지 않기 위해 함께 읽어 볼 만한 논문이다.

　　돌이켜보면, 베트남과 우리는 마치 쌍둥이처럼 비슷한 역사의 길을 걸었다. 중국과 국경을 맞대고 있어 오랫동안 한자와 유교 문화권 안에 있었고, 혹독한 제국주의의 식민지로 참혹한 시절을 보냈다. 독립을 이루자마자 남북이 이념으로 갈라지는 분단의 비극도 경험했다. 미국의 개입과 전쟁을 통해 그들의 영향권 아래 놓였던 상황마저도 비슷하다. 비록 베트남은 사회주의 공화국으로 통일되었고, 한국(남한)은 자유민주주의 공화국으로 각자의 길을 걷게 되면서 한때는 총부리를 서로에게 겨누기도 했지만, 베트남과 한국의 특별한 인연은 거기서 그치지 않는다.

이제는 베트남 처녀와 한국 총각이 만나 한 가정을 이루어 사돈지간을 맺는 나라가 되었다. 서로의 아픈 역사를 보듬어 줄 수 있는 한 식구가 된 것이다. 아직 부족한 게 많지만 희망은 있다. 박항서 감독이 이끄는 베트남 국가대표 축구 경기를 보며 양국 국민 모두가 한마음으로 응원하는 것을 보며 그 가능성을 느낀다.

이제 대놓고 물리적 힘으로 이웃나라를 짓밟던 시대는 지나갔다. 그렇다고 어떤 식으로든 힘의 차이를 느낄 수 없는 아름답고 이상적인 세상이 이루어지지도 않았다. 도리어 차별은 더 정교해지고 약탈은 더 교묘해졌다. 하지만 같은 아픔을 겪었던 약자들의 연대에서부터 시작하면 어떨까? 다른 사람의 아픔을 멀찍이 건너다보며 건네는 단순한 동정과 연민이 아니기 때문에 시도해 볼 만하지 않을까?

아학편 兒學編

정약용 저
지석영 주역
용산인쇄국
1908

한글자 아래
고금과 동서가
만나다

플래시카드를 이용해서 영어 단어를 암기해 본 적이 있을 것이다. 낱장의 작은 카드에 단어나 그림을 보고 영어 단어나 문장을 알아맞추는 식의 공부법이다. 카드 뒷장에 적힌 정답을 금세 확인할 수 있고, 오답만 따로 모아 집중 반복할 수 있어 학습 효과가 높다. 과거 우리 선조들은 영어 단어 공부를 어떻게 했을까? 1908년판 플래시카드 단어장을 소개한다.

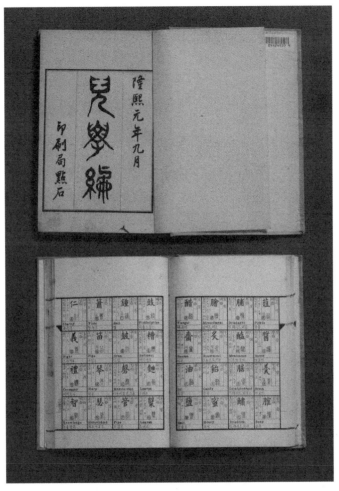

다산 정약용이 만든 단어 공부장에 한자 외에 일본어, 영어, 중국어를 추가해 4개국어 단어장을 완성했다. 작은 네모 칸 안에 서양과 동양이 마주한 모습이 서양 문물이 유입하던 당시 조선의 모습 같다. 원본에서는 1천 자씩 상·하 2권으로 구분되어 있던 것을 한 권으로 통합해서 편집했다. 상권의 마지막 글자는 거문고와 합시코드를 의미하는 금슬琴瑟로 끝나고, 하권은 개념어 인의예지仁義禮智로 시작한다. 책 한 면에 4행 4자씩 정렬해서 각 칸마다 가로 줄과 세로 줄을 이용해 여러 언어를 이쁘게 집어 넣은 것이 독특하다.

한 칸에 한자, 영어, 중국어, 일본어가 함께

지석영池錫永 선생이 어학 공부의 중요성에 대해 하신 한 말씀을 먼저 듣고 시작하자.

> 돌아보면 지금 해문이 크게 열려 서구와 아세아가 교역하여 우리의 적고 비루함으로 저들의 우수하고 뛰어난 점을 취하여 열강과 겨루려면 어학語學이 필요하다.15

지석영 선생은 자신의 시대보다 1세기 전인 1800년대 초 정약용 선생이 집필한 『아학편』 원본을 재편집해 플래시 카드처럼 1908년판 새로운 『아학편』을 만들었다. 이 책의 첫 인상은 한자 학습용 책으로 유용해 보인다는 것이다. 한 장에 바둑판처럼 일정 간격으로 가로세로 네 줄씩 그어 모두 열여섯 칸을 만들어 각 칸마다 핵심 한자를 한 자씩 커다랗게 써넣고 그 아래 뜻풀이를 달았다. 그런데, 한자 밑에 이상한 글자들이 벌레처럼 기어간다.

혹시 영어 알파벳? 동양과 서양의 만남처럼 한자와 영어가 한 네모 칸 안에 공존하다니, 이런 조합이 어색하면서도 신기하다. 그 사이에 소리나는 대로 영어 발음을 적은 한글이 어색한 둘 사이를 이어 준다. 따라 읽어 보면 본토 발음에 가까워 그 수준에 감탄하게 된다. 한국인이 발음하기 어려운 영어의 L과 R의 발음 표기도 정확히 구분했다. 예를 들면 learn은 '을러언'으로, rock은 '으로크'로 적었다. 필자도 과거 학창시절 이렇게 영어 발음을 배웠는데. '을'과 '으'의 발음을 구별하는 학습이 1908년부터 시작되었을 줄이야.

동서의 글자를 마주 앉혀 놓은 책의 묘한 매력에 빠져 있는데, 자세히 글자를 좌우로 살펴보니 왼쪽에 일본어의 뜻과 발음까지 자리하고 있다. 영어에 일어까지? 복수 단어장의 신기함은 거기서 끝나지 않는다. 그 작은 네모 칸의 오른쪽에는 해당 한자의 중국식 발음까지 넣었는데, 발음을 제대로 하기 위해 사성까지 기호로 표시했다. 여기에 한 술 더 떠 오래된 한자 서체인 고전자古篆字의 모습을 멋드러지게 그려 넣었다. 오래전 한자음이 지금과 다르면, 한글로 예전 발음을 적었다. 이제껏 이렇게 똑똑한 단어장은 구경해 본 적이 없다. 작은 네모칸 하나가 세상의 언어를 모두 품었다. 이 정도면 4개 국어를 동시에 공부하고자 하는 학생들에게 아주 훌륭한 플래시카드다.

한자만 있었던 다산 선생의 원본 단어장이 영한중일

4개 국어 단어장으로 업그레이드된 데는 구한말 외래 문물이 물밀 듯 밀려든 당시 상황이 그대로 반영되었다. 조선에는 어린이용 한자 학습서로 이미 천자문이 있었다. 하지만 다산 선생이 1811년 이전에 펴낸 『아학편』(1811년 겨울 유배지인 전남 강진에서 둘째 형 정약전에게 보낸 편지에 『소학주천』과 더불어 『아학편』을 썼다는 기록이 전해지고 있어 아마도 이전에 원본이 쓰이지 않았을까 짐작한다)이 천자문과 다른 것은 단지 글자 수를 2천 자로 늘렸다는 형식적인 차이만이 아니다. 각 한자의 배열과 순서를 달리 했는데, 감각 기관을 통해 경험하고 관찰할 수 있는 뜻의 글자와 그렇지 않은 글자로 분류해, 구체적인 사물이나 대상을 가리키는 글자를 먼저 배운 뒤 추상적인 개념을 배우는 순서로 배열했다. 예를 들면, 이목耳目, 구비口鼻, 수족手足의 글자를 학습한 뒤, 인의仁義, 예지禮智, 인물人物의 단어를 공부하는 식이다. 같은 분류 안에서는 서로 대립되거나 관련 있는 글자끼리 짝을 지어 제시하고, 한자의 부수까지 고려해 편집해서 학습 효과를 높였다.

'사람의 지혜를 개발하는 문자'

지석영 선생은 다산 선생이 만든 원본 체계를 그대로 유지하면서, 영어와 일어 및 중국어 원어를 추가했다. 본인이 말한 것처럼 "한 글자 아래 고금과 동서가 손바닥에 글을 보는 것과 같게" 재편집한 것이다. 1908년도 『아학편』은 지석영 선생과 다국어에 능통했던 전용규田龍圭 군이 함께 만든 콜라보 작품이다. 과거와 미래를 잇고 동양과 서양을 마주하며 나라와 나라 간의 차이와 다름을 극복하는 데 이 책이 요긴하게 사용되었을 것을 생각하면 지석영 선생의 혜안에 큰 박수를 보내고 싶다.

　1백 년을 간격으로 어학 학습이 발전해 간 것을 보며, 또 한 번의 백년 세월이 흐른 지금은 어떤가 생각하게 된다. 9개 국의 언어를 한 자리에서 손쉽게 찾을 수 있는 인터넷 온라인 사전을 컴퓨터뿐 아니라 휴대전화로 상시 이용할 수 있고, 100개 이상의 언어를 어디서나 쉽게 번역해 주는 구글 번역기까지 생겨났다. 이제 『아학편』 같은 플래시 카드는 필요없어졌다. 그러나 똑똑한 사전과 편리한 번역기가 있어도 언어의 장벽은 아직도 너와 나, 우리와 너희, 또 국가와 국가 사이에 넘어야 할 소통의 장벽으로 여전히 존재한다.

이 책의 서문에서 관료 민병석은 이렇게 썼다. "대저 문자를 가르치는 것은 사람의 지혜를 개발하려는 것"이며 "몽학蒙學이 처음 글자를 배울 무렵에 도움되는 것이 참으로 긴요하고, 숙유宿儒와 석학碩學도 그만두지 못할 것이니 이 어찌 천하에 지극한 보배가 아니겠는가".

그의 말이 필자에게 따끔한 충고로 들린다. 단어와 문장의 겉만 배웠지 그를 통해 지혜를 얻지는 못한 게 아닌가 싶다. 어쩌면 사전과 번역기가 너무 편리해져서 배우려 애쓰지 않는 게으름이 지혜까지 이르는 길을 막고 있는지도 모른다. 미국에서 25년째 살고 있는 지금도 영어에 자유롭지 못하고, 2천 자는 차치하고 실용한자 1800자 사용도 전전긍긍하는 필자의 현주소를 생각하면 말이다. 『아학편』을 만든 옛 선현들로부터 호된 꾸지람을 들어도 싸다. 오늘부터라도 인터넷 사전의 편리를 내려놓고, 『아학편』이 가르치는 것처럼 한 글자 한 글자를 꼼꼼히 읽고 쓰며 익혀야 하지 않을까? 플래시카드부터 만들어야겠다.

인권신설 人權新說

가토 히로유키加藤弘之 저
김찬金燦 역
의진사義進社
1908

오직 이긴
자들의 권리

인권에 대한 새로운 이야기를 기대했지만 오직 이긴 자들의 권리만 이야기하며 일본
제국주의를 정당화하는 이야기였다.

책 제목이 '인권 개론'을 다룬 강의명 같다. 신분제와 남존여비가 여전히 살아 있던 20세기 초 조선 땅에서 인권의 새로운 이야기를 뜻하는 『인권신설』이라니, 반갑고 자못 기대가 된다. 하긴 같은 해에 나온 『초등여학독본』初等女學讀本의 1학년 1학기 교과서에는 "남녀의 인권은 동등하여 본래 자유하며, 지능도 재주도 남녀 모두 동등하게 갖추고 있으니, 남자만 중하고 여자는 중하지 않는 것은 폐할 일"이라고 적었다. 우리 할머니가 태어나기도 전 일인데, 비록 실천은 못했어도 남녀의 평등을 논한 시대라는 건, 놀랍고 신선하다.

메이지 유신 핵심 인물의 인권론

『인권신설』은 과연 어떤 내용을 담고 있고, 누구의 저술일까? 책에는 역자의 이름, 김찬金欑만 적혀 있을 뿐 원저자 이름이 보이지 않는다. 불분명하고 부정확한 저자 정보는 옛날 책에서 자주 나타나서 역자가 저자로 표기되거나 발행자가 저자로 둔갑하는 경우도 허다했다. 이 책은 그나마 역자라고 명시했으니 다행이다. 이 책의 원저자는 서구의 사상가 중 한 명이 아닐까 생각했는데, 낯선 일본인, 가토 히로유키加藤弘之로 밝혀졌다. 게다가 그는 일본 메이지 유신의 핵심 인물이다. 일부러 저자를 밝히지 않은 이 책은 그가 불러일으킨 인권에 대한 논란과 더불어 나를 두 번 놀라게 했다.

가토 히로유키(1836~1916)는 메이지 시대 일본의 정치학자이자 교육자였다. 1881년에는 도쿄대학 (구 도쿄제국대학)의 초대 총장을 역임했고, 1890년에 한 번 더 총장직을 맡았으며16 메이지 시대 중앙정부에서 외무대신으로 일했다. 중국에 량치차오가 있다면, 일본엔 가토 히로유키를 꼽을 정도로 그는 당대 대표적인 계몽주의자로 특히 사회진화론을 적극적으로 받아들였다.

저자가 표방했던 사회진화론은 19세기 찰스 다윈의 진화론에 입각해 사회 변화를 해석하려는 견해로 19세기부터 20세기까지 크게 유행하며 제국주의와 파시즘 및 나치즘을 옹호하는 근거로 쓰였다. 특히 독일과 영국에서 주로 식민지 확대와 군사력 강화를 합리화하는 데 이용했다. 이 이론은 또한 인종차별을 정당화하기도 했는데, 나치의 유대인 말살 정책이 대표적이다.

이쯤 되면, 가토 히로유키의 『인권신설』이 어떤 논조를 가졌을지 짐작되리라. 그의 '인권'은 일본 제국주의가 한국을 식민 지배하는 데 정당성을 뒷받침하기 위한 주장이었다. 인간 모두에게 공평하게 주어진 인간다움의 권리를 이야기한 훌륭한 책을 기대했는데, 도리어 인간을 차별하고 강자의 약자 지배와 착취를 옹호하는 주장이 담긴 책을 만나게 될 줄이야. 여기에 한 가지 더 놀라운 점은 가토 히로유키가 이 책을 쓰기 전에는 보편 인권 (그렇다, 우리가 아는 그 인권)을 주장했다는 것이다.

그의 초기 주장은 천부인권설에 입각해 모든 사람은 태어나면서부터 하늘로부터 자유롭고 평등하며 행복을 추구할 수 있는 권리를 부여받는다는 계몽주의적 인권 사상을 따랐다. 원래 그는 일본에 '입헌정치의 장점'을 체계적으로 소개하고 주장한 인물로, 메이지 자유민권운동에 지대한 영향을 끼치기도 했다. 그래서 그의 초기 저술들은 모두 천부인권론의 입장에서 인민의 저항권과 그에 따른 정부 권한의 제한과 내각의 역할을 서술하고 있다.

천부인권은 망상, 우승열패로 돌아가는 세상

그랬던 그가 새로운 인권론이라며 제국주의를 정당화하는 사회진화설로 주장을 바꿨다. 1882년 『인권신설』[17] 출간에 앞서 그는 진화주의로 천부인권주의를 반박한다며 180도 자신의 입장을 바꾸었음을 대대적으로 선언했다. 심지어 그는 『요미우리신문』讀賣新聞에 관령과 공문을 내면서까지, 천부인권설에 의거한 자신의 저서 『진정대의』真政大意와 『국체신론』国体新論의 절판을 요구했다.[18] 이전까지 자신의 저술에 나타난 입장은 현재 자신의 입장과 다르므로, 대중이 읽지 못하도록 한 것이다. 그는 천부인권이 '망상에서 나온' 것이라고 거칠게 반박하며 『인권신설』을 새로 썼다. 그는 왜 갑자기 전향을 하게 되었을까? 인권과 관련해 왜 다른 길을 선택한 것일까?

그의 전향을 두고 아직까지도 여러가지 의견이 분분하다. 워낙 급격하게 자신의 이론을 바꾸었기에, 일본 제국의 압력 때문이었을 거라는 주장이 대세다. 하지만 꼭 그렇지만은 않을 거라는 주장도 없지 않다. 어찌 되었든, 가토 히로유키는 구미 열강의 제국주의와 일본 메이지 시대의 영향을 받지 않을 수 없었다. 저자 스스로도 자신이 주장했던 천부인권설이 정부로부터 비난받았던 사실을 숨기지 않았다.

"세상의 논자들, 특히 소위 황학자 또는 근왕가 무리들이 나의 천부인권주의를 자못 우리 국체에 해가 된다고 하고, 특히 국체신론의 논설을 가지고 가장 우리 국체를 멸시하는 것이라고 하여, 이와 같은 책을 저술한 자를 대학의 종리로 하여 최고등의 교육을 주재하게 하는 일은 대단히 있을 수 없는 일이라고 하여 정부에 내밀히 건언했다".19

가토 히로유키는 일본 정부에 비판적인 의견을 낸 적이 많았고, 무조건 권력에 영합하거나 추종하지는 않았다. 일본 제국의 초대 내각총리 이토 히로부미20와 사이가 별로 좋지 않았던 것도 한 예다. 그랬던 가토 히로유키가 자신의 기존 주장을 부정하고, 일본 천황의 통치와 권력을 옹호하는데 뒷받침이 된 당대 최신 세계관인 사회진화론을 적극 수용했다.

그가 주장한 새로운 인권이 무엇인지 『인권신설』의 구성과 함께 살펴보자. 첫 장은 천부인권이 망상에서 나왔다는 근거를 제시하고, 두 번째 장에서는 인간의 권리가 어떻게 생겨나고 진보하는지 설명하며, 마지막 장에서는 권리의 진보를 꾀하기 위해 취할 주의점을 논했다. 이렇게 총 3장 34개의 문단으로 이루어진 전체 60페이지 정도의 작은 책이다.

이 책의 요지21는 인간은 특별한 존재가 아니라 동물과 똑같은 존재로 본래 가진 '고귀한 인권' 따위는 없으며,

단지 야만상태에서 동물적 다툼을 통해 강자가 생겨나고, 다시 이 강자가 자기 권력을 유지하기 위해 다수의 약자들에게 권리를 '부여'해서 비로소 '권리'를 갖게 되었다는 주장이다. 이 권리는 바로 '자유롭게 경쟁할 수 있는 권리'이다. 바로 이것이 세계 운행의 법칙인 '우승열패優勝劣敗의 법칙'으로 야만상태에서는 이것이 무력 경쟁으로 나타난다.

그러나 우승열패가 반복되면서 이는 정신력 경쟁의 단계로 비약한다. 큰 권력을 잡게 되는 것은 정신력에서 이긴 자들이고, 이들이 바로 사회에서 보다 우월한 사람[優者]가 된다. 이들은 보다 많은 권리를 얻을 수 있고, 이들이 획득하는 권리의 양에 따라 다시 크게 우월한 자[大優者]와 조금 우월한 자[小優者]로 나뉜다. 그러나 인간의 자유란 본성상 금세 방자해져 사회의 질서를 어지럽히게 되므로 반드시 권력을 이용하여 자유를 제한할 필요가 있다.

특히 사회가 단지 우승열패의 원리로만 돌아가면 대우자가 소우자와 열등한 사람[劣者]을 제멋대로 억압하기 때문에 반드시 최고로 우월한 자[最大優者]가 전제 권력으로 '대우자'들을 억제해야 한다. 바로 이것이 전제 권력이 '수여'하는 권리와 의무라고 주장한다. 이렇게 해서 성립된 국가는 다시 다른 국가들과 경쟁한다. 이때 국가가 발전하기 위해서는 사회를 바로 이끌어 갈 '상등평민'上等平民이 필요하고 이런 양정良正한 우자가 국가의 질서를 보호하고 진보를 유도하며 사회를 이끌어 간다. 긴 글을 한 마디로 요약하면 인간 세계에 우열과 적자생존의 원리를 적용해 강자가 약자를 억압할 수 있고, 선진 국가가 미개한 국가를 지배할 수 있다는 논리다.

강한 개인과 국가를 꿈꾸도록

이 사회진화론은 제국주의가 막을 내리고, 제2차 세계대전 후에 많은 식민지 국가들이 독립하면서 점차 그 효용과 설득력을 잃어갔다. 현대에 와서는 위험한 사상으로 취급되는 게 일반적이다. 사실 다윈이 1859년에 『종의 기원』을 통해 주장한 진화론이 그대로 사회진화론으로 발전한 것은 아니다. 당시에는 다윈 외에도 진화론의 다양한 주장들이 있었고, 사회진화론을 주장한 허버트 스펜서는 다윈보다 2년 앞서 『진보의 법칙과 원인』(1857)이라는 책에서 본격적으로 인간 사회에 적용한 진화론을 제시했다. 그리고이 둘의 관점도 근본적으로 다른 부분이 있다.

예를 들어 다윈 진화론의 핵심은 자연 선택에 있지, 적자 생존에 있지 않다. 여기서 말하는 적자適者는 어느 쪽이 더 낫고 못하다는 우열의 뜻이 아니라, 자연에 더 잘 적응한 쪽을 의미한다. 또 사회진화론의 주장과는 달리 생물계에서는 진화의 방향이 단순하고 열등한 존재에서 복잡하고 우등한 존재로, 이른바 진보하지 않는다. 하지만, 다윈의 진화론이 너무 유명해져서 스펜서의 사회진화론이 뒤늦게 관심의 대상으로 급부상했고, 사람들은 아직까지도 이 둘을 서로 연관지어 이해하거나 또는 오해하고 있다. 사회진화론을 둘러싼 논쟁은 여전히 계속되고 있다. 드러내 놓고 그것이 어쩔 수 없는 세상의 이치라고 주장하진 못하지만, 약육강식 세상은 여전하기 때문이다.

가토 히로유키도 『인권신설』을 낸 후, 10년에 걸쳐 자신의 이론을 발전시켰다. 생물학적 세계관을 인간 사회에 단순 적용했던 '우승열패'優勝劣敗 이론을 보완해, 이후에 『강자의 권리경쟁』强者の權利の競爭이라는 책을 펴냈는데, 여기서는 '천칙'天則이라는 개념을 도입했다. '천칙'은 강자 간의 권리 투쟁이 서로를 파멸시키는 수준에 도달하지 않아야 한다는 것으로, 유기체적 사회라는 좀 더 이상적 개념을 제시했다.

이 책의 맨 끝 장에는 출판사 의진사義進社에서 발행한

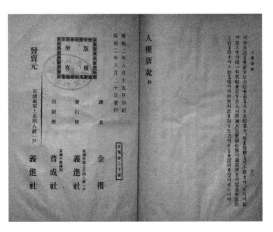

『인권신설』의 마지막 페이지와 판권.

책 광고가 실려 있다. 앞서 언급한 가토 히로유키의 저서를 번역한 『강자의 권리경쟁론』이 등장한다. 그 옆에 한국 최초로 나폴레옹 역사를 다룬 『나파륜전사』拿破崙戰史와 『라빈손표류기』羅賓孫漂流記도 보인다. 의진사는 1908년에 교과서 전문 출판사로 시작해 불과 두 해 만에 문을 닫았지만 나폴레옹의 세계 정복사와 표류한 로빈슨의 생존 이야기를 소개함으로써 강한 나라와 개인을 꿈꾸었던 게 아닐까 생각해 본다.

그 덕분일까? 대한민국은 식민 지배에서 벗어난 후 전

쟁까지 겪었지만 불과 한 세기 만에 1인당 국민소득에서 세계 10위 권에 드는 부국강병의 기적을 이루었고, 국민 모두 여전히 생존 경쟁에서 치열하게 싸우고 있다. 하지만 인권 문제는 어떨까? 근래 가장 많이 회자되었던 구호처럼, "기회는 평등하고 과정은 공정하고 결과가 정의로운" 모두의 인권이 존중되는 나라가 되려면 그동안 당연하게 받아들였던 '약육강식'의 세계관에 과감히 의문을 제기하는 새로운 '인권신설'이 필요하지 않을까?

은세계 銀世界

이인직
동문사
1908

새 로운 소설,
새 로운 세계

옛 책을 수서할 때 책을 튼튼하게 제본하는 것만 신경쓰다 표지가 잘려나가는 일이 흔했다.
'은세계'라는 제목을 작은 '신연극' 세 글자로 가득 채워 만든 표지가 소실되어 안타깝다.

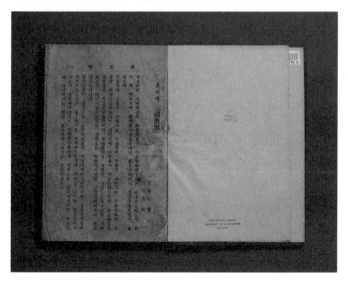

학창시절 국어 시간에 이인직에 대해 들어 보지 않은 사람이 있을까? 국초 이인직은 1907년 『혈의 누』를 펴내 우리나라 근대문학사에서 최초의 신소설 작가가 되었다. 그는 안국선, 이해조와 함께 신소설 3대 작가 가운데 하나로 꼽힌다. 이 책은 1908년 11월 20일에 동문사에서 나왔는데, 특이하게도 출간 전 원각사에서 '신연극'으로 먼저 선을 보였다. 『황성신문』 1908년 7월 28일 자 기사에는, 당시 "대한신문사 사장이었던 이인직 씨가 신연극 『은세계』를 원각사(구 협률사) 극장에 올리기 위해 소리꾼 창부들을 모아 연습한다"는 내용이 실렸다.

4달러에 산 100년 전 책

책의 표지에도 연극의 흔적은 남아 있다. 제목 앞에 신소설 新小說이란 글자가 선명하게 찍혀 있고, 표제인 銀世界라는 글자는 깨알 같은 新(신), 演(연), 劇(극) 세 활자를 반복해 써서 만들었다. 작은 활자들을 모아 글자 하나를 만든 방식이 재밌고 앙증맞으면서 참신하다. 새로운 소설이자 새로운 연극이라는 것을 강조하고 싶은 의도가 글자 속에 담겼다. 안타깝게도 우리 소장본은 표지가 소실되어 실물 확인이

불가능하지만 이 독특한 표지 디자인은 아단문고 스캔본으로 참고할 수 있다.[22]

우리 대학 소장본의 표지는 제본을 하다가 잘려 나가지 않았나 싶다. 과거에는 책을 튼튼하게 제본하는 것에만 신경을 쓴 나머지 표지를 살리지 못한 책들이 더러 있다. 어쩌면 옛날 동양 책의 페이지 정렬이 서양 책과 달라 미국의 제본 공장에서 표지를 뒷장으로 잘못 알고 거침없이 잘라냈는지도 모르겠다. 비록 표지는 잃었지만 견고한 제본 덕분에 얇은 141쪽 본문은 1백 년이 넘는 세월에도 모두 살아남았으니 그것으로 위안 삼는다.

표지가 잘려 나가 아쉬운 마음으로 책의 첫 장을 만지작거리다가 책이 접히는 부분에서 한 줄의 수서 기록을 발견했다. 책 입수 기록을 남기기 위해 과거 도서관에서 썼던 방법이다. 책에다 직접 연필로 입수된 경로와 날짜, 그리고 가격 정보를 보일듯 말듯 깨알같이 적었다. 이 책은 1964년 11월 20일에 계림Kerim이라는 책방에서 미화 4달러에 구입했다고 기록되어 있었다.

계림서점은 과거 인사동에 있던 고서점으로 주로 국어국문학 관련 서적을 취급했다. 오래전부터 워싱턴대학교 및 해외 대학도서관에 한국책 수출 사업을 맡아 오고 있는 범문학술정보서비스의 임재춘 이사님을 통해 직접 전해 들은 이야기다. 그분 말씀에 따르면, 서점 대표가 돌아가시면서 서점 문을 닫게 되었는데, 인사동 고서점 중에서 제일 먼저 문을 닫아 지금은 그 자취를 찾아볼 수 없다고 한다. 서점보다 더 긴 생명을 가진 책을 만지는 감회가 특별하다.

책값으로 책의 가치를 따질 수는 없겠지만 그때 4달러가 어느 정도 가치인지 궁금하다. 당시 미국의 대중 잡지 『라이프』Life 한 호가 25센트, 1년 구독료는 3달러였다. 이런 당시 미국 책값을 감안해 본다면, 4달러에 구입한 『은세계』는 다소 비싸다. 그렇다면 당시 조선에서 『은세계』는 얼마에 판매되었을까? 판권지를 뒤져보니, 정가 30전. 이 무렵 평균 책값이 58전이었음을 감안하면 그리 비싼 책은 아니다.[23] 30전의 책을 미화 4달러에 구입해 1백여 년을 서고에서 묵고 나니 도서관의 귀중본이 되었다. 지금에 와서 보면 헐값에 보물을 획득한 셈이다. 돌아가셔서 지금은 전달될 리 없지만 이 책을 소장하고 판매해 주신 계림서점의 사장님께 감사하다는 말씀을 전하고 싶다.

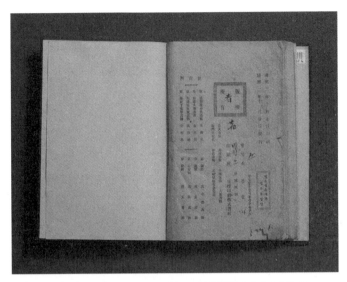

계림이라는 서점에서 1964년에 미화 4달러를 주고 구입한 『은세계』의 당시 정가는 30전이다. 당시 평균 책값이 58전이었다니 비싼 책은 아니었다.

은세계, 알 수 없는 새로운 세상

작가가 제목으로 내세운 『은세계』의 진정한 의미는 무엇일까, 시작부터 궁금하다. 금이나 은, 또는 돈으로 상징되는 '부의 세계'를 뜻하는 것일까? 아니면, 소설의 도입부에 나오는 하얀 떡가루처럼 온 세상이 눈으로 덮힌 '가려진 세계'를 뜻할까? 소설 속에서 돈이 문제의 발단이 되긴 한다.

주인공 최병도의 재산이 자신과 가족에게 불행을 초래하기 때문이다. 돈 때문에 탐관오리에게 착취를 당하고, 쉽게 굴복하지 않자 끝내 죽음에 이르고 만다. 아내는 남편의 죽음으로 정신을 잃은 채 자기 자식조차 못 알아보고, 최병도의 자녀는 고아보다 못한 처지가 되어 나락으로 떨어진다.

당시 관료들의 부정부패를 고발하고 개혁을 강조하기 위한 이야기였다지만, 소설 속에서 보여 주는 돈과 부의 축적은 한 가족에게 불행의 그림자를 짙게 드리웠다. 후반부에 가서 돈 덕분에 두 남매 옥남과 옥순이 미국 유학 기회를 얻게 되는 행운이 잠깐 찾아오기도 하나 돈을 대신 관리해 주던 김씨네 아들의 방탕과 난봉으로 인해 곧 다시 어려운 처지에 빠진다. 다행히도 어느 선량한 미국인의 도움으로 두 남매가 공부를 지속하게 되고, 배움 끝에 고향에 돌아와 엄마와 상봉한다.

하지만 그것도 잠깐, 이 둘은 다른 이도 아닌 광복을 위해 애쓰던 의병군에게 붙잡혀 가는 신세가 되고, 소설은 끝이 난다. 서양 학문을 배워 온 남매가 고국에 와서 뭔가 개혁에 이바지하려는 순간에 소설이 끝나 버려 꽁지가 잘린 듯한 느낌이 없지 않다. 신소설의 한계거나 저자 이인직이 내릴 수 있는 결말의 한계이지 싶다.

저자 이인직이 이 소설을 발표한 1908년은 을사늑약이 이미 체결되었고 고종이 폐위되어 한일합방을 코 앞에 둔 어지러운 시국이었다. 당시 조선의 국민들 또한 어떤 세계로 떠밀려 가고 있는지 갈피를 잡지 못했을 것 같다. 아마도 밀려오는 변화와 함께 새로운 세계가 열리고 있다는 심상치 않은 자각은 모두에게 있었을 것 같다. 그 알 수 없는 세상이 이 소설 속에 묘사된 흰 눈으로 덮인 은세계였을까?

신소설이 고전소설과 구분되는 가장 다른 점은 주제에서 권선징악을 탈피하고 인간의 다면적 정서를 다양한 인물형으로 드러낸다는 것이다. 『은세계』는 주인공인 최병도가 평민으로써 개화사상에 감화되었고, 그 대척점에 봉건 관료의 부패와 학정을 두어 서로 대립하게 한다는 점이 돋보인다. 유효기간이 다 된 봉건제를 관념적인 방식이 아니라 강인하고 불의에 굴하지 않는 성격을 가진 주인공이 봉건 관료에게 저항하다가 죽음에 이르는 극적인 방식으로 고발한다는 점도 높이 평가할 만하다. 이러한 사회 배경 속에 최병도와 그 가족 구성원들을 객관적으로 드러낸 점은 가족 간의 갈등을 소재로 했던 고대 가정 소설과 달리

외부 세계를 객관적으로 묘사하는 객관 소설의 특징이 잘 나타나 있다. 구성에 있어서는 작품 속에 「농부가」와 「나무꾼 노래」 등의 민요를 삽입한 것이 새로운데, 아마도 창극에 바탕한 연극 「은세계」가 먼저 상연된 영향이 아니었을까 생각된다.

하지만 이 작품에는 그늘도 있다. 이 작품의 마지막에 최병도의 자식인 옥남은 조선의 독립을 위해 싸우는 의병군을 폭도로 규정하고 해산을 권유한다. 옥남의 이 발언은 당시 일본이 조선 의병군에 대해 취한 태도와 동일하다. 결말이 생뚱 맞다고 생각했는데, 그런 것이었던가 새삼스레 깨달았다. 이 때문에 『은세계』는 탐관오리의 잘못을 내세워 조선이 선진 일본의 지배를 받는 것은 당연한 결과라고 합리화했다는 평가를 받는다. 이인직이 꿈꾸던 은세계는 흰 눈이 세상을 덮어 버리듯 대한제국의 과거 역사를 모두 덮어 버리고, 일제 주도의 개혁으로 만들어질 새로운 세계를 의미하는 것이었나 보다. 동시에 앞으로 돈이 판치는 자본주의, '은'세계가 펼쳐지리라는 예감을 담은 것인지도.

친일논란이라는 식민지 작가의 숙명

필자는 이 책을 읽기 전까지 작가 이인직의 친일 사실에 대해 전혀 모르고 있었다. 필자가 공교육을 받았던 1970~1980년대는 친일 인사들의 친일 행적에 대한 규명이 제대로 정립되지 않았던 때였고, 이인직은 그저 신소설의 아버지로서 근대 문학을 여는 중요한 작가군에 들어 있었을 뿐이었다. 이인직이 대표적 친일파 이완용의 비서 역할을 했다고 하니, 이 작품을 근대 문학의 시작으로 소개하기가 꺼림칙하다. 하지만 사실은 사실 그대로, 아픈 우리 역사의 일부로 받아들일 수밖에 없다. 그가 친일하지 않았더라면 얼마나 좋았을까 하는 아쉬움은 남지만 세기의 전환기에 신소설이라는 새로운 형식의 소설을 통해 부패한 관료와 불합리한 사회를 폭로했다는 점은 아낌없이 인정하자. 다만 결말 부분에 불합리에 대한 주체적인 저항은 사라지고 외세에 영합한 순응적인 태도로 바뀐 것은 비판하면서.

이인직과 함께 신소설의 작가로 활동했던 이해조가 최근 들어 재평가 받으며 부상하고 있다.24 『자유종』을 쓴 이해조야말로 '신소설의 아버지'로 불려야 한다는 주장도 없지 않다. 이인직의 명성과 작품이 친일로 얼룩진 것에 비

해 이해조는 순수한 애국계몽주의자로 평가받으며 친일
논란을 피했기 때문이다. 비슷한 시기에 신소설을 쓰면서
다른 신념과 태도를 가졌던 이해조의 작품은 어떤 신세계
로 독자를 인도했을지 매우 궁금하다.

머나먼 타국으로의 유랑

포와유람기 布哇遊覽記

현순
현공렴(玄公廉)
1909

『포와유람기』는 저자 현순이 1903년 2월, 두 번째 하와이 이민 희망자 60명을 이끌고
하와이에 온 후 1907년까지 호놀룰루과 카우아이에 머물며 하와이의 역사, 지리 등과 함께
당시 조선인 이민자들의 생활상을 그린 책이다.

『포와유람기』의 '포와布哇'는 외국어의 한자 음역이다. 중국이나 일본에서 외국어를 음역한 것을 우리식 한자 발음으로 읽으면 원래 발음과는 차이가 많이 난다. 필자가 사는 워싱턴 주를 중국에서는 華盛頓(Huáshèngdùn)이라고 읽어 그들 나름대로는 영어 발음과 비슷하다고 생각하겠지만 한국식 발음으로는 '화성돈'이 된다. 화성돈대학을 워싱턴대학이라 알아들을 수 있는 한국 사람은 거의 없다.

태평양 낙원 하와이 이민의 빛과 그림자

'포와'는 어느 외래어를 음역한 것일까? '유람기'가 뒤에 붙어 있으니, 아마도 어딘가의 지명일 것이다. 첫 글자보다 두 번째 글자 '와'에 강세를 줘서 발음하면 원어 발음의 반은 맞춘 셈이다. 이 책의 1장에 등장하는 '태평양 낙원'이 힌트가 될 수 있을까? 포와는 본래 폴리네시아 민족의 땅으로, 1959년 미국의 50번째 마지막 주로 편입되기 전까지 미국의 식민지였던 하와이 섬을 일본어로 음역한 것이다.

1909년의 하와이 유람기라면 한인 최초의 미국 유람기가 되지 않을까 싶다. 1903년을 미국 한인이민사 원년으로 보는데, 이민 6년 만에 하와이 유람기 책이 출간되었다. 유람기를 쓴 저자 현순은 누굴까? 그가 묘사한 태평양 낙원은 어떨까? 벌써 마음은 하와이 여행으로 설렌다.

저자 현순(1878~1968)은 일제강점기 13도 대표 국민대회 평정관, 임시정부 외무차장 및 내무부차장 등을 역임한 독립운동가였다. 그는 대한민국 임시정부 수립을 위해 상해와 미국을 오가며 활발히 활동한 공로를 인정받아 1963년에 건국공로훈장을 받았다. 그래도 현순이 누구인지 모르겠다면, 1919년 대한민국 임시정부 국무원 기념 사진에서 안창호 우측에 앉은 인물을 찾아보라.

현순은 독립운동을 위해 하와이에 간 것일까? 하지만, 이 책은 현순이 본격적으로 독립운동을 시작한 시기보다 훨씬 이전에 출간되었다. 현순이 하와이로 신혼여행을

대한민국임시정부 국무원 성립 기념 (1919.10.11, 앞줄 왼쪽부터 신익희, 안창호, 현순. 뒷줄 김철, 윤현진, 최창식, 이춘숙)

간 것은 분명 아닐 텐데, 그가 떠났던 하와이 유람 이유부
터 찾아볼 일이다.

이 책의 제 1장 총론의 2절 '한국 이민의 효시'에는 현
순이 하와이에 가게 된 이유가 나온다. 그는 인천에 있던
동아개발회사에서 한국인 이민 노동자를 모집하고 그들
을 미국으로 보내는 일을 했다. 현순은 1903년 2월 조선인
60명을 데리고 하와이로 직접 출항했다. 이는 1902년 12
월 22일, 첫 이민자 출항에 이은 두 번째였다. 영어에 능한
현순이 이민자들을 인솔해 하와이로 향했고, 현지에서 통
역하고 감독하는 일을 맡았다. 1905년까지는 호놀룰루에
서, 1907년까지는 카우아이 섬에서 지냈다. 하와이 한인
교회에서 목사로도 일했다.

학대와 멸시에 시달린 초기 한인 이민자들

『포와유람기』는 현순 자신의 하와이 이주 삶을 토대로 하
와이에 대한 지식과 정보를 함께 엮은 책이다. 제목은 유람
기이지만 현순의 감상은 매우 적고 하와이의 역사 지리나
혹은 하와이 이민 안내서 같은 성격이 강하다. 총 4장으로,
제1장은 총론, 제2장은 지리, 제3장은 역사, 제4장은 경지

耕地로 구성했다. 각 장을 다시 절로 세분화해 나눴다.

1장 총론에서는 하와이까지의 노정과 생활 및 길나우야(킬라우에아) 화산의 경관을 다룬 태평양 낙원에 대해, 하와이 이민의 과정을 다룬 한국 이민의 효시, 한인의 생활 전반, 한인의 기독교 및 교육의 발전, 한인의 사회 및 실업, 한인의 신문 및 잡지를 차례로 기술했다. 2장 지리편에서는 하와이의 위치, 면적, 기후, 동·식물, 자연지리, 인종, 인구, 가옥, 식물, 언어, 문자, 유희, 음악, 인문지리, 호놀룰루 수도와 히로 시, 상업과 군비 그리고 8개 주요 섬인 니하우, 카우아이, 오아후, 몰로카이, 마우이, 라나이, 카호올라웨, 하와이 섬에 대해 자세히 기술하면서 한인이 거주하는 농장의 목록까지 열거했다. 3장 역사편에는 하와이 섬의 발견과 명칭, 정치, 제1혁명과 제2혁명, 미국과의 합병 과정에 대해서, 마지막 4장 경지에서는 포와제당회사의 효시, 사탕배육법, 경지노동자의 생활상태, 일본인과 청국인의 이주 및 현지 상태를 적었다. 총 58페이지로 되어 있고, 하와이 지도가 한 장 포함되어 있다.

이 책은 무엇보다 하와이 초기 이민 한인 정착 과정을 상세히 기록한 보고서이자 당시 한인 사회를 알 수 있는 사료적 가치가 높은 책이다. 제 1장 3절 '한인의 생활 경황'에는 솔직하게 한인들 생활을 기록했다. 이제껏 우리 민족은 부지런하고 성실하며 인내하는 민족성을 가지고 있다고 생각했던 것과 달리 이민 오자마자 노동이 힘들어 이민 회사를 원망하고 통역인과 다투는 일이 끊이지 않았다고 현순은 기록했다. 현순은 한인들이 노동에 약하고, 향수병에 시달려 생활의 안정을 못 찾고 표류하고, 도로에 나무 상자 하나를 놓고 그 위에서 잠을 자며 방황하는 자들이 많았다고 전한다. 또, 농장마다 장유유별이 없는 무지한 하류인들이 멋대로 방자하여 술과 잡기로 날을 보내는 일이 많아 농장 주인의 박대와 타민족의 멸시와 학대를 면할 길이 없었다고도 적었다.

여태껏 새벽부터 밤늦게까지 상점 문을 열고 힘든 일도 마다 않는 억척스러운 한인 이민자들의 이야기만 들어와서 여과없이 기록한 한인들의 추잡했던 생활을 들으니 다소 충격적이다. 물론 일부 문제 한인들을 거론한 것일 테고 현순의 엘리트 의식이 반영되어 왜곡된 면도 없지 않겠지만, 미국에 살면서 한인과 관련해 자주 듣는 말과 겹쳐지면서 마음 한구석 한국인 이민자의 정체성을 보는 것 같아 씁쓸하다. 한국인처럼 불평불만이 많은 진상 아닌 손님도 없으며, 돈 떼먹고 도망간 사기꾼 중에 한국인이 다수고,

마음에 안 맞거나 수 틀리면 교인들끼리 박 터지게 싸우며 분열되는 교회가 한 둘이 아니고, 한인회도 하루가 멀다 하고 싸우고 갈라서기를 반복하는 등, 미국에서는 한국 사람을 제일 조심해야 한다는 말이 전혀 근거 없는 말이 아님을 알기에 같은 한인 이민자로서 착잡한 마음이 든다.

현순이 한인들을 비판만 한 것은 아니다. 이민 초기에 발생했던 여러 문제를 극복하고자 야간학교를 만들어 영어를 가르쳤고 자치회를 조직해 사회 문제들을 바로잡고자 노력했다. 또 한인들이 있는 곳마다 기도회를 열고 교회를 중심으로 공동체를 형성하기 시작하면서 한인들의 정신적·사회적·인간적인 문제들을 해결하며 성장을 이룬 것도 책을 통해 확인할 수 있다. 일본인과 청국인이 미국에 신사와 불당을 만들었다면, 한인은 기독교 교회를 중심으로 공동체를 성장시켰다.

앞서 말한 문제점에도 불구하고, 미주 한인들에게 교회를 중심으로 한 공동체의 역할은 여전히 건재하다. 종교를 떠나서 일주일에 한 번은 같은 언어로 소통하고, 자녀들에겐 모국어를 가르치고, 친분을 쌓아 정서적으로 서로를 보듬고, 정보와 경험을 나누며 낯선 땅에서의 고충을 해결한다. 그렇게 교회 안에서 커뮤니티를 이루어 서로 도우며 살아간다.

남의 나라에 살기에 주인 행세 한 번 제대로 못하고, 언어의 어눌함에 늘 기가 죽어 있고, 소수 민족이기에 받는 불편한 시선도 간간히 느껴 가면서, 때로는 억울하게 차별받고 무시당하고 총기의 위협에 하루도 마음 편할 날이 없지만, 그래도 이곳이 한국보단 낙원이라고 스스로 우기며 (또는 굳세게 믿으며) 오늘도 타향에서의 삶을 이어간다. 물론 비종교인으로 교회와는 무관하게 살아가는 한인들도 많다. 하지만 이민 1세대가 지난 지금도 여전히 한인 이민자 사회의 가장 큰 커뮤니티는 기독교 교회가 중심이다.

그 첫 단추를 꿰기 시작한 분이 이 책의 저자이자 목사인 현순이다. 미국과 한국을 오가며 목사로 독립운동가로 정치가로 다양한 길을 걸었던 현순도 다른 한인들과 똑같이 외롭고 고단한 삶을 살았다. 현순의 생애는 앞에 소개한 성취 중심의 백과사전식 요약 정도만 남아 있는데, 이 기회에 좀 더 알아볼까 한다.[25]

길고 긴 유랑 끝에 한 줌 뼈로 돌아오다

현순은 역관 출신 집안에서 태어났다. 덕분에 선조들은 중국에 자주 왕래했고, 외국 사정에 밝았다. 현순도 일찌감치 일본 유학을 다녀왔고, 대한제국기의 관립 영어학원을 통해 영어를 배웠으며, 일본 유학시절 기독교 신자로 개종했다. 귀국 후 하와이 이민을 돕는 동아개발회사에서 일했다. 당시 현순은 인천의 용동감리교회(현 내리교회)에서 주일 예배를 드렸고, 선교사 존스씨는 교회 신자들에게 하와이 이민을 적극 권장했는데, 현순을 포함해 동아개발회사 직원 중에 여러 명이 자원해서 하와이 이민을 떠났다. 하와이에 모인 한인 이민자들은 자연스럽게 기독교인 중심으로 공동체를 형성해 나가기 시작했고, 그것이 하와이 한인 감리교회의 시작이었다. 불과 4년 동안 한인 6000명 가운데 교인이 1500명이 되면서 하와이 여러 곳에 교회가 세워졌다. 현순은 1905년에 전도사로 카우아이 섬으로 떠났다. 통역사 역할을 하느라 처음 하와이에 갔던 현순은 자연스럽게 그곳에서 목회 사역을 하게 됐다.

현순은 하와이에서 약 4년간 목회를 마치고, 1907년에 귀국해 배재학당의 학감으로 부임했다가 정동 제일교회에서 부목사로 잠시 일했다. 그 무렵인 1908년부터 하와이에 있는 한인들의 생활상을 기록하기 시작해 1909년 1월 20일에 『포와유람기』를 펴냈다. 1919년을 기점으로 목사로서 3·1운동에 본격적으로 참여하게 되었고, 뛰어난 영어와 일본어 실력으로 해외에 한국의 독립 승인을 요청하는 문서를 발송하는 중요한 업무를 맡았다. 그밖에도 중국 상하이와 베이징에서 임시정부 수립을 위한 구체적인 작업을 시작해 많은 업적을 남겼다. 1921년에는 미국 워싱턴으로 와서 공사관 개설을 추진했으며, 미국 정부에 정식으로 조선의 독립 승인을 받기 위해 애썼다. 현순은 이 과정에서 이승만과 갈등이 생겨 워싱턴을 떠나게 되고, 1923년부터 하와이로 다시 귀환해 호놀룰루와 카우아이 섬에서 목회 활동을 이어갔다.

1940년 목회자로 은퇴한 이후 사회주의의 실현을 위해 조선민족혁명당 하와이 지부 총서기를 역임했다. 현순은 북미주 조선인민주의전선 위원장을 맡았고, 1948년 남한에서 단독으로 치러진 선거를 비판했다. 이 단체의 서기를 현순의 장녀 앨리스 현26이 맡게 되는데, 그녀는 북한에 입국했다가 한국 전쟁 후 김일성의 모함을 받은 박헌영과 연관되어 미국 스파이로 체포되고 유죄 판결을 받아

1955년 사형을 당한다. 그후 현순은 공산주의자로 낙인 찍혀 귀국하지 못하고 로스앤젤레스에서 남은 생을 보냈다.

참으로 파란만장한 삶의 여정이다. 현순은 90세로 별세해 로스앤젤레스에 묻혔다가 1975년이 되어서야 국립묘지에 안장되었다. 식민지 조선에서 중국으로, 다시 미국으로 그 어느 곳의 시민도, 국민도, 공민도 아닌 상태로 길고 긴 유람을 하다가 한 줌 뼈가 되어 고국으로 돌아오게 된 것이다. 현순만이 아니라 이민자의 나그네 삶이란 유랑으로 시작해 유랑으로 끝나는 길이 아닌가 싶다.

필자도 미국 유랑을 시작한 지 벌써 스물하고도 일곱 해를 넘겼다. 동부의 대서양 바다를 보며 시작했다가 이제는 태평양 바다를 마주하고 섰다. 앞으로 또 어디서 필자의 유랑이 이어질지 모르겠다. 나그네 삶도 유전자 영향을 받는 것인지 아들 자식 하나는 미국 태생임에도 부모의 나라를 찾아 한국으로 홀로 유람을 떠났다. 한국말도 서툴고 한국 문화에 무지하며 재외국민이기에 받아야 하는 따가운 시선을 아랑곳하지 않고 미디어 속 화려한 한국을 동경해 홀로 유람 중이다.

2021년 올해로 『포와유람기』가 출간된 지 110년이 지났다. 많은 세월이 흐른 만큼 이제는 거꾸로, 필자의 아

들과 같은 한인 2세가 한국으로 귀환해 『서울유람기』를 쓸
수도 있겠다는 생각이 든다.

책 한 권에서 만난 세 명의 현玄 씨

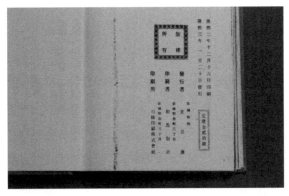

앞서 『월남망국사』의 판권에서 만난 발행인 현공렴의 이름을 『포와유람기』에서도
발견할 수 있다. 현공렴은 『월남망국사』의 번역자인 현채의 아버지로 『포와유람기』의
저자인 현순과도 친인척 관계였다.

안타깝게도 『포와유람기』 워싱턴대학교 소장본은 원본이
아니라 하버드대학 옌칭도서관의 장서를 복사한 영인본
인데, 하버드대학의 책도 원본이 아닌 복사본이었다. 원본
이 아니라서 이 책에 포함시키지 말까 다소 고민이 되었는
데, 다른 곳도 아닌 미국 이민의 초기 역사를 보여 주는 책

이라 넣기로 했다.

책 표지와 판권지 모두에 발행자가 현공렴으로 명시되어 있고, 출판사 이름은 보이지 않는다. '현공렴'은 이 시기에 출간된 책들 중에 발행자로 판권지에 자주 등장하는 이름이다. 처음엔 그의 이름을 출판사 이름으로 착각하기도 했다. '현공렴'이 도대체 누구인지 의문이었는데, 이 책에 관한 연구 논문을 여러 편 읽다가 그 수수께끼가 풀렸다. 발행자 현공렴은 지은이 현순과 친인척 관계로 확인되었다.27

이 사실을 이 책이 경성의 일한인쇄주식회사日韓印刷株式會社에서 인쇄했다는 것을 단서로 알게 되었는데,28 이 인쇄소의 부사장이 바로 『월남망국사』를 번역한 현채玄采였고, 현공렴은 현채의 아버지였다.29 아하! 근대 출판 역사에서 중요한 세 명의 천녕川寧 현씨(현순, 현공렴, 현채)는 서로 친인척 관계로 얽혀 있었다. 참고로, 천녕 현씨는 몇 대에 걸쳐 조선 왕실의 통역을 담당한 대표적인 역관譯官 가문 가운데 하나였다.

1910

2부
일제를 피해 해외를 떠돌다

36년간의 일제강점기 가운데 1910년부터 1919년은 무단통치기로 불린다. 1905년 을사늑약이 체결된 후 우리 문화에 대한 일제의 탄압이 심해져 1800년대 말과 1900년대 초에 창간된 신문들이 이 시기에 다수 폐간됐다. 출판 상황도 다르지 않았을 터. 이 시기 책들 가운데 유난히 해외에서 출간된 책들이 많은 것은 그 때문일까? 우화를 통해 사람살이의 이치를 가르치고자 했던 윤치호의 『우순소리』, 잊힌 재미 독립운동가 박용남의 『아미리가혁명』, 근대 조선의 아픈

1919

역사를 적은 박은식의 『한국통사』는 모두 미국 하와이에서 출간되었다. 『한국통사』는 한문본으로 상해에서 출간된 것을 하와이에서 번역해 출간했으니 타국에서 타국으로 떠돈 운명이 나라 잃은 백성을 닮았다. 와중에도 일제의 눈을 피해 불교 개혁의 목소리를 전하거나(『조선불교유신론』) 오랜 서울의 역사(『경성기략』)나 민간 속담 등을 정리해(『조선이언』) 우리 민족 문화를 보존하고자 했던 책들은 우리 문화의 명맥을 잇고자 한 안간힘이었다.

우스운 이야기로 세상을 배우다

우순소리

윤치호
신한국보사
1910

우순? 한글로 적힌 책 제목을 듣자마자 생각난 단어는 엉뚱하게도 새싹 무순이다. 내가 몰랐던 무순과 비슷한 우순이라는 식물이 또 있나? 우순과 무순 사이에서 헷갈리고 있는 사이 머릿속에서는 의문의 싹이 무럭무럭 자란다. 한자가 없어 무슨 뜻일까 답답하다. 하지만, 첫 장을 연 순간 뭔가 심상치 않은 책이라는 느낌만은 확실히 전해진다. 푸른 빛이 감도는 옛날 사진 두 장 중에 첫 번째가 '윤치호와 학생'이다. 옆에 달린 부제를 찬찬히 읽어 보니 '호놀룰루 한인기숙학교 환영회'에서 찍은 사진이라 적혀 있다.

윤치호와 안중근, 알쏭달쏭한 책 제목과 달리 책을 펼치자마자 한국 독립운동사의 전설들이 등장한다.

독립운동사에 깊이 새겨진 이름, 안중근과 윤치호

경직된 모습의 올망졸망한 학생들이, 교복을 입고 남녀로 나뉘어 좌우로 줄지어 섰다. 그 가운데로는 선생님을 비롯한 어른들이 근엄한 자세로 앉았다. 사진 한가운데 다리를 한 쪽으로 포개고 폼 나게 앉아 계신 분 가운데 한 분이 윤치호가 아닐까 짐작해 본다. 이어지는 또 하나의 사진은 선명하지 않아 거의 얼굴 윤곽을 알아보기도 힘든 인물사진이지만 어디서 많이 본 얼굴이다. 아니나다를까 '독립운동가 의사 안중근 씨'라는 설명이 달렸다.

　　우리 독립운동사에 깊이 새겨진 윤치호와 안중근의 사진으로 시작하는 『우순소리』는 과연 어떤 책일까 자세를 바로 하고 다음 장을 펼쳤다. 목차도 없이 첫 페이지가 시작된다. 「굴송사」라는 또 다시 이해하기 힘든 단어가 첫 장의 제목이다. 내용으로 들어가기 전, 판권지로 먼저 달려가 책의 정보를 좀 더 확인했다. 건국 4243년 5월 증보 증간, 저작자는 윤치호, 발행자는 로재호, 인쇄소는 신한국보사다. 발행지와 인쇄소 앞에 '미령 하와이 호놀눌누항'이라고 쓰여 있는 것으로 보아 이 책은 하와이 호놀룰루에서 발행한 듯하다. 저작자 이름 앞에는 '대한 황성'이 붙어 있다. 비록 미국 땅에서 발간되었지만 저자가 대한 사람인 것을 강조하고자 한 의지가 보인다. 마찬가지로 단기 4243년이 아니라 '건국' 4243년이라고 쓴 것도 우리나라가 고조선에서 시작한 유구한 역사의 나라임을 내세우는 것이 아니면 무엇이랴? 특히 단기 4243년이 대한제국이 일본과 한일합병조약을 체결한 해, 서기 1910년이라는 것을 감안하면 이 건국이라는 단어가 더 비장하게 느껴진다.

하와이의 인쇄 환경이 한국보다 좋아서인지 1910년대 한국에서 출판되었던 책과 비교해 보면, 종이가 상당히 두껍고 질이 좋다. 종이가 유난히 밝고 깨끗한 데다 활자도 큼직큼직하고 띄어쓰기마저 잘 되어 있어 한 눈에 편하게 들어온다. 독자 대상이 책에 실린 사진 속 소년 소녀들이라서 큰 활자를 썼는지도 모르겠다. 각 장의 페이지 숫자도 책 상단에 시원하게 박혀 있다. 당시 미국에서 한글 활자로 인쇄해서 책까지 만들었다니, 감탄할 만하다. 미국에서 출판된 우리 글이라 애착이 더 간다고 할까? 태평양 건너 하와이에서 한글로 책을 만들고 읽었을 이민의 대선배들을 향한 무한한 존경심이 우러난다. 책 맨 끝장에 찍힌 장서인에 미국에서 한국책을 출판했던 '소년서회少年書會, The Young Korea Book Co.'라는 활자가 선명하다. 호산방

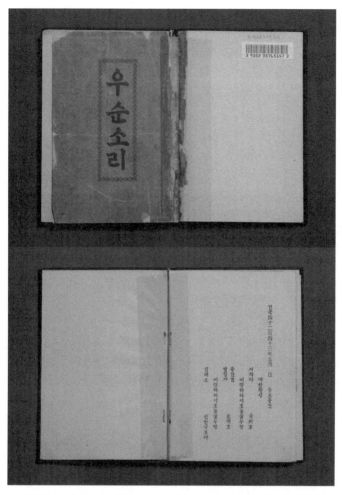

시원스러운 『우순소리』 제목 옆을 네모나게 감싼 문양이 귀엽다. 조선의 유구한 역사와
저작자의 뿌리가 조선임을 밝힌 판권지에서는 나라 잃은 애달픔이 느껴진다.

고서점을 운영하는 박대헌 선생님이 자신의 책 『고서 이야기』에서 고서는 돌고 돈다고 했던 말이 새삼 실감나는 순간이다.

우스운 이야기로 세태를 풍자하다

판권지에서 확인한 책의 각별함에 잔뜩 취해, 첫 장 「굴송사」로 다시 돌아왔다. '송사', 누군가를 떠나보내는 마음인가 짐작하며 읽어 나갔다. 세로로 쓰여진 글자 한 자 한 자를 짚어가다 뜬금없이 해변의 굴oyster과 마주쳤다. 조개가 나와도 놀랄 판에 럭셔리한 굴이 1910년 책에 등장한다. 송사가 필자가 생각한 송사가 아니었나? 이야기는 이렇게 시작된다.

행인 둘이 길을 가다가 해변에 굴 한 개가 있는 것을 보고 한 사람이 집으려 한즉 동행하는 사람이 말하되,

"여보 가만 있소. 우리 둘 중에 그 굴을 누가 먹어야 옳소?"

"아, 그야 먼저 본 사람이 먹고, 그다음 본 사람은 구경이나 하지요?"

"그럴 테면 내 눈이 꽤 밝소"

"댁은 보기만 하였지오. 나는 만져까지 보았으니 어찌 하려요?"

피차 다툴 때에 어떤 양반 한 분이 지나가거늘 행인 둘이 굴 송사 판결하기를 청한대, 그 양반이 그 굴을 쪼개어 속은 삼켜 버리고 껍질은 한 쪽씩 둘에게 나눠주면서 가로되,

"너의 소위는 송사 부비를 물닐 것이나 십분 용서하여 굴 껍질 하나씩 주는 것이니 아무 말 말고 가라" 하더라.

그제서야 이 책 제목이 뜻하는 바가 무엇인지 깨달았다. '우스운 이야기'라는 뜻의 '우순 소리'였던 것이다. 마치 이솝우화 같은 짧은 글들이 77페이지의 작은 책자 속에 73편이나 빼곡히 들어 있다. 각 이야기 말미에는 교훈이 될 만한 한 줄 메시지도 달았다. 본문도 재밌지만, 한 줄 교훈은 더 흥미롭다. 「굴송샤」의 촌평이라고 할까, 교훈은 이렇다. "샤화하야 반 얻는 것이 송사하여 다 잃는 것보다 낫다." 법정에서 재판 송사하듯 따져서 다 잃느니 반이라도 얻는 게 낫다는 현실적인 교훈이다. 우화를 통해 세태를 풍자하고 그에 따른 교훈을 가르치고자 한 것이다.

「금알 낳는 거위」라는 글에서는 "백성을 죽여 가며 재산을 한 번에 빼앗다가 필경 재물과 백성과 나라를 다 잃어버린 사람도 적지 않다" 라는 촌평을 남겼다. 무능한 정부와 관료를 풍자하고 비판하는 윤치호의 쓴소리가 들린다. 특히 정부에 대한 비판은 직설에 가깝다. "제 정부가 제 백성을 학대할 때 남의 백성 후대할까?" 또는 "강한 나라 칭호와 예식만 흉내 내다가 망한 나라도 있다"처럼 나라의 무능을 향한 탄식과 책망도 있다. 한편, 일제의 압제에 대한 풍자와 매국노에 대한 비난도 빠지지 않았다.

「질항아리와 주석항아리」의 이야기 끝에는 "조선 사람이 강한 나라 사람과 동사 하려거든 이 질항아리 말을 생각하라"는 교훈을 달았는데, 주석같이 강한 나라 일본과 질항아리로 상징되는 우리나라의 관계를 비유한 것이다. 서로 성품이 달라 부딪히면 약한 질항아리가 깨져 버리니 '같이 가자'며 꼬드기는 강대국을 단호하게 거절하고 스스로 서야 함을 강조했다. 비록 저작자 윤치호가 이 책의 출간 이유나 목적에 대해 따로 한 마디도 남기지 않았지만, 그의 의도는 촌평을 통해 충분히 드러난다.

우화가 금지된 시대

이 책에 실린 글의 원전은 '이솝우화'이리라 생각한다. 「여우와 신포도」, 「토끼와 자라」, 「새앙쥐 방울 단다」 등 제목도 같고 우리에게 익숙한 이야기도 많다. 이 무렵 『이솝우화』가 중국과 일본에서 번역되어 출판되었다고 하니, 윤치호도 이 책을 접하지 않았을까 싶다. 아니면, 그의 미국유학 시절 영어책으로 먼저 이솝우화를 만났을 수도 있겠다. 학계에서는 『우순소리』의 원천 자료에 대한 연구 역시활발하게 이어지고 있다.

이 책의 존재가 학계에 알려진 것은 그리 오래되지 않았다. 특히 이 책은 발간되기 두 해 전인 1908년 대한서림에서 먼저 나왔다가 금서 처분을 받고 모두 수거, 폐기되었는데, 호놀룰루에서 신한국보사 간행으로 다시 출간되었기에 더 의미가 깊다.[1] 당시 『우순소리』가 '치안과 풍속'을 해친다고 금서 처분을 받았다니 그거야말로 '우순 소리'다. 다행히도 미국 하와이에서 출판하면서 크게 다시 웃을 수 있게 되었다.

비록 자국 내에서는 금서 조치로 많은 젊은이에게 읽히지 못했지만, 해외의 한인 학생들에게라도 우화나 재담을 통해 계몽하고 세상을 보는 혜안을 전하고 싶었던 윤치호의 마음이 헤아려진다. 딱딱한 교과서보다 재미있는 이야기로 학생들을 교육하고자 했던 근대 계몽 지식인의 노력에 큰 박수를 보내고 싶다.

풀이가 더 어려운
한글 속담 사전

조선이언 朝鮮俚諺

최원식
신문관
1913

『조선이언』은 우리나라 최초의 한글로 된 이언俚諺사전이다. 이언? 옛 책을 다룰 때면 제목부터 막히는 경우가 잦다. 기대에 차서 밥 숟가락에 맛있는 생선 한 점을 얹어 먹다가 생선 가시가 목구멍에 걸리는 것 같다. 한자를 잘 알면 금방 의미를 유추할 수 있으련만 한글세대의 비애다. 언제쯤 가시 걱정 없이 영혼의 양식을 맛있게 먹을 수 있을까? 한글을 낮춰 이르는 말인 '언문諺文'의 '언諺'자에서 실마리를 찾는다. 앞의 글자 '이'俚도 속되다는 뜻을 가졌다. 두 배로 속되고 속된 말은 도대체 무슨 말일까 했더니 우리가 즐겨 쓰는 속담이란다. 속담은 예로부터 민간에서 전해오는 격언이나 잠언인데, 과거에는 속담을 '이언'이라 부르며 곱빼기 속된 말로 치부했던 모양이다.

곱빼기로 속된 말 사전

아무리 속될망정, 속담을 정리한 책이 1913년에야 출간되다니 조금 의아하다. 조선시대와 그 전에는 민간에서 내려오던 속담을 정리한 것이 하나도 없었던 것일까? 물론 있었다. 다만, 그 전에는 한글이 아닌 한자로 쓰였다. 이 책 서문에서도 저자 최원식은 성호 이익의 『성옹백언』星翁百

諺[2]과 정약용의 『이담속찬』耳談續纂을 언급하고 있는데, 이 책들은 모두 일찌감치 세상에 나왔던 조선 '한역' 속담집 이다.

우리 속담을 한자 운율에 맞춰 번역했으니, 얼마나 부자연스러웠을까? 원래 말맛이 사라지고 의미마저 달라지는 경우도 있었을 것 같다. 그나마 이것도 조선 후기 실학 사상에 부응해, 이익이나 정약용 같은 문인들이 비록 번역일망정 속담집을 펴낸 것이다. 순한글의 말맛을 느낄 수 없어 아쉽지만 그마저도 감사할 일이다. 저자도 속담에 관한 책이 거의 없는 것을 한탄했다. '학자와 학계에 대치욕'이라고까지 분개했는데, 그는 책 머리에 속담이 왜 중요한지 조목조목 잘 따져 두었다. 최원식이 정의한 속담과 그 효용성을 알아보자.

이언은 저자를 알지는 못하나 만인의 인식하고 깊이 느껴 깨달은 공동의 언어이다. 그 시작을 알 수는 없으나 만대까지 이어지도록 갈고 닦아서 만들어진 작품이다. 한 개인의 사적인 말이 아닌지라 한쪽으로 치우치지 않고, 한 시대에 만들어진 졸작이 아니라 모난 것도 적다. 만인이 이용하기를 좋아하고, 만사에 예를 들어 비유할 수 있

어 그 효용이 크다. 대성현도 응용하였고, 모든 사람에게
는 수신의 법칙과 처사의 규범이 된다. 사회의 문화교육
을 규시할 수 있고, 도덕상의 규범과 생활상의 경험을 나
타냈기 때문에 이언은 민족의 성격을 관찰할 수 있는 좋
은 자료이다. 그리하여 학문을 숭상하는 모든 나라에서는
이언을 전문으로 연구하는 학자, 서적, 학교, 서원이 있어
모집, 판별, 연구해서 해명하고 부지런히 사용의 방법을
알릴 필요가 있다. 심리적으로는 이언이 발생하게 된 경
로를 밝히고, 윤리적으로는 널리 사용된 영향력을 조사한
다. 거기에 일보를 더 발전시켜 사물의 식견과 행위의 생
각을 표시한다. 그렇게 만들어진 이언을 통해 사회의 문
화를 엿볼 수 있으며, 도덕상 규범과 생활상 경험을 그대
로 보여 주기에 한 민족의 성격을 관찰하고 연구하는 방
법으로 쓴다. (『제조선이언』題朝鮮俚諺의 일부 내용을 현대
어로 풀어 옮김)

이어서 최원식은 비록 자신이 편집한 속담집의 범위
가 넓지 못하고, 수집 또한 완전하지 못해 실적을 논하기는
가당치 않지만, 후에 완성을 기할 자를 불러들이는 계기가
되기를 바란다고 썼다. 그리고 속담집답게 머리말 말미에

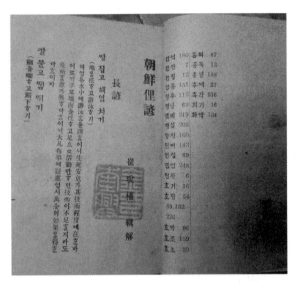

문고본 크기의 『조선이언』에는 모두 900여 개의 속담이 담겨 있는데, 뜻풀이가 국한문 혼용이라 더 어렵다.

"사마死馬의 골骨이 반드시 기물棄物이 아니다(죽은 말의 뼈가 반드시 쓸모 없는 것은 아니다)"라는 속담으로 마무리하는 재치를 보였다.

지금과 같고 다른 속담들

『조선이언』은 손안에 쏙 들어오는 문고본 크기로 260쪽
안에 총 900여 개의 속담이 전부 들어갈까 싶을 정도로 작
다. 한 장에 평균 3~4개의 속담을 담았는데, 웃지 못할 일
은 한글로 적은 속담 밑에 뜻풀이가 한자로 쓰여 있어 풀이
가 더 어렵다는 것이다. 주해에는 먼저 국한문 혼용체로 속
담을 적은 후에 한글로 속담을 풀어 주는데, 거기에 한자가
알알이 박혀 머리가 지끈거린다.(이럴 때 쓰는 속담은 없
을까?) 순서나 분류 체계는 따로 없는 듯하나 동일하거나
비슷한 뜻의 속담이 연이어 나오는 경우도 종종 있다. 순서
가 없음을 고려했는지 앞 부분에 10쪽에 달하는 가나다 순
의 색인을 마련해 두었다. 예를 들어 '고래 싸움에 새우등
터진다'의 속담을 찾고 싶으면 첫 두 글자 '고래'를 찾아 해
당 페이지로 가면 된다.

　필자의 가장 큰 관심은 무엇보다도 어떤 속담들이 이
책에 실려 있을까 였다. 내가 아는 속담들이 많이 있을까?
아니면 1913년 당시의 속담은 모두 금시초문일까? 첫 속
담은 "땅 짚고 헤엄치기"이다. 뜻풀이를 읽어 보니 지금 쓰
이는 것과 달리 은근히 교훈적이고 비판적이다. 지금 표준

국어대사전은 '아주 하기 쉬운 일을 비유적으로 이르는 말' 또는 '어떤 일이 의심할 여지도 없이 확실하다는 말'로 정의해 부정적이거나 비판적인 뉘앙스는 찾아보기 어렵다.

하지만 당시에는 주로 노력없이 성과를 얻으려는 뻔뻔한 인물들을 비난할 때 사용했던가 보다. 이 책의 풀이에 의하면, "원래 수영은 물 속에서 하는 것이라 생사안위가 그 기술에 있는데 손으로 지면을 짚고 발로 움직이기만 하면 기술이 부족할지라도 위태할 염려가 없다 함이니, 무릇 매사에 걱정하고 염려함 없이 만금의 효과를 취하려 함이라"고 풀이했다. 이런 뜻이라면 앞으로 땅 짚고 헤엄치기는 하지 않기로!

이 책이 속담을 '속된 말'이란 뜻의 '이언'이라 불렀기에 혹시 공공연히 입에 담기 어려운 속된 말들이 많은가 궁금했다. 저속함을 찾아 열심히 책을 뒤졌더니 더러 등장한다. 사실 저속하다기보다 우리 실제 삶과 아주 가까운 날 것 그대로의 말들이다. 그 가운데 넘버원은 '똥'이 아닐까 싶다. 똥과 뒷간(심지어 더 직접적인 '통슈간'이란 단어도 나온다)은 몇 장 걸러 하나 정도로 등장한다. 이 외에도 추잡하고 더러움을 나타내려고 염병, 쇠불알, 방귀, 배꼽을 흔히 썼고, 장애를 가진 이들을 낮춰 부르는 벙어리, 언청

이, 곱사등, 소경도 자주 나온다. 특정 직업군으로 가장 많은 것은 아마도 스님, 세칭 '중'이 아닐까 싶다. 무당도 가끔 나오긴 하지만 중에 비할 바가 못된다. 생원, 오입쟁이, 과부, 병신, 거지, 도적도 많다.

『조선이언』에 의외로 아는 속담이 많아 놀랐다. 생각해 보면 놀랄 일이 아닌데, 필자는 세대 차이가 많을 거라는 편견으로 이 책을 대했던 듯하다. 여기 소개된 속담 대부분이 100여 년 전 그대로, 아직까지 흔히 쓰인다. 지금 사람들에게도 공감이 되어서일 테니, 어쩌면 사람살이가 그때나 지금이나 크게 다르지 않다는 뜻일 게다. 속담은 쉽게 만들어지지도 않지만, 한순간에 사라지지도 않는다. 저자의 표현처럼 '일시일인'一時一人의 손으로 모을 수 있는 것도 아니다. 민족 모두가 공감해서 애용하는 살아 있는 우리 언어이기에 우리 모두의 작업이자 성과다.

세 살 마음이 세 살 버릇으로

하지만 어떤 속담은 시대에 따라 변하기도 했다. "세 살 적 마음이 여든까지 간다"가 그중 하나인데, 흔히 아는 세 살 '버릇'이 아니라 세 살 '마음'이라서 뜻밖이었다. 풀이에 의

하면, 3세 때 심성이 80세까지 간다며 사람의 '기질'은 잘 변하지 않는다는 뜻이다. 후천적으로 얻은 버릇과 선천적 기질에 가까운 마음은 하늘과 땅처럼 서로 다른데, 선천적인 것에서 후천적인 것으로 속담이 변했다. 타고난 기질까지 들여다본 선인들의 혜안이 느껴져 고개가 절로 끄덕여졌다.

우리가 자주 쓰는 속담 중에 "멍석 펴 놓으면 하던 짓도 안 한다"에도 미처 모르고 있던 적나라한 목적어를 발견했다. 뭔가 했더니 "하던 지랄"이다. 주로 좋은 것에 멍석을 깔아 주면서 썼던 속담인데, 과거에는 지랄을 위해 멍석을 깔았던 모양이다. 하하하. 이언으로 가득한 속담을 읽는 재미가 쏠쏠하다. 역시 속담은 걸쭉한 우리 말로 읽어야 제 맛이다.

불교의 부흥과
새로운 시대

조선불교유신론
朝鮮佛教維新論

한용운
불교서관3
1913
(초판 발행 1910)

조선 불교 개혁의 구체적 방안을 담은 『조선불교유신론』은 『님의 침묵』의 시인 한용운의
승려 정체성이 담긴 책이다.

한용운 하면 「님의 침묵」 속 떠나간 님을 그리는 여성 화자의 감성적인 목소리가 먼저 떠오르니, 불교계의 파격적인 개혁안을 주장했을 거라 생각하기 어렵다. 하지만 한용운은 포교를 위해서라면 승려들이 결혼할 수 있어야 한다고 주장했고, 그 스스로도 대처승이 되어 처와 자식을 두었다. 시는 시일뿐 시인의 공식입장과 다를 수 있다? 자, 이제 '님의 침묵'의 한용운은 잊어버리고, 『조선불교유신론』의 한용운을 만나 보자.

『매일신보』는 "한심한 조선의 불교계에 유신維新과 개선의 경종을 울리는 책이니 불가佛家의 일독을 요한다"며 이 책의 출간을 알렸다.[4] 아이러니하게도 유신이라는 말에 필자는 박정희 정권의 10월 유신이 먼저 떠올라, 묵은 제도를 개혁해 새롭게 한다는 원래 의미를 떠올리지 못했다. 사람마다 자신이 살아온 시대에 맞춰 말을 이해하기 마련인가 보다.

"유신은 파괴의 자손"

저자 한용운이 살았던 구한말 일제강점기 시대로 돌아가 유신이라는 단어의 의미를 생각해 본다. 그 당시에 유신은 막부체제가 끝나고 근대가 시작된 메이지 유신과 함께 개혁의 상징이 아니었을까? 물론, 조선 땅에 불었던 갑오개혁도 같은 바람의 한 줄기였음은 두말할 필요 없다. 한용운은 유신을 자신의 책에서 이렇게 정의했다.

> 유신은 무엇인가? 파괴의 자손이다. 파괴는 무엇인가? 유신의 어머니다. 천하에 어머니 없는 자식이 없다는 것은 말할 수 있지만 파괴 없는 유신이 없다는 것은 아는 사람이 없다. 어찌 비교의 학문에서 추측해 이해하는 것이 이렇게도 멀어지는 것일까? 그러나 파괴는 모두 무너뜨려 없애는 것이 아니다. 다만 구습 가운데 시대에 맞지 않는 것을 고쳐서 새로운 방향으로 나아가게 하는 것이다.[5] (3장 불교의 유신은 마땅히 파괴로부터 시작함을 논함)

한용운이 이 책을 집필한 당시 시대 상황을 이야기하기에 앞서, 그의 나이를 주목하지 않을 수 없다. 1879년에 태어났으니 1910년 집필 당시 그는 32세의 젊은이였다. 백담사에서 정식으로 출가한 것이 1905년 27세였으니 승려가 된 지 불과 5년여 만에 『조선불교유신론』이라는 대작을 완성했다. 그뿐 아니다. 만해 한용운은 65세의 나이로 해방을 앞두고 세상을 떠나기까지 평생 불교 대중화에 힘썼고, 불교의 사회 혁신 및 불교 청년 운동에 헌신했다. 『조선불교유신론』은 한용운의 초기 저작임에도 불구하고, 시집 『님의 침묵』과 더불어 대표작으로 언급된다. 그만큼 불교 개혁을 위해 혁신적인 개혁안을 명쾌하게 제시했고, 100년이 지난 지금도 그 개혁안들은 유효하다. 만해 한용운이 시작한 유신의 바람이 아직도 그치지 않은 셈이다.

한용운이 그 시기에 한국 불교의 개혁을 왜 그토록 바랐는지 시대상을 돌아볼 필요가 있다. 조선 왕조 500년 동안 숭유억불崇儒抑佛 정책을 유지해 승려는 사회에서 가장 천한 계급에 속했다. 이로 인해 불교는 정치·경제·문화 등 사회의 모든 영역에서 배제된 채 산속 깊숙이 숨어들었다. 심지어 고종 32년(1895년)이 되어서야 승려들의 도성 출입이 비로소 가능해졌다니 불교의 억압과 배제는 가히 상상을 초월했다. 그것도 구한말 일본 승려들의 도움을 받아서였다는데, 불교계가 이렇게 위축된 데는 조선 왕조의 억압 탓도 있지만 시대의 한계도 있었다. 한일합방 이후부터 불교계가 일제의 영향권 안에 놓였기 때문이다. 일본 불교의 직접적인 영향은 물론, 1911년에 조선총독부의 사찰령이 공포되면서 조선의 모든 사찰은 총독부의 통제를 받았다. 한 마디로 이 책이 나왔을 즈음엔 불교가 조선 왕조의 억압에서 일제의 예속으로 옮겨간 상황이었다.

만해는 이런 시대 흐름을 일찌감치 파악했다. 이 책을 쓰기 바로 전, 만해는 조선 전국사찰대표 52인의 한 사람으로 일본 각지를 돌아다니며 신문명을 시찰하며 견문을 넓혔다. 만해는 세계여행을 하기 위해 블라디보스토크에 갔을 정도로 새로운 세상과 지식에 대한 호기심이 많았다. 그가 여러 곳에서 배우고 경험한 것과 근대 사상에 대한 폭넓은 이해는 만해가 이 책을 집필하는 데 적지 않은 영향을 주었다. 중국 량치차오의 『음빙실문집』飲氷室文集은 만해가 근대 사상을 적극적으로 수용하게 된 계기가 된 책이다.6 량치차오뿐 아니라 서양 철학자 칸트, 베이컨, 데카르트 등의 영향도 받았다. 만해는 불교가 종교이면서 철학으로서 미래의 도덕과 문명의 원료라고 생각했다. 그는 학술·정치·경제·사회·종교 등 모든 분야에서 개혁과 유신을 외치는데, 오직 불교에만 그런 움직임이 없음을 지적했다. 그 책임은 하늘의 운도, 남의 탓도 아닌 바로 자기 자신에 있다고 스스로에게 책임을 지우며, 동시에 승려 동지들에게도 유신에 참여하기를 독려했다.

유신의 필요성으로 『조선불교유신론』의 서문을 연

만해는 유신은 파괴를 전제로 한다는 혁신의 논리를 이어
갔다. 승려 교육을 통해 불교계 전반의 질적 향상을 꾀하
고, 승려들의 내실 있는 참선을 권하며, 당시의 염불 풍토
를 비판했다. 불교 의식 절차의 폐지와 개혁도 요구했다.
불교 대중화를 위해 포교의 중요성을 강조하며, 이를 위해
사찰은 산중에서 도시로 나와야 하며 승려의 권리를 회복
하는 것이 필요하다고 했다. 사찰마다 훌륭한 주지를 뽑아
야만 불교가 발전할 수 있다고 믿고, 주지 선거제도 등 합
리적인 사찰 행정과 통일성을 피력했다.

조국만이 님이랴

그의 개혁론 중에 가장 큰 논란을 일으켰던 것은 승려에게
결혼을 허가하자는 주장이다. 이미 만연해 있던 승려의 독
신생활의 폐단을 해결하고자 '승려가취'僧侶嫁娶를 주장했
다. 그는 실제로 『조선불교유신론』의 집필에 앞서 승려의
결혼을 공식적으로 허가해 달라는 청원서를 조선 정부와
통감부에 각각 제출했다.[7] 물론 바로 받아들여지지는 않
았지만, 1926년에 조선총독부로부터 승려 결혼의 공식적
인 허가를 받아 냈다. 만해를 따르던 승려들이 이에 동조

해, 일제 말기 비구승比丘僧의 90퍼센트는 결혼을 하기에 이르렀다.[8] '승려가취'를 주장했던 만해 한용운에 대해 석전 대사 박한영 스님이 "지옥이란 게 있으면 조선 중을 망쳐 놓은 너 같은 사람이 들어갈 곳"이라며 비난했다고 한다.[9] 만해는 당시 조혼 풍습에 따라 14세에 결혼했던 첫 번째 아내와 이혼하고, 승려 생활 중에 결혼해 대처승帶妻僧이 되었다. 두 부인 사이에 각각 아들과 딸을 두었는데, 지금도 보존되어 있는 성북동 '심우장尋牛莊'은 만해 한용운 선생이 1933년부터 돌아가실 때까지 아내 유숙원 여사와 딸을 낳고 함께 살았던 곳이다.

이 대목에서 한용운의 1926년 시집 속「님의 침묵」을 다시 읽어 본다. "날카로운 첫 키스의 추억"과 "향기로운 님의 말소리"와 "꽃다운 님의 얼굴"이 예전 같지 않게 강렬하게 들린다. 학창시절 이 시를 두고 여기서 '님'은 연인이 아닌 일제 식민지 치하의 '잃어버린 조국'을 뜻한다고 밑줄을 그어가며 시험 공부를 했다. 물론 시어인 '님'은 여러 의미로 해석될 수 있고, 아직도「님의 침묵」에서 님의 정체를 찾는 연구는 계속되고 있다.

확실한 건 만해 한용운도 한 여인을 사랑한 남성이자 인간이었다는 것이다. 그래서 한용운의「님의 침묵」이 전국민의 애송시가 될 수 있었고, 많은 사람이 이별 후 떠난 님을 그리워하는 애틋한 마음에 공감할 수 있지 않았나 생각된다. 아무리 큰 깨달음을 얻은 승려라 해도 인간을 사랑할 줄 모른다면, 열반에 이르는 길은 요원하지 않을까? 만해 한용운의 시가 식민지 조국과 민족에 대한 사랑이 아닌 연인 사이의 사랑이라고 해도 좋았겠다는 생각을 했다. 만해는 『님의 침묵』 시집 서문에 님에 대해 아래와 같이 적었다. '님'에 연연하던 필자를 무색하게 하는 글이다.

님만 님이 아니라 기른 것은 다 님이다.

중생이 석가의 님이라면 철학은 칸트의 님이다.

장미화의 님이 봄비라면 마시니의 님은 이태리다.

님은 내가 사랑할 뿐 아니라 나를 사랑하느니라.

연애가 자유라면 님도 자유일 것이다.

그러나 너희는 이름 좋은 자유의 알뜰한 구속을 받지 않느냐.

너에게도 님이 있느냐.

있다면 님이 아니라 너의 그림자니라.

나는 해 저문 벌판에서 돌아가는 길을 잃고 헤매이는 어린 양이 기루어서 이 시를 쓴다.

만해의 적극적인 승려가취론 주장과 대처승이라는 스스로의 실천에도 불구하고, 해방 후에는 승려의 결혼을 금해야 한다는 비판의 목소리가 자연스럽게 높아졌다. 일제의 잔재 청산이라는 이름 아래 새로운 불교 정화 운동이 시작되었고, 비구승와 대처승 간의 갈등과 대립이 첨예하게 이어졌다. 이승만 정부는 한국 전통 불교에 힘을 실어 주었고, 이후 대처승은 사찰에서 사라졌다.

만해의 노고가 깃든 또 다른 걸작

한용운의 승려가취와 관련한 개혁안은 외적으로는 정치적 정세와 불교 내부의 완고한 보수성 때문에 무위로 끝났지만 그가 제안한 유신론 대부분은 여전히 유효하다. 특히 불교 부흥과 활발한 포교를 위해 한용운은 어려운 경전을 번역하는 일에도 몰두했다. 그 결과물로 『조선불교유신론』 출간 이듬해인 1914년에 『불교대전』佛教大典을 펴냈다. 워싱턴대학교는 이 책 또한 소장하고 있다. 둘 중에 어느 책을 고를까 고민이 많았지만 혁신의 책이라는 점에 매료되어 『조선불교유신론』으로 정했다. 그렇다고 『불교대전』이 그만 못한 책이라는 뜻은 아니다. 이 책은 불교의 대중화와 포교를 위해 불교 경전을 일일이 검토·대조한 후 발췌한 팔만대장경 축약판으로 만해의 정성과 노고가 800페이지라는 방대한 양에 온전히 담긴 걸작이다. 자신이 앞서 제시한 개혁정신을 그대로 실천에 옮겨 탄생한 책이라는 점에서 그 의미가 깊다. 이 두 책 모두 국한문 혼용체로 썼다. 대중에 가까이 다가가고자 했던 한용운 식의 포교라 보면 되겠다.

미 완 의 책,
미 완 의 삶

아미리가혁명
亞美里加革命

박용만
국민보사
1915.6.15
(초판 발행 1911.1.29)
상권

최초의 한인 사립 사관학교를 세우고 언론 활동에 투신했으나 독립운동 노선의 차이로
잊혀진 독립운동가 박용만은 앞으로 올 조선의 독립을 준비하고자 『아미리가혁명』을 썼다.

1928년 10월 16일, 베이징 대륙농간공사에서 한 발의 총성이 울렸다. 피해자는 48세의 박용만, 용의자로 체포된 한국인 청년 2명은 그에게 독립자금 1천 원을 내라고 했으나 거절했기 때문에 살해했다고 밝혔다.[10] 바야흐로 일제의 탄압을 피해 해외에서 독립운동이 활발할 무렵이었다. 꿈에 그리던 고향 땅도 밟지 못한 채 삶을 마감한 박용만, 그는 이승만, 안창호와 함께 미국 내 한인사회의 3대 지도자이자 독립운동가 가운데 한 명으로 꼽혔지만 지금 그를 기억하는 사람은 거의 없다. 그는 누구일까?

최초의 사립 사관학교 설립자

박용만은 1905년 24세의 나이로 네브라스카 주에 있는 링컨고등학교를 졸업하고 헤이스팅스대학Hastings College과 네브라스카주립대학에서 군사학과 정치학을 공부했다. 그후 1909년 네브라스카에 한인소년병학교를 세웠다. 해외에 설립된 최초의 한인 사립 사관학교였다. 네브라스카 주 정부에 정치단체로 정식 인가까지 받았는데, 한때 학생 수가 60여 명에 이르렀다. 학생들은 미군의 중고 총기로 훈련하며 일본과의 독립전쟁을 이끌 미래의 지휘관을 꿈꾸었다.

　그는 언론가이자 정치사상가로도 활동이 대단했다. 1911년에는 샌프란시스코 교민단체인 '국민회의'의 기관지 『신한민보』(1909년 창간)의 4대 주필을 맡았고, 1913년 하와이에서 『국민보』(구 신한국보) 주필, 1918년에는 『태평양 시사』를 창간해 주필 겸 사장을 맡았다. 독립을 위한 무력항쟁과 군사력 강화를 위해 『국민개병설』과 『군인수지』 등의 책도 저술했다. 이렇게 구구절절 그를 소개해도 그를 아는 사람은 많지 않을 것이다. 그동안 그에 대한 연구가 금기시되어 턱없이 부족한 탓도 있고, 그의 활동에 대한 오해가 연구를 저해한 탓도 있다. 3.1운동 100주년이 지난 근래에 와서야 숨은 독립운동가로 새롭게 조명을 받기 시작한 그가 바로 지금 소개하려는 『아미리가혁명』의 저자 박용만이다.

　독립운동가 박용만을 인터넷으로 검색하면 신식 군복을 입은 청년 사진이 가장 먼저 나온다. 무릎까지 오는 가죽 군화에 멋들어진 군모가 꽤 잘 어울린다. 허리에 찬 창검과 군복 위로 굵게 두른 가죽 띠가 군인의 기상과 패기를 드러낸다. 군모 아래 엷은 미소를 머금은 청년의 얼굴이 해맑다. 항일 무장독립투쟁을 위해 애쓴 지도자치고는 온

화한 인상이다. 이승만과 나란히 찍은 사진도 있는데, 이승만보다 덜 날카로워 보인다고 할까? 필자의 개인적인 감상일지 모르겠지만, 다소 순박해 보인다.

그는 이승만과 돈독한 사이였다. 그가 살해당한 후, 그의 27년지기 친구는 고인의 말 '이승만 형으로 더불어 고국을 가게만 된다면 같이 감옥생활을 하게 될지라도 여한이 없다'를 가슴 아프게 회고할 정도였다. 둘은 한때 의형제로 지낼 만큼 사상적 동지였지만 항일 무장투쟁이냐, 외교 독립투쟁이냐를 놓고 노선의 차이를 보이다 결별하고 결국 서로 정적이 되고 말았다. 이승만 계열 독립운동이 득세하면서 그는 변절자로 지목되었고 끝내 살해당하는 비운을 맞았다. 그런 운명 때문인지 해맑은 청년으로 사진에 박제된 그의 모습이 어쩐지 애잔하다.

자유를 알고 독립을 알도록

『아미리가혁명』은 저자가 네브라스카대학 시절에 직접 쓴 책인데, 단순한 번역서가 아니라 한국인으로서 서양 역사를 자신의 관점으로 직접 연구해 집필한 것이라 한국 사학사에 중요한 의미를 지닌다. 애틋한 동포애와 독립에 대한 간절하면서도 투철한 의지가 담긴 그의 서문을 읽으면 그의 이른 죽음에 안타까움이 더해진다. 그는 미국의 독립전쟁을 통해 "우리 동포로 하여금 자유를 알고 독립을 알아 혁명의 뜻과 혁명이 어떠한 것임"을 깨닫게 하고자 이 책을 썼다고 적었다. 또한 저자는 미국의 독립 과정을 면밀히 연구함으로써 앞으로 올 조선의 독립을 준비하고자 했다.

이러한 저자의 생각을 행간마다 만날 수 있다. 그는 우리 동포 모두가 이 책을 쉽게 읽을 수 있도록 순한글에 소설 같은 문체로 글을 썼다. 그래서 남의 나라의 지루한 독립전쟁 이야기가 세세하게 이어지지만, 한번 손에 들면 옛날 이야기를 읽듯 재밌게 읽힌다. 친절하게도 그는 이 글을 쓰는 데 참고했던 도서들에 대해서도 언급해 두었다. 이 책을 쓰기 위해 참고한 수십 종의 서적 가운데 피스크John Fiske, 푸로팅햄Richard Frothingham, 밴크로프트George Bancroft 세 사람의 책이 특히 도움이 되었다고 서문에 밝혔다. 인용이나 자료 출처에 비교적 무신경했던 당대 지식인들에 비해 일찍부터 미국식 교육을 받았던 영향이 아니었나 싶다. 혹자는 이 책이 박용만이 네브라스카대학에 제출했던 학위 논문의 한글 번역판이라 주장한다. 300페이지나 되는 내용의 깊이와 범위를 보면 충분히 그럴 법하다.

책은 총 16장, 각 장마다 작은 단원들이 있어 총 179개 단원으로 이루어져 있다. 총론으로 시작해 혁명 전 식민지 미국의 사회·정치·종교·교육·경제 상황을 설명하고, 독립전쟁이 어떻게 전개되었는지 그 전모를 자세히 기록했다. 독립전쟁과 별개로 제7장을 '아메리카 식민지 신문의 시작과 그 중요성'에 특별히 할애했다. "오늘날 세계는 정치·사회·법률·경제는 물론, 그 유지하는 힘이 오직 신문의 힘"이라고 했다. "밥은 한 때 굶을지언정 신문은 한 장이라도 끊지 못하겠다 함이 실로 허한 말이 아니요. 또 신문을 한 달만 안 보면 백 년 전 옛 늙은이가 된다는 망령된 말이 아니라"고 신문의 중요성을 강조했다. 저자 박용만이 나중에 여러 한인 신문의 주필이 된 것은 우연이 아니었음을 알 수 있다.

필자에게 이 책은 미국 독립전쟁의 역사와 저자의 파란만장한 생애와는 별개로 이색적인 독서 체험을 가져다주었다. 한국과 서구가 책을 통해 교차하는 지점에 선 느낌이랄까? 한국인 저자가 미국의 역사를 말한다는 것 자체로, 책은 두 나라의 땅과 민족 그리고 역사를 동시에 밟고 서 있다. 한글로 집필했지만 미국 땅에서 편집과 인쇄의 옷을 입고 태어난 것도 물리적 교차인 셈이다. 미국의 초대

대통령 조지 워싱턴 사진이 첫 장에 등장하며 미국 이야기를 했지만 구구절절 한국의 식민지 상황을 염두에 두고 읽지 않을 수 없다. 당대의 시점에서 미국의 과거 독립전쟁을 훑으면서 식민지 한국의 운명을 생각하게 되는 것도 같은 맥락이다.

오른쪽에서 왼쪽으로? 세로냐 가로냐?

게다가 한 책(『아미리가혁명』)의 독자이자, 이 책(『워싱턴대학의 한국 책들』)의 필자로서 개인적 정황까지 더해지면 더욱 복합적인 감정이 든다. 미국 태생의 한국 책을 대하는 느낌도, 저자에게 드는 감정도 남다르다. 미국의 한인 동포를 바라보는 또 다른 동포의 마음이랄까? 비록 한 세기의 차이는 있지만 조금이나마 이 땅에서 살아 봤기에 그가 겪었을 상황들이 미국 내 한인들의 소식을 듣는 듯 친밀하게 들린다. 특히 그가 조국의 독립을 위해 헌신했던 한인단체가 의견 차이로 두 동강 나는 상황까지 치달았던 상황을 떠올리며 필자도 모르게 익숙한 한숨이 새어 나왔다.

싸우고 깨지고, 유독 화합하기보다는 나뉘기를 잘하는 미국 내 한인 동포들의 상황을 신문 지상에서 접하며 안타까워하듯 말이다. 이런 일이 미국에 사는 동포들에게 국한된 것은 아니겠지만 크지 않은 커뮤니티 내에서 자주 일어나는 일이라 유독 더 크게 느껴진다. 이국 땅에서 고국을 생각하며 책을 쓰는 마음은 예나 지금이나 이렇게 복잡하다. 모국에 대한 연민과 비판과 한숨이 뒤섞여 두 나라의 교차점을 지나는 발걸음이 가볍지 않다.

책을 대하는 복합적인 감정도 감정이지만, 책 읽기의 난해함도 이색적인 경험이었다. 한자로 된 '아미리가혁명'이라는 책 제목에서 '아미리가亞美里加'[11]가 '아메리카'의 한자 음역인 것을 알아채는 데 적지 않은 시간이 걸린 것은 난해함의 첫 관문이었다. 책 제목의 수수께끼를 바로 포기하고 뒷장으로 넘어갔더라면 조지 워싱턴의 초상화를 보고 좀 더 빨리 눈치를 챘을까? 다음은 책의 물리적 형태다. 이 시기에 출판된 다른 책과 다른 외형에 속아 앞뒤를 혼동했고, 외국 책인 줄 알고 페이지를 열었는데 일본 책처럼 세로쓰기에, 페이지도 동양 책 순서여서 혼란을 더했다.

겨우 두 페이지짜리 서문을 한참 동안 거꾸로 읽어 나갔다. 마지막 페이지의 마지막 문장을 첫 페이지의 첫 줄인 줄 알고 읽었다는 얘기다. 보통 세로쓰기는 페이지 내에서 맨 오른쪽 줄부터 시작해서 한 줄씩 왼쪽으로 옮겨가며 읽는 방식이다. 필자는 처음에 기존 세로쓰기의 방식으로 읽어 나간 것이다. 읽으면서도 첫 줄과 다음 줄의 연결이 부자연스럽다고 생각하지 않은 것은 아니었지만, 낯선 문체 탓인 줄만 알고 개의치 않다가 뒤늦게서야 잘못 읽고 있다는 것을 깨달았다.

서문의 첫 장으로 가서 다른 방식의 거꾸로(!) 읽기를 시도했더니 웬 걸? 이 책의 세로쓰기는 세상 어디에서도 보지 못한 (적어도 필자는) 왼쪽에서부터 오른쪽으로 읽어 나가는 방식이었다. 처음부터 끝장까지 이어지는 이런 유별난 세로쓰기 탓에 그렇지 않아도 어려운 읽기가 더 어려워졌다. 페이지 순서는 가로쓰기 방식인데, 각 페이지 내에서는 세로쓰기 방식을 (하지만 기존의 세로쓰기와 다른 방식을) 택하면 어쩌란 말인가?[12] 미국에서 인쇄하느라 이렇게밖에 할 수 없었던 걸까?

본문은 간혹 영어, 날짜와 숫자를 표기한 한자가 보일 뿐, 모두 한글이라 조금 마음이 편하다. 빈 장을 채우는 삽화가 종종 나오는데 전쟁을 묘사하는 자잘한 그림들이다. 그렇게 본문을 넘어 판권지에 다다르면, 십자가 모양의 국민보사 로고와 만난다. '아미리가혁명 샹권'이라고 쓰여 있고, 저작자는 박용만, 발행자는 한재명, 인쇄와 발매

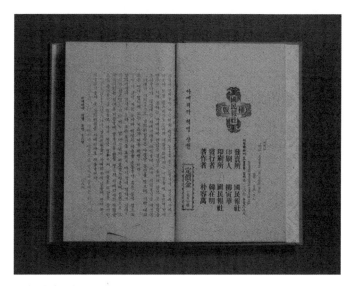

판권지에 남아 있는 하와이의 주소는 약속만 남긴 채 사라진 『아미리가혁명』하권의
운명인 듯 느껴진다.

는 모두 국민보사가 맡았다. 하와이 호놀룰루 밀러 가Miller
Street 1306번지 우편함 688번, 국민보사의 백 년 전 주소가
유령처럼 남아 있다. 구글 지도에 옛 국민보사의 주소를 넣
어 보았다. 교차로의 빨간 정지 표지판이 불쑥 나타나 앞을
가린다. 더 이상 갈 수 없다고, 멈춰 서라고 누군가 속삭이
는 듯하다. 아쉽게 책을 덮으려 하는데 잠깐! 하고 주의를
다시 환기시킨다.

어디에도 없는 책

판권지로 책이 끝나지 않고, 뒤에 두 장의 글이 더 있다. '아
미리가 혁명의 상권만 발행하는 이유'라는 제목으로 발행
인 한재명이 남긴 후기다. 저자 박용만이 1911년에 이 책
의 집필을 마쳤음에도 수년의 시간이 흐른 1915년 6월에
서야 출간하게 된 배경을 소상하게 적었다. 처음에는 샌프
란시스코 신한민보사에서 출판하려 했는데, 재정이 넉넉
치 못해 뜻을 이루지 못했다. 할 수 없이 네브라스카에 묵
혀 두었다가 다시 하와이로 가져왔는데, 마찬가지 어려움
으로 또 묵혀 두기를 몇 년, 비로소 1914년 정월에 출판 작
업을 시작해 그로부터 무려 18개월이 지나 겨우 인쇄를 마
치게 되었음을 꼼꼼히 기록했다. 국민보사의 기계도 성하
지 못한 데다가 활자는 부족하고, 재정도 넉넉하지 못해 아
메리카 혁명의 하권은 펴낼 엄두를 내지 못하고 오직 상권
만 발행했다는 아쉬운 소회도 남겼다. 하권의 출판은 다시
힘을 모아 활자와 기계를 준비한 후에 시험코자 한다며, 미
국 독립이 어떻게 되어 갔는지 그 전체를 싣지 못하는 것이
무척 유감이라 전했다. 비록 오래 걸렸지만 상권이라도 세
상에 나온 것은 천만다행이다 싶다.

발행자의 노고가 고마운 동시에 이 책의 하권이 성공적으로 출간되었는지 궁금했다. 안타깝게도 여러 경로로 수소문해 봤지만 하권의 존재와 그 소장처를 확인할 수는 없었다. 사실 상권의 소장처도 쉽게 찾을 수 없었는데, 해외에서는 워싱턴대학교만 소장한 것 같다. 한국에는 대학이나 공공도서관에는 없고, 독립기념관에 겨우 한 부가 보관되어 있음을 확인했다. 하지만 그곳에도 하권은 없다. 하와이주립대학의 역사 명예교수이신 최영호 선생님의 논문에 개인 소장본 이야기가 나오는데 그 책도 상권뿐인 것으로 보인다.[13] 심지어 표지도 소실되었고, 서문과 목록 및 전체 페이지를 자세히 기록한 것에 비해 판권지 뒤에 발행자가 쓴 두 장의 글에 대해서는 언급이 없어 이 부분마저 소실된 책이 아닌가 한다.

국민보사의 자취가 호놀룰루 지도에서 사라지고 없듯이 '아메리카 혁명 하권'은 세상에 존재하기도 전에 저자와 함께 사라지고 만 것 같아 아쉽다. 저자 박용만의 유해도 찾을 길이 없다고 하는데, 네브래스카 헤이스팅스대학 도서관 앞에 그의 숙원사업이었던 한인소년병학교를 기리는 기념비가 2002년에 세워졌다는 반가운 소식을 접했다. 그 기념비 사진을 대학에 수소문해서 한 장 싣는 것

헤이스팅스대학 도서관 사서가 직접 찍어서 보내준 한인소년병학교 기념비.

중앙에 학생이 든 깃발에 적힌 YKMS는 한인소년병학교를 뜻하는 'Young Korean
Military School'의 앞자를 딴 것으로 추정된다. 사진 뒷면에 '헤이스팅스대학 한국 학생
여름훈련캠프 1910'이라고 적혀 있다. © Hastings College

146

으로 박용만을 기리고 그를 기억하려 한다. 고맙게도 헤이
스팅스대학의 이름도 모르는 사서 한 분이 직접 기념비 사
진을 찍어 보내 주었다. 박용만이 세웠던 한인소년병학교
1910년 여름캠프 사진까지 스캔해서 덤으로 보내 주었다.
세월이 흐른 뒤에도 박용만의 자취는 그대로 남아 있었다.
한국과 미국을 교차하며 느꼈던 찜찜한 마음이 한결 가벼
워졌다.

한국통사 韓國痛史

박은식
국민보사
1917

국혼을
되살리는
아픈 역사

고종 즉위부터 한일합방 직후까지 50년 당대 역사를 담은 역사책 『한국통사』는 나라의
혼을 잃지 않기 위해 아픈 역사를 기록했다.

처음에 '한국통사'라는 제목만 듣고 한 시대에 국한하지 않고 한국 전 시대를 관통하는 역사를 쓴 책인 줄 알았다. 한자로 쓰인 책 제목을 보고서야 '통'이 通이 아니라 痛임을 알게 되었다. '통증'할 때 그 '통'이다. 고통스러운 역사, '통사'痛史다. 제목 때문에 책을 읽기도 전에 마음이 찡하다. 『한국통사』는 고종이 즉위한 1863년부터 한일합방 직후인 1911년까지 불과 50년도 안 되는 짧은 기간을 담은 역사책이다. 저자 박은식이 집필을 마치고 펴낸 때가 1915년, 그의 나이 56세였다. 아직 평가도 내려지지 않은, 자신이 직접 겪은 시대를 기록한 만큼 생생하고 자세하다. 내내 외세에 휘둘린 그 50년 역사를 애통해하지 않을 수 없었으리라.

외세에 휘둘린 아픈 역사

역사는 보통 평가가 끝난 후에 쓰이게 마련인데, 박은식은 왜 그렇게 당대 역사를 급하게 쓰지 않으면 안 되었을까? 국권 상실의 과정을 직접 두 눈으로 목격했던 충격 때문이었을까? 그는 서문에서 이렇게 말했다.

"나라는 형체요 사기(역사)는 정신이라. 지금 나라는

망하였으나 정신은 있으니 한국통사가 곧 우리 국민의 정신이라. 그런 고로 정신만 있어 멸망치 아니하면 형상은 자연히 다시 생할지라."

박은식은 역사를 기록하는 길만이 나라의 정신을 잃지 않고 살리는 길이라 굳게 믿었다. 그는 이스라엘의 경우를 들며 "나라는 망하였으나 유대국 사람이 산지 사방에 유리개걸하면서도 다른 나라 사람으로 더불어 변화하지 않고 지금 2천 년이 되도록 유대국 사람의 이름을 잃지 아니함은 다른 까닭이 아니요, 유대국의 선조 교훈을 적은 까닭"이었다고 믿었다. 저자 박은식은 우리 민족 또한 유대 역사를 교훈 삼아 잃어버린 나라를 다시 회복하기를 간절히 바랐다. 서문 말미에 자신은 비록 비운의 '아픈 역사'를 기록하지만, 동포들은 독립의 역사를 저술해 주기를 바란다는 의미심장한 당부를 남겼다. 그러면서 자신의 이름을 밝히지 않은 채 필명 태백광로太白狂奴, 즉 '태백산의 미친 노예'라고만 적었다. 나라를 잃고 남의 나라의 노예가 된 현실에 미치고 만 저자의 처절한 자기 인식이다. 차마 이름 석자를 남기기에도 치욕적이고 고통스러웠으리라.

『한국통사』는 저자가 중국으로 망명했던 시절, 일제의 탄압을 피해 중국 상해에서 한문본으로 출간했다. 해외에서 출간되었음에도 우리나라 사람들 사이에 이 책에 대한 소문이 자자해서 모두들 열심히 찾아 읽었다고 한다. 심지어 중국에서도 애국심을 일게 하는 책이라는 평가를 받았다. 이승만이 쓴 서문이 이를 뒷받침해 준다. 이승만이 『한국통사』에 서문을 썼다고 하면 놀랄 역사학자가 있을지도 모르겠다. 놀랄 일은 이것만이 아니다. 이승만의 서문 뒤에는 박용만의 서문도 뒤따른다. 박용만? 그렇다. 앞서 다뤘던 『아미리가혁명』의 저자 박용만이다. 미국에서 독립운동 했던 두 분이 나란히 앞뒤로 서문을 썼다니, 이 책이 『한국통사』 맞나 하는 의구심이 들 수도 있다.

워싱턴대학교의 소장본 『한국통사』는 상해판 한문본이 아니다. 상해 대동편역국大同編譯局에서 1915년 출간한 초판본은 현재 찾아볼 수 없다. 이 책은 하와이에서 순한글로 번역해 출간한 『한국통사』이다.[14] 초판본에 실렸던 중국 캉유웨이康有爲의 서문이 아닌, 이승만과 박용만의 서문이 실린 것도 바로 이 때문이다. 박용만의 서문에 따르면, "고명한 선비들만 읽고 보통 인민들은 읽지 못했던 것이 유감인 참에 하와이 한인 문학계에 태산북두와 같은 김병식에 의해 이제야 조선 사람의 책을 만들게 되었다"고 전한다. 또 출판을 위해서 '하와이 와이알루아에서 의술로 영업하

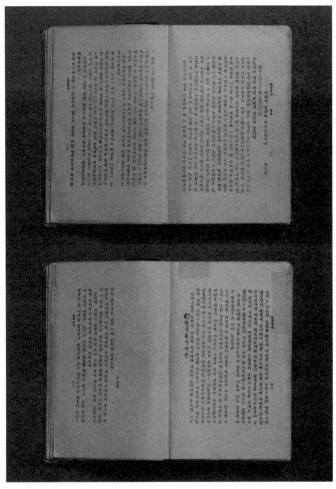

하와이에서 출간된 한글본 『한국통사』는 상해판 한문본과 다르다. 눈에 띄는 것은 캉유웨이 서문 대신 들어간 이승만과 박용만의 서문이다. 『아미리가혁명』의 저자인 바로 그다.

는' 곽래홍 씨가 거대한 재정을 들여 이 책의 발행을 도왔다고 치하했다.

책 판권지에 따르면 한글판 『한국통사』는 1917년 6월 하와이에서 발행되었다. 인쇄 정보와 함께 판권지에는 하와이 책 판매업체를 대표하는 한인 이름 두 개가 나온다. 하와이 호놀룰루의 권업동맹단 오운과 오아후 할레이와의 곽래홍이다. 참고로, 곽래홍은 하와이 한인들이 대한민국 임시정부와 독립운동을 도우려고 호놀룰루에 설립한 대한인동지회大韓人同志會의 한인기독학원찬성회 중앙부장으로도 활동했다.[15]

초상화와 사진이 많은 근대 책

책 판매처 정보만 나오고 정작 발행처 이름은 보이지 않는데, 시기와 장소, 책의 형태를 감안해 볼 때 『아미리가혁명』처럼 국민보사에서 출간한 것 같다. 책의 판형과 활자의 모양과 크기, 문단을 나누는 방식이 모두 앞서 발간된 국민보사 책과 동일하다. 특히 『아미리가혁명』과 같은 방식의 세로쓰기를 한 페이지에 총 16줄 쓴 것까지 동일하다. 같은 세로쓰기를 두 번 접하니 이 세로쓰기 방식이 별로 어색하지 않다.

『한국통사』는 총 502페이지로 꽤 두꺼운데, 본문 내용만 466페이지이고 초상화와 사진이 무려 36페이지에 이른다. 한문본과 비교했을 때, 편과 장의 구성이 아주 조금 다를 뿐 내용은 같다. 다른 점이 있다면, 앞서 말했듯 한문본에 있던 캉유웨이의 서문이 빠지고, 대신 이승만과 박용만의 서문을 넣은 것이다. 36페이지에 달하는 초상화와 사진도 상해 한문본과는 좀 다르다. 하와이 한인들이 펴낸 책인 만큼, 한문본에 없는 미국에서 활동한 독립운동가 사진들이 대거 포함되었다. 인물 사진의 경우 몇몇 사진은 한 페이지를 꽉 채울 만큼 크다는 것도 한문본과 다르다.

등장한 순서대로 사진을 한문본과 비교해 보자. 책의 가장 앞에 윤치호와 이승만의 사진이 나온다. 이들 사진은 상해 한문본에는 실리지 않았다. 그 뒤로 한문본과 같은 경복궁 근정전, 궁내부, 경회루, 덕수궁의 사진이 등장한다. 한문본은 백두산 천지와 경주의 불국사 유적 및 금강산의 사진도 앞에 나오는데, 이 사진들을 과감히 생략했다. 뒤이어 군복 차림의 박용만 사진이 등장한다. 인터넷에서 찾았던 사진을 바로 이 책(그것도 실물)에서 이렇게 크게 다시 만날 줄은 몰랐다. 사진을 처음 봤을 때, 마치 아는 사람

『한국통사』는 총 502쪽에 화보만 36쪽에 달한다. 화질은 선명하지 못하지만 당대를
더 생생하게 기록하고 싶었던 마음만큼은 잘 전해진다. 『아미리가혁명』의 저자 박용만의
사진도 볼 수 있다.

을 만난 듯한 반가움에 하마터면 소리를 지를 뻔했다. 이어서 김옥균의 사진과 을사늑약의 매국노 을사오적 가운데 하나인 권중현의 사진이 등장한다. 한문본에서는 을사오적과 정미칠적의 친일파 매국노의 사진을 모두 한 페이지에 조그맣게 담았다. 그 뒤로는 '원구단'이란 건물 사진이 나온다. 사진에 실린 원구단은 나무로 지은 서양식 집 모양이라 현 조선호텔 자리에 있었다는 그 원구단의 사진이 맞는지 의심스럽다. 사학자의 검토가 필요해 보인다.

이어서 융희황후(순종의 황후)의 사진과 '양잠실'이라고 적힌 사진이 등장한다. 이 사진을 자세히 들여다보면 '친잠권민親蠶勸民'이라는 현판이 희미하게 보인다. 한문본에도 '창경궁 내 황제의 양잠실'이라고 설명한 사진이다. 성종 때 왕후가 직접 누에를 치고 양잠을 하며 백성에게 권했다는 이야기가 이 책 '역사의 대강' 편에 기록되어 있으니, 양잠실 사진이 의아한 일은 아니다. 이 양잠실은 공교롭게도 창경궁 후원의 서향각書香閣 자리를 사용했다고 한다. 아직도 그 현판을 확인할 수 있다는데, 서향각은 '책의 향기가 나는 곳'이라는 뜻으로 원래 책을 보관했던 규장각 서고였다.[16] 책의 향기는 사라지고 누에를 키우는 곳이 되었다니 이 또한 아픈 역사의 한 조각이 아닐까?

책의 한글 번역을 맡은 김병식과 출판을 도운 곽래홍의 사진도 빠지지 않았다. 대원군과 고종인 광무황제 및 명성황후의 사진도 있다. 여기에 나온 명성황후 사진은 황후의 옷 대신 밋밋한 치마 저고리를 입고 가채 대신 쪽을 진 매우 앳된 얼굴의 사진이다. 이외에도 의친왕과 영친왕 사진, 이완용을 비롯해 을사늑약과 정미칠조약에 관여한 친일파 사진과 한일간 교섭을 맡았던 일본 간부들의 사진도 전부 다 실었다. 조선통감부의 이토 히로부미와 그를 암살한 안중근, 자결한 민영환의 사진도 한문본 그대로다.

국혼을 살리기 위한 역사 쓰기

책에 수록한 사진만으로도 대원군의 집정으로 시작해 한일합방에 이르기까지 급속도로 변한 구한말 조선과 대한제국기의 한국 역사를 파노라마처럼 펼쳐 볼 수 있다. 사건별로 자세히 설명해 둔 본문을 통해서는 일제의 침략 과정이 얼마나 부당한 횡포였는지, 한편 조선의 의병운동과 애국계몽운동은 이에 어떻게 저항했는지 면밀히 살펴볼 수 있다. 저자 박은식은 역사 기술에만 그치지 않고, 비판을 가함으로써 조선 땅에서 펼치고자 했던 개혁 운동과 구국

운동의 한계를 지적하고, 앞으로의 민족 운동이 어떤 방향
으로 나아가야 할지 제시하려고 했다.

그는 책의 마지막에 결론을 정리하면서 해동의 제일
강국이었던 발해가 망한 것은 그 역사를 기록하지 않은 까
닭이라며, 국혼國魂을 살리기 위해서는 역사를 기록해야 함
을 재차 강조했다. 그의 혼이 담긴 메시지를 들어 보자.

> 대저 국교와 국학과 국어와 국문과 국사는 국혼이 되고,
> 전곡과 군사와 토지와 선적과 기계 등은 다 넋의 소속이
> 라. 혼이라는 것은 넋을 따라 사생하는 물건이 아닌고로
> 국교와 국사가 망하지 아니한즉 그 나라가 망하지 아니한
> 것이라. 오호라 한국에 넋은 이미 죽었거니와 국혼이 있
> 는가?

청빈한 사학자였던 백암 박은식은 중국에서 망명생
활 하는 동안 이 책을 집필했다. 망국의 한을 취기로 달래
야 했던지, 값싼 중국 술 배갈을 마시면서 통사를 썼다는
일화가 전해진다.[17] 당시 상황을 보여 주는 만화가 김성환
의 삽화가 있어 소개한다.

『동아일보』 1973년 12월 8일 자 기사 내용 중 (출처: 네이버 신문)

읽지 못해
안타까운
서울의 모든 것

경성기략 京城記略

이중화
신문관
1918

저자가 서문에 한자로 쓴 '서울' 때문에 잘 안다고 생각했던 서울을 다시 보게 해 준
『경성기략』은 백제시대부터 일제시대에 이르기까지 서울의 이모저모를 담은 책이다.

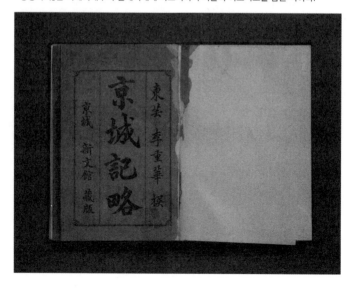

대한민국에서 공교육을 받은 사람이라면 서울이 서라벌에서 유래한 순우리말이라는 것을 모두 잘 안다. 중국어는 서울의 음을 따서 수이首尔라고 표기한다. 하지만 음 그대로 서울을 한자로 표기한 것을 본 사람이 있을까? 이 책 『경성기략』의 첫 페이지에서 한자로 표기한 '서울'을 마주했다. 徐菀. 천천히 할 '서'에 무성할 '울'이다. 일제 강점기에 국어학자였고 『조선어사전』의 편찬과 집필에 참여했으며 후에 한글학회의 대표 이사를 지낸 이중화 선생님은 1918년에 경성(서울)의 역사를 간추려 쓴 책 『경성기략』에서 서울을 이렇게 썼다. 서울의 한자어 徐菀은 내 평생한 번도 본 적이 없다.

경성에서 徐菀로, 다시 서울로

사서들은 책 내용은 다 못 읽어도 판권지를 꼼꼼히 살펴 출판사, 출판지, 출판년도, 판과 쇄, 국제도서기호 등의 출판 관련 사항을 확인한다. 그동안 수많은 한국 책을 사들이고 정리했는데, 그 수서기록에 동일하게 들어가는 항목을 꼽으라면 그건 출판지 도시명인 '서울'이다. 경기도 파주시에 출판단지가 들어서기 전까지 서울은 한국 책이 가장 많이 출판되는 도시였고, 출판지 도시명은 혹시 같은 이름의 출판사가 각기 다른 지역에 있을 경우 이를 구별하기 위해 꼭 필요한 항목이다.

그런데, 어떤 책의 판권지에서도 서울을 徐菀로 표기한 것을 본 적이 없다. 아무리 한자로 도배를 한 책이라도 '서울특별시'에서 서울은 한글로 쓰고 특별시만 한자로 쓴다. 그래서 확신을 가지고 있었건만 서울이 한자어였던 걸 여태 나만 몰랐나, 순간 필자 자신을 의심했다.

다행히 『경성기략』의 저자 이중화는 우리가 잘 아는 서울의 유래를 바로 재확인해 주었다. 서울은 원래 신라의 방언으로, 수도를 뜻하던 서라벌徐羅伐 혹은 서나벌徐那伐에서 유래한 말이기에 한자로 徐菀로 표기했다는 것이다. 단지 음을 표현하기 위해 빌려다 쓴 음차어였던 것이다. 낯선 글자 때문에 잘 안다고 생각했던 서울을 다시 보게 된 느낌이라 책을 대하는 마음이 가다듬어진다.

안도의 한숨을 내쉬며 옛 서울, 경성京城에 관한 책을 펼쳐 든다. 책 제목이 『경성기략』인 것은 일제강점기에 서울을 경성이라 불렀기 때문이다. 일제시대 출판된 대부분의 책에도 서울이 아니라 경성이라 적혀 있다. 광복이 되고 나서야 일본식 지명을 고쳐 서울이라는 이름을 다시 사용할 수 있게 되었다.

『경성기략』을 통해 우리 수도에 대한 옛 이야기를 모조리 읽을 수 있으리라는 기대에 부풀었는데, 막상 읽으려니 국한문 혼용체라 버겁다. 순한글로 옮긴 책도 없고, 이 책에 대한 설명이나 연구도 많이 부족해 자료를 찾기도 쉽지 않다. 한자를 찾아가며 간신히 읽어도 현재는 잘 쓰지 않는 한자어가 많아 윤곽만 겨우 파악하다 보니, 제대로 이해했는지 도무지 자신이 서지 않는다. 아무래도 이 책으로 경성의 옛 이야기를 다 듣기는 무리인 것 같다. "세계 문명 도시의 반열에 들어간 경성은 상전벽해 같이 몰라보게 달라졌다"는 문구로 시작하는 서문을 붙잡고, 아쉬움의 한숨을 몇 번이고 내쉬었다. 서울의 음차어에 처음부터 막히더니, 서울의 문은 생각보다 높아 발을 들이기가 쉽지 않았다.

**백제부터 일제에 해체된 공간까지,
서울의 모든 것**

서울 구경을 속속들이 다 못한다 해도, 이 책과 관련한 몇 가지 특이한 사항은 꼭 알리고 싶다. 이 책의 집필을 위해 참고하고 인용한 책의 목록을 따로 적어 둔 것은 그 가운데 하나다. '인용서목'에 나열된 책들을 훑어보니 모두 한국 사에 중요한 자료들이다. 『삼국사기』, 『동국통감』, 『여사 제강』 등의 오래된 역사서에서 시작해서 조선시대에 편찬 된 『조야회통』, 『연려실기술』, 『동국여지승람』, 『동국문 헌비고』, 『육전조례』, 『해동역사』, 『만기요람』, 『택리지』 등은 물론, 구한말과 일제강점기의 사료인 『한국정미정변 사』, 『대한강역고』, 『경성안내』, 『조선총독부관보』, 『조선 휘보』, 『세계년계』를 포함해, 당시 감리교 외국 선교사가 쓰고 서울에서 출간된 영문책 『Korea Review』와 『Korea Fact and Fancy』 등도 포함했다. 『경성기략』, 즉 경성의 간 략한 기록이라는 겸손한 제목을 붙였지만, 방대한 문헌을 참고한 만큼 결코 간추린 기록이 아님을 알 수 있다. 그만 큼 우리나라 수도 서울의 역사가 오래고, 그에 얽힌 이야기 도 방대하다는 증거다.

이 책을 1918년도 11월 30일자 『매일신보』는 이렇게 소개했다. 백제를 건국한 온조왕 때부터 대정 4년(1915년) 까지 도읍지 역할을 한 경성의 역사와 소상한 기록으로 시 간이 지남에 따라 인멸되고 있는 명적구물名蹟舊物, 즉 명승 고적에 대한 상세한 설명과 해박한 고찰을 담았다고 일독을 권했다. 책은 백제 온조왕으로 시작해 신라 진흥왕의 한강 유역 점령과 고려 남경의 역사, 조선 한성의 역사와 문화 유적을 기술하고, 일제가 설치한 통감부와 조선총독부에 대해서도 썼다.

총 6권으로 구성된 책에서 서울 도심의 친숙한 지명과 지물을 만난다. 경복궁, 경회루, 종루, 정릉, 광화문, 원각사, 흥천사, 보신각, 존경각, 창경궁, 창덕궁, 남한산성, 북한산성, 인정전, 종각, 청수관, 미사관(미대사관) 등 외국 대사관, 박문국, 군국기무처, 육영공원, 독립문, 경성우편국, 경찰서, 조선은행, (동양)척식회사, 조선총독부, 경학원(성균관의 일제시대 명칭) 등이 등장한다. 당시 열렸던 박람회나 조선물산공진회에 대한 기록도 빠뜨리지 않았고, 경성을 시작점으로 했던 경부철도, 경원철도, 경의철도 및 전기철도 관련 내용도 포함했다. 천주교가 어떻게 경성에 들어오게 되었는지, 경복궁 재건에 대한 이야기도 흥미롭다.

특히 조선총독부가 내린 '경성시구 개수예정계획노선에 관한 고시'에 따라 경성시의 치안을 강화하는 동시에 식민 통치에 용이하도록 공간 구조를 바꾼 내용도 상세히 적었다. 이는 도시의 도로, 교량, 하천을 근대적으로 정비하기 위해 중심가의 도로폭을 넓히고 곧게 만든 것이다. 이 때문에 도성의 주요 성문과 성벽들이 파괴되거나 철거되었으며, 궁궐의 정문들이 옮겨지는 등 경복궁을 중심으로 한 조선의 전통 공간이 마구 해체되었다.[18] 또한 마을의 예전 이름과 구역을 없애고 조선총독부가 새로 마을의 명칭과 구역을 정한 것도 찾아볼 수 있다. 지금의 종로구 광장시장 맞은편에 있는 시계골목 예지동禮智洞에서 시작해 한강변 부촌이자 일본풍 상점이 많은 이촌동二村洞에 이르기까지 경성 내 각 동과 이에 속한 마을 이름을 무려 17쪽에 걸쳐 모두 적었다.

사료와 애정으로 쓴 문화유적답사기

조선총독부에서 일한 행정 공무원도 아니고 사학자도 아닌, 국어학자였던 저자 이중화가 불과 37세에 서울의 모든 것을 아우른 방대한 책을 펴낼 정도로 박식했다는 사실이 놀랍다. 어려서 한학을 공부해 옛 문헌을 쉽게 해독할 수 있었기에 가능한 일이었을 것이다. 그는 후에 영어를 배워 배재학당에서 영어 교사로도 일했다. 이 책의 참고도서로 영문책 두 권이 들어갈 수 있었던 이유다.

예나 지금이나 다양한 언어의 자료를 독해할 수 있는 능력은 연구의 질을 높이고 결과에 지대한 영향을 미친다. 반대로 단지 언어 능력이 부족해서 연구 분야가 한정되는 안타까운 일도 생긴다. 한국사 연구에서 전근대사 연구자가 줄어드는 것도 관심 부족이라기보다 한문 사료를 해독해야 하는 어려움 때문이다. 학생도 부족하지만, 한적을 자신있게 가르칠 역량 있는 교수도 부족하긴 마찬가지다.

1980~1990년대 워싱턴대학교에서 한국학 연구가 활발해 훌륭한 한국사 학자를 여럿 배출한 데는 제임스 팔레 James B. Palais 교수 덕이 크다. 팔레 교수는 조선 후기 유형원의 『반계수록』磻溪隨錄 원문을 읽고, 자신이 직접 총 2000장에 달하는 영어 번역을 완성할 정도로[19] 완벽한 한문 독해 실력으로 학생들을 지도했다. 그뿐 아니라, 『반계수록』에 언급된 중국 서적이란 서적은 하나도 빠뜨리지 않고 모두 참조해 읽었다는 일화가 있다. 불과 200~300년 전 기록들을 자유로이 읽을 수 없다는 건 연구자는 물론이고 필자처럼 평범한 사람에게도 굉장한 상실이요, 안타까움이다.

조선 후기까지 갈 필요도 없다. 책을 다루는 일을 하는 필자조차 20세기 초반의 국한문 혼용체를 자유롭게 읽지 못하니 이보다 더 오래된 책은 말해 무엇할까? 대대적인 한역 작업을 통해서든, 일상적인 한자 교육을 통해서든 우리나라 전근대 사료 및 책에 쉽게 접근할 수 있는 문화 및 교육정책을 펴겠다는 정치인이 있다면 투표권은 없지만 후원이라도 하고 싶다. 미래 세대들이 필자 같은 어려움을 겪지 않도록 말이다.

이중화는 비슷한 형태의 『경주기행』慶州紀行을 1922년에 출간했다. 이 책은 신라의 천년 수도 경주의 역사문화유산 답사기다. 한반도 역사 문화 사적지로 중요한 두 곳 서울과 경주를 오가며 문화유산답사기를 낸 저자 이중화는 대표적인 스테디셀러인 유홍준의 『나의 문화유산답사기』보다 훨씬 앞서 비슷한 책을 낸 셈이다. 당대에도 지금처럼 인기를 누렸는지는 모르겠지만 우리나라 사적지에 대한 이중화의 사랑은 국어학자로 우리 말을 연구하고 지키려 했던 그의 열정과 정확히 비례했던 것 같다.

뒤이어 그는 『조선의 궁술』(1929)을 썼다. 동아시아 최고였던 우리나라의 궁예와 궁술이 점점 잊혀지고 사라지는 것이 안타까워 그것을 보존하고자 책으로 남긴 것이다. 일제강점기에도 우리의 유적과 문화를 지키고자 애쓴 저자가 세계 각국이 겨루는 올림픽 대회에서 대한민국이 양궁 종목의 금메달을 싹쓸이한다는 소식을 듣는다면 무

척 흐뭇해할 것 같다. 하지만 한국전쟁 후 납북되어 생사
확인조차 안 되니 소식을 전하지 못하는 마음이 씁쓸하다.

1920 —

3부
번역물로 연 깊고 다양한 책의 세계

전국적이고 전민족적인 저항 운동이었던 3·1 독립 만세 운동을 기점으로 일제는 강압적인 식민 정책을 완화했다. 몇몇 일간지가 1920년에 창간되어 막혔던 언로가 조금이나마 트였고, 출판에서도 여러 시도들이 나타났다. 특히 번역물이 많은 것이 눈에 띈다. 작곡가 외에 번역가의 안목과 면모를 보여준 홍난파는 투르게네프의 『첫사랑』을 번역 출간했고, 시인 김억은 인도의 시성 타고르의 시집 『기탄자리』를 내놨다. 1900년대부터 있어 왔던 서적상 조합은 조선도서주식회사로 재편되어 출판과 판매를 겸하며 출판의 다양성과 저변을 확대하는 한편, 대중 출판의 기반을 닦아 나갔다. 근대적 개인의 출현 때문인지, 독립 같은 대의에서 관심을 돌리기 위한 술책인지 남녀의 사랑 이

1929

야기(『애의 승리』, 『사랑의 노래』)도 눈에 띄고, 『세계일주동화집』 같은 해외 동화집은 어린이를 독자로 인정한 흐름이다. 그래도 시대는 역시 시대, 교묘해진 일제의 눈을 피해 나라의 위기에 목숨을 내걸고 앞장선 잔다르크의 생애를 조망(『짠딱크』)하거나 『깁더조선말본』은 한글의 문법, 가로쓰기, 한글전용 등의 당대 의제를 탐구했다. 여러 방면에서 두각을 나타내 조선의 3대 천재로 일컬어졌던 육당 최남선의 책이 두 권이나 포함됐다. 조선의 정체성을 백제로 여겨 호남지역을 순례한 『심춘순례』와 자신의 글을 포함해서 읽을 만한 칼럼을 엮은 『시문독본』이다. 시인 권구현의 『흑방의 선물』 같은 시집에서는 좀처럼 앞이 보이지 않는 세월 속에 싹튼 허무주의가 엿보이기도 한다.

짠딱크

한성도서주식회사

1921

프랑스 소녀가
전하는
애국의 열정

독립 의지가 만세운동으로 드러났던 시기여서인지 애국 소녀 잔다르크 책의 인기가 높았다.

프랑스의 국민적 영웅인 잔다르크하면 함께 떠오르는 우리나라 인물이 있다. 유관순 열사. 이제는 더 이상 유관순 누나라고 부르지 않지만, 필자에게는 아직도 유관순 누나가 훨씬 친근하다. 초등학교 시절 동요로 '유관순 누나'를 많이 불러서 그런가. "삼월 하늘 가만히 우러러보며 유관순 누나를 생각합니다. 옥 속에 갇혔어도 만세 부르다 푸른 하늘 그리며 숨이 졌대요". 어린 나이에 세상을 떠난 유관순 열사는 영원히 열여덟이지만 우리나라 사람들에겐(필자처럼 적어도 중년을 넘어선 이들에겐) 아직도 누나로 남아 있다.

불 같고 우뢰 같은 애국 열정

잔다르크도 프랑스 군인들에게 노래를 통해 많이 불렸다. 제1차 세계대전 당시 프랑스 군인들이 사기를 높이기 위해 불렀다는 노래, 「그들이 당신을 부른다」[1]에는 "잔다르크여, 잔다르크여, 노르망디의 눈물을 듣고 있나요? 당신의 용맹으로 프랑스를 승리로 이끌어 주세요."라는 가사가 나온다. 이 부름에 잔다르크는 "너희가 나를 부르는 소리를 들었노라. 프랑스 군대여, 불안해 하지 말라. 수백만 군대를 이끈 미국이 곧 너희를 도우러 오고 있다"[2]고 답한다.

잔다르크와 유관순은 여러 면에서 비슷하다. 나라가 위기에 처했을 때 대의에 헌신한 여성이자 어린 나이에 처형당하거나 옥중에서 순국했다는 것, 그 외에도 독실한 종교인이었다는 것 등 비록 지구 반대편이라는 다른 공간, 다른 시대를 살았지만, 견주어 비교할 거리가 많다. 이와 관련한 연구 논문도 적지 않다. 그래서 잔다르크 전기인 『쨘딱크』를 언급하면서 유관순 이야기를 꺼내지 않을 수 없다.

하필 이 시기(엄밀히 말하면 1918년 즈음)에 하고 많은 외국 위인들 가운데 잔다르크 이야기가 출간되었을까? 이 책이 출간된 1921년은 제1차 세계대전이 끝나고, 윌슨의 민족자결주의가 세계로 퍼져 나가기 시작한 때였다. 한일합방이 된 지 10여 년, 일제의 횡포는 갈수록 교묘해졌고 우리 땅에서도 독립과 자유를 향한 뜨거운 갈망이 단결된 행동으로 달아오르고 있었다. 마침내 1919년, 거족적인 3.1 독립 만세 운동이 전국적으로 퍼져 나가며 독립을 향한 우리 민족의 의지 또한 최고조에 달했다. 이런 시대적 상황과 잘 맞아 떨어진 책이 바로 『쨘딱크』였다. 이 책 서문은 용맹스러운 젊은 여성에게 받은 감동이 많은 이의 가슴에 '불 같은 열정과 우뢰 같은 느낌'을 전해줄 것이라고 밝히고 있다. 이제는 성인聖人이 된 그녀이지만, '여걸'이라는 호칭이 잔다르크보다 잘 어울리는 사람은 없다. 이런 잔다르크를 소개하면서 우리 선조들은 한 농촌 여성이 전쟁을 승리로 이끌어 나라의 운명을 만세반석 위에 보전한 일에 통쾌함을 느끼며 그녀를 숭배하며 앙모한다고 표현했다. 특히 당시 신여성에게 거는 기대가 컸다. 서문에서 저자는 잔다르크의 생애에 감동을 받고 그녀의 길을 따르고자 하는 여성들이 속출하길 기대한다고 썼다. 혹시 유관순도 이 책을 읽었을까?

인기 높았던 잔다르크 이야기

안타깝게도 『쨘딱크』는 유관순이 순국한 이듬해에 출간되어 그녀가 이 책을 읽어 볼 기회는 없었다. 하지만 당시 이화여전을 다니고 있던 유관순이 잔다르크 이야기를 들어봤을 가능성을 완전히 배제할 수 없다. 이 책이 나오기 전에도 잔다르크에 대한 이야기는 이미 조선에 알려져 있었다. '쨘딱크'라는 낯선 이름으로 알려지지는 않았지만, 1907년 박문서관에서 나온 『애국부인전』이 바로 잔다르크의 일대기를 담은 책이다. 이 책에서는 잔다르크를 '법국부인 약안'法國婦人 若安씨라고 부른다.3 '법국'은 프랑스를 뜻하고, '약안'은 Joan of Arc의 한자 음역인 듯하다. 『애국부인전』은 유럽의 백년전쟁 때, 프랑스의 16세 소녀 잔다르크가 앞장서서 영국군의 포위를 뚫고 오를레앙 성을 탈환하고, 뒤에 영국군에게 잡혀 화형을 당한 역사 이야기를 소설로 엮었다. 당시 서구 위인이 주인공인 작품도 드물었지만 특히 그가 여성 영웅이라는 점에서 더욱 이목을 끌었다.4 유관순이 1902년생이니까 이 책을 읽었을 가능성은 충분하다.

1920년대 조선에서 잔다르크의 인기는 높았다. 그녀를 주인공으로 한 창작 연애소설 『짠닥크의 연애』마저 등장할 정도였다.5 재밌는 건 이 소설에서 적국의 장수와 사랑에 빠진 잔다르크를 그리면서, 애국심과 낭만적 사랑이라는 양극단의 감정을 갈등 요소로 배치했다는 점이다. 이 소설의 출처와 소재는 현재 알 수 없지만, 『동아일보』1면에 나온 광고만으로도 흥미진진한 연애소설일 듯하다. 그렇게 1920년대 조선 사람들 입에 잔다르크(혹은 짠딱크, 잔딱크, 짠딱끄, 잔다크)라는 이름이 본격적으로 거론되며 그녀에 대한 책들이 나오기 시작했다.

특히 1920년은 세계적으로도 잔다르크를 특별히 기린 뜻 깊은 해였다. 그해 5월 16일, 교황 베네딕토 15세가 잔다르크를 성인聖人으로 시성諡聖했는데, 로마 베드로성당에서 열린 그녀의 시성식에는 140명에 달하는 잔다르크 가문 사람들을 포함해 총 6만에서 7만 명 정도가 참석하는 등 몇 백 년 만에 가장 인상적인 행사였다고 해외 연합통신 기자는 전했다.[6] 한 번도 서로 만나본 적 없었던 잔다르크의 후손들은 참석 인원의 3배 넘게 가고 싶어 했지만 모두 자리를 얻을 수는 없었다고 한다. 잔다르크의 나라 프랑스에서도 그녀의 시성식을 축하하는 모임이 곳곳에서 열렸다. 파리의 노트르담 성당부터 시골의 작은 성당에 이르기까지 프랑스 국민 모두가 애국 소녀 잔다르크를 기념했다.

당시 조선 땅에도 잔다르크의 시성식 소식이 전해졌는지 궁금하다. 오래된 신문을 이리저리 뒤져봤지만 내용을 찾긴 힘들었다. 다만, 이 책을 출판한 한성도서주식회사가 1920년 5월에 설립되었음을 발견했다. 우연의 일치일 테지만, 잔다르크 시성식과 같은 해 같은 달에 출판사를 설립해 만 1년 만에 『쨘딱크』를 출간했다. 단행본으로는 『데모쓰테네쓰』 발행 후 바로였으니 거의 첫 작품이라 할 수 있다.[7] 아테네 시민의 애국심을 불러일으킨 그리스 웅

변가 데모스테네스와 프랑스의 잔다르크, 모두 애국의 열정을 주제로 한 책들이다.

다른 나라 이야기로 전하는 시대의 사명

한성도서주식회사는 초창기에는 이처럼 주로 번역물을 출판했다. 이 책 뒷장 출간 예고 광고에는 『자유의 신 루소』와 『성길사한』成吉思汗(칭기즈칸의 한자어) 등이 실렸다. 루소의 책에 대해서는 전제와 학대에 눈물을 흘리는 인류를 구원해 줄 루소의 사상과 그 원천을 배우자고 호소하고, 칭기즈칸에 대해서는 동양 황인종이 서양 백인종을 소탕한 세계 제일의 정복자라면서 서양 세력이 점점 동쪽을 지배하는 시기에 꼭 읽어야 할 책이라고 전했다. 자유평등과 자주독립의 투쟁 의지를 높이고자 한 번역물 출간 이후에는 민족 고유의 말과 글 그리고 우리 자연을 통해 민족의식을 높이는 출판물로 확장해 나갔다. 일본의 우리말 말살 정책이 심해지자 민족문화를 지키고 계승하는 데에 집중한 것이다. 시대적 사명에 부응한 출판의 역할이 무엇일지 이 책을 통해 생각해 본다.

독자들은 책을 한 권 읽었지만, 잔다르크 이야기만 읽

책 『짠딱크』의 맨 뒷페이지는 같은 출판사의 출간 예고가 실렸다. 『자유의 신 루소』와 『성길사한』은 자유평등과 자주독립이라는 당시의 시대적 사명에 부응한 책들이다.

는 데서 그치지 않았다. 5백 년 전의 프랑스와 영국의 백년 전쟁을 읽으면서 내 나라의 구국을 고민하고, 애국부인 잔다르크를 읽으며 유관순을 꿈꾸었다. 외국 여성의 순국에 감동받아, 일제의 위협에도 두려움을 떨치고 태극기를 손에 쥔 채 거리로 뛰쳐나갈 수 있었던 것 아닐까? 애국을 이야기하는 것이 촌스럽게 느껴지는 요즘이지만 대의를 개인의 욕망보다 귀하게 여겼던 위인들 이야기는 지금도 빛

한 손에 깃발을 들고 다른 한 손에는 검을 쥐고 선 위풍당당한 잔다르크의 삽화가 표지의
농부 소녀의 모습과 대조를 이룬다.

이 바래지 않았다. 존경할 만한 위인들의 이야기가 드문 시
대에 느끼는 갈증인지 모르겠지만.

69페이지의 짧은 책에는 흑백으로 된 그림 한 장이 실
려 있다. 랭스대성당에서 샤를 7세의 대관식이 진행되고
있고, 그 옆에 잔다르크가 있다. 한 손엔 깃발을 들고 다른
한 손에는 검을 쥐고 우뚝 선 모습이 위풍당당을 넘어서 엄
숙하기까지 하다. 팡테옹국립묘지에 걸린 쥘 르느뵈의 잔

180

다르크 그림 가운데 하나다. 그 위엄 있는 모습과 대조적으로 책 표지에는 두 손을 가지런히 모으고 들판에 서서 무언가를 응시하는 어린 농부 소녀 잔다르크 스케치가 실렸다. 표지 그림을 보고 있자니 다른 한 소녀의 모습이 겹쳐 떠오른다. 다름 아닌 유관순. 2019년 새로 발굴된 10대 시절의 유관순 사진은 우리가 익히 알고 있는 옥중 사진보다 훨씬 앳된 모습이다. 참혹한 고문에 상하기 전 곱고 밝은 소녀의 얼굴을 보니, 그의 마음이 더 그립다.

쉑스피아와 그 생활

이교창 역
조선도서주식회사
1921

셰익스피어는
셰익스피어

셰익스피어의 일대기를 담은 『쉑스피아와 그 생활』은 역자의 이름만 있을 뿐 원작에
대한 설명이 없다. 셰익스피어의 다양한 표기처럼, 혹은 흐릿한 삽화들처럼 혼란스럽고
아득하다.

이 작가의 이름만큼 다양한 표기가 난무하는 이름도 없을 것 같다. 셰익스피어가 한국에 처음 소개된 해가 1906년, 그 당시에는 그를 '세이구스비아'라고 불렀다.[8] 아마 일본식 발음 'シェークスピヤ'에서 온 듯하다. 그러나 이런 표기를 실제 기록물에서 찾아볼 수는 없었다. 반면, 1908년 『대한매일신보』 기사에 영국 대시인 '색사비아'索士比亞라는 색다른 한자 표기가 등장한다. 이번엔 중국 표기를 그대로 차용했다. 하지만 비슷한 시기에 중국에서는 '사사비아'莎士比亞로 더 자주 표기했고, 현재까지도 이렇게 쓰고 있으니 우리 식 음역일지도 모른다.[9]

셰익스피어는 몇 개인가?

아무튼 '색사비아'란 재미난 표기는 1909년 이후에는 잘 등장하지 않는다. 『쉑스피아와 그 생활』이 출간된 1920년대와 그 후 1930년대로 넘어가면 한자 표기는 사라지고, 한글로 '쉑스피아', '쉑스피어' 또는 '쉑쓰피어'로 표기하기 시작한다.[10] '쉑스피어'는 차츰 '섹스피어' 내지 '셔익스피어'로 바뀌고, 1960~1970년대 이후부터는 '세익스피어'가 자리를 잡아간다. 1990년대 이후부터 최근까지 외국어 표준 표기법에 맞게 '셰익스피어'로 표기하고 있다.

한글 표기만 복잡한 것은 아니다. 셰익스피어의 영문 표기도 Shaksper, Shakespe, Shakespere 등의 변화를 거쳐 현재의 William Shakespeare로 굳어졌다. 이런 혼란은 셰익스피어가 자초한 것인데, 직접 썼던 다양한 서명 중에서 현재 확인이 가능한 것만 해도 여섯 종류나 되기 때문이다.[11] 이 같은 표기의 다양함 때문에 관련 정보를 검색하는 데 어려움이 많았다. 특히 오래된 신문을 검색할 때 각각 다른 표기로 여러 차례 검색해야 했다. '색사비아'로 검색할 때와 '쉑스피어'로 검색할 때의 결과물이 전혀 다르고, 만약 예상치 못한 표기로 쓰여진 기사가 있다면 결과에서 아예 누락되었을 것이다.

인터넷 검색 창은 잘못 입력된 스펠링을 알아서 바꿔 검색해 주는 기능까지 있는데, 이게 무슨 구닥다리 같은 이야기일까 의아해하는 사람도 있겠지만, 연구를 위해 인터넷 검색 너머 한 발자국만 더 깊이 들어가면 이런 문제가 속속 발생한다. 사실 동일인에 대한 다른 표기는 스펠링 실수 문제처럼 단순하지도 않다. 같은 언어 내에서도 이형 표기로 혼란스러운데, 다른 언어로 된 자료까지 모두 검색해야 한다면 문제의 차원이 달라진다.

그래서 이런 검색의 문제를 보완하기 위해 도서관 목록에서는 전거典據 데이터베이스를 구축해 통제하고 있다. 이형의 저자명에 대한 표준을 정하고 같은 저자의 이형 표기는 참조항으로 두어 검색을 돕는 방식이다. 전거 데이터베이스는 저자의 이름뿐 아니라, 단체명과 주제명도 포함한다.

도서관 사서가 한 저작물을 목록화 하는 데 시간이 많이 드는 이유는 전거 작업에 비중이 크기 때문이다. A라는 저자가 이미 구축된 저자명 전거에 있는 그 A 저자와 동일인인지 확인해야 하고, 구축되어 있지 않은 경우라면 새로 구축해야 하기에 각종 저자 관련 정보를 조사해서 새로 만들어야 한다. 이런 작업을 거치지 않으면 비용과 시간은 아끼겠지만 결국 이용자들에게 해당 저자를 찾아내는 작업을 전가하는 셈이 된다. 비용이 들더라도 목록 작업을 전문가 손에 맡겨야 하는 이유다. 도서관 행정하시는 분들은 이 말씀을 잘 새겨 들어 주시면 좋겠다. 자신의 이름 하나에 파장이 이렇게 크다는 걸 윌리엄 셰익스피어는 상상이나 했을까?

대중출판의 맹아, 조선도서주식회사

『쉐스피어와 그 생활』은 제목 그대로 대문호의 삶이 주 내용이다. 셰익스피어의 출생과 계통, 학교생활, 연극에 감명받았던 어린 시절, 엘리자베스 여왕을 만났던 이야기, 청년기에 겪은 가계의 곤란 및 결혼, 런던 생활 중의 성공, 귀향해서 영면하기까지 비록 85페이지의 짧은 책이지만, 그의 일대기를 골고루 다뤘다. 셰익스피어가 쓴 글이 한 줄이라도 나올까 기대했는데 시나 희곡의 대사 등 그의 작품은 일부도 찾을 수 없었다. 대신 이 책의 역자 양주洋洲 이교창李教昌의 시 예찬이 머리말에 나온다. 시적이라서 옮겨본다.

시詩는 인생을 떠날 수 없는 무형의 왕국이다.
시詩는 인생의 꽃이오 생의 감천甘泉이다.
시詩란 시대의 정신이요 시대의 사상이다.

역자 이교창은 '셰익스피어가 살았던 엘리자베스 시대는 극의 전성기였을 뿐 아니라 시대 그 자체가 하나의 드라마였다'는 멋진 말로 위대한 작가가 탄생할 수밖에 없었던 시대였음을 강조했다. 혹시 이 책의 원본에서 발췌한 말이 아닐까 궁금했지만, 역자의 머리말 어디에도 이 책의 원본에 대한 언급은 없다. 역자 이교창에 대해서도 1922년 같은 출판사에서 간행된 『십대사상가』를 노자영과 함께 지은 것 외에 다른 정보를 찾기 어렵다. 그래선지 책 전체가 마치 첫 장에 소개된 '쉑스피아와 그의 주택'의 오래된 스케치처럼 흐릿하고 아득하다.

이 책은 조선도서주식회사에서 출간되었는데, 주식회사라는 이름에서 상업성이 강하게 느껴진다. 1920년 일제강점기에 설립된 조선도서주식회사는 출판사주들이 자본을 공동으로 투자해 이익금을 나누는 형태의 주식회사로 만들어졌다. 원래 1916년 조선 서적상들의 조합이었던 경성서적업조합으로 시작되었는데, 이윤을 높이기 위해 서적 도매 역할만을 조합에서 분리해 별도로 조선도서주식회사를 만든 것이다. 일종의 총판이다. 주식회사를 만들 정도로 당시에 출판 활동이 활발했다니 반갑다. 조선도서주식회사는 출판사와 인쇄소를 모두 운영해 개별 출판사가 할 수 없었던 각종 신서적 출판을 과감히 시도했다.[12] 단순한 출판사가 아니라 국내 출판문화가 도약할 수 있는 기반을 만들고, 1920~1930년대 신문과 신서적류의 출판을 활성화하는 데 중요한 역할을 한 셈이다.

『쉑스피아와 그 생활』도 조선도서주식회사가 새로운 분야를 개척하기 위해 내놓은 초기 번역물 가운데 하나다. 세계가 이미 다 아는 16세기 영국 대문호의 전기가 무슨 새로운 시도였을까 생각할 수 있겠지만, 조선 땅에 셰익스피어가 처음 소개된 때는 이 책 출간 시점에서 그리 오래 지나지 않아서였다. 발음하기도 어렵고 표기하는 것도 불편한 것이 설마 출판을 꺼렸던 이유 가운데 하나였을까? 쉑스피아냐 색사비아냐 그것이 문제로다!

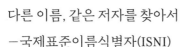

다른 이름, 같은 저자를 찾아서
―국제표준이름식별자(ISNI)

도서관에서는 다양하게 표기된 동일 저자가 다른 저자로 검색되는 골치 아픈 문제를 막기 위해 저자명에 전거典據 데이터를 만들어 일관성 있게 검색되도록 관리한다. 전거 데이터를 구축하는 일은 생각보다 시간과 비용이 많이 드는 일이지만, 검색의 완벽도를 높이기 위해 꼭 필요한 작업이다. 전거는 검색만이 아니라 저자의 식별을 위해서도 매우 유용한 분류라서 근래에는 국제표준이름식별자International Standard Name Identifier(ISNI)라는 16자리 숫자를 만들어 저자에 부여하고 있다. 책에 붙이는 고유한 식별자인 국제표준도서번호와 같은 개념이다.

참고로, 윌리엄 셰익스피어의 국제표준이름식별자는 0000 0001 2103 2683 이다. 믿기 어려울지 모르겠지만 William Shakespeare라는 이름을 가진 콘텐츠 저작자는 우리가 아는 그 셰익스피어 외에 오페라 가수도 있고 팝 뮤지션 및 보트 레이싱 관련 일을 하는 사람 등 데이터베이스에 등록된 사람만도 몇 명이 더 있다. 재미삼아 필자의 이름을 ISNI 데이터베이스(isni.org)에 넣어 봤다. 16자리의 낯선 번호 0000 0000 4036 8695 가 필자의 한글 이름과 미국에서 쓰는 로마자까지 함께 떴다. 태어난 생년도 같고, 저작물도 내 것이라 내가 아니라고 부인할 수 없다. 나도 몰랐던 국제 번호라니, 마치 국제적으로 유명한 인물이 된 느낌이다. 한편 이름 대신 번호로 불리는 교도소나 수용소 재소자 같은 느낌도 든다.

누가 물어볼 일도 없는 번호지만, 뭔가 중요한 번호 같아 어느새 뇌는 마지막 여덟 자리를 외우려 든다. 아무튼 동명이인의 저자를 식별하거나 검색하기에 퍽 유용한 정보원이다. 이러한 국제표준이름식별자 작업이라는 거대한 데이터베이스는 도서관에서 서지 목록을 위해 만들었던 저자명 전거 데이터를 그대로 가져와 구축한 것이고, 현재도 계속 업데이트 되고 있다. 국립중앙도서관에서도 한국 저자명 전거 작업을 상당수 구축해 둔 것으로 안다. 저작물이 있는 사람들은 재미삼아 검색해 보시길.

참고로 한국 쪽 데이터베이스에는 필자의 생년은 빠져 있지만, 대신 직업에 과거에 근무했던 대학의 이름까지 분명하게 나와 있었다. 하지만 필명과 본명을 따로 쓰는 경우, 다른 이름이지만 같은 저자라는 사실을 알 수 없다는 점이 아쉽다. 앞으로 개선해야 할 점이 아닌가 싶다.

깁더조선말본

김두봉
새글집[13]
1922(1934)

조선어 문법을
집대성한
순한글 책

한글 문법을 집대성한 『깁더조선말본』은 표지부터 원래 한자였던 출판사 이름을 한글로 쓰고, 부제는 자·모음을 풀어 쓰는 등 순한글 책을 만들겠다는 의지가 드러나 있다.

이 책은 세 가지가 눈길을 끌었다. 첫째는 제목. '조선말본'이라는 제목 앞에 '깁더'라는 단어가 붙었다. 도대체 이게 무슨 뜻일까? 뭔가 헤진 곳을 깁는다는 건지, 깊다는 뜻인지. 더 깊다는 의미의 '더'가 뒤로 전도된 걸까? 심지어 깁더 깁더를 반복해 읽다 보니, 말도 안 되게 'deep 더', '깊 the'로 영어와 한국말을 조합해서 읽게 된다. 신기한 이 단어 때문에 널리 알려진 국어학자 최현배 선생님의 책 대신 이 책을 소개하기로 했으니 '깁더'에 묘한 기운이 있다. '깁더'의 세계는 깊다.

처음 만나는 가로쓰기 순한글 책

두 번째로는 독특한 부제 표기 방식이다. 필자가 초등학생이던 1980년대 초, 아이들 사이에서 자기가 쓴 글을 남들이 쉽게 못 알아보도록 한글 자음과 모음을 풀어 쓰는 게 유행이었다. 자신의 이름을 풀어 쓰기도 하고, 낯 뜨거운 연애편지를 그렇게 쓰던 친구들도 있었다. 그때 이후로 이런 쓰기 방식을 다시 본 기억이 없으니, 얼추 40년 만이다. 표지에 'ㅈㅗㅎUㄹ ㄱUㄹ'이라는 부제가 보인다. '좋을글'을 풀어 쓴 것이다. 모음 'ㅡ'를 영어의 U자 모양으로 쓴 것이 특이하다. 이런 방식은 서구 알파벳 영향일까? 아니면, 세로쓰기가 아닌 가로쓰기의 영향 때문일까? 어쩌면 둘 다?

세 번째는 가로쓰기다. 이제껏 본 책 가운데 이 책은 '가로쓰기'로 된 첫 책이었다. '깁더'와 자·모음 풀어쓰기에 넋이 나가 가로쓰기에 주의를 기울이지 못했는데, 드디어 조선 땅에 가로쓰기 책이 등장한 것이다. 사실 이후로도 가로쓰기보다 세로쓰기 책이 압도적으로 많다. 어쨌든 이 책은 어렵사리 가로쓰기를 시도했다. 물론 조선 최초는 아니었겠지만 필자가 소개하는 책 가운데서는 처음이다.

이렇게 세 번 놀랐는데, 하나 더 놀랄 일이 있었다. 급하게 세로쓰기에서 가로쓰기로 전환을 해서인지 띄어쓰기가 제대로 되어 있지 않았다. 띄어쓰기 없는 순한글 가로쓰기 독해는 생각보다 어렵다. 한자어가 군데군데 박혀 있는 세로쓰기 국한문 혼용체는 자연스럽게 읽는 흐름이 생기지만 띄어쓰기 없이 순한글로만 된 가로쓰기는 난해한 암호문 같다.

이 책의 저자 김두봉은 일반인에게는 잘 알려지지 않은 인물이다. 하지만 1920~1930년대 이분의 명성과 『깁더조선말본』의 영향력은 작지 않았다. 이 책은 1934년 회동서관에서 출간했지만, 1922년에 중국 상해의 새글집에서 나온 것을 그대로 영인한 책이라 엄밀히 말하면 1922년도 책이다. 상해 출간 당시 임시정부에서 발행하던 『독립신문』에 수차례 광고가 실렸다.[14] 겨우 4쪽 신문에서 한 면에 6분의 1을 차지하는 거대한 광고는 독자의 이목을 끌기에 충분했다. 광고에 책의 정가를 중국화, 한국화, 미화와 러시아화로도 각기 표시했는데, 세계 각지 동포들의 관심을 짐작할 수 있다. 같은 시기 국내 신문에도 이 책 광고가 자주 등장했고, 1922년부터 1925년에 걸쳐 해마다 보서관, 평문관, 조선도서주식회사로 경성의 총판을 바꿔가며 광고가 이어졌다. 그렇다고 이 책의 명성을 광고로만 판단하려는 것은 아니다.

조선어 문법 연구의 필독서

조선어연구회와 조선어사전편찬위원회에서 일했던 국어학자 이윤재는 당시 조선어 문법에 관해서 세상에서 가장 많이 보는 책으로 이 책을 언급했다. 다만 초학자에겐 상당히 어려울 수 있다고 주의를 줬다.[15] 그는 또 가로쓰기에 대한 질문이 신문을 통해 들어올 때마다 독자들에게 김두봉의『깁더조선말본』의 '좋을글' 부분을 참고하라고 권했다. 당시 조선어연구회는 가로쓰기를 아직 연구 중이었고, 김두봉의 저작을 대신 소개했다.

신문기자들 또한 이 책의 권위를 인정했다.『동아일보』1929년 10월 19일 자「독서고문」讀書顧問이란 코너에서 확인할 수 있다. 이 코너는 독자가 책에 관해 질문하면 답변해 주는 코너로 도서관 시설이 변변치 않았던 시절, 사서가 해야 할 참고문헌 서비스를 신문기자가 대신한 것이다. 여기서 한 독자가 조선어 문법을 연구하려면 어떤 책을 사봐야 할지 물었다. 기자는 권덕규의『조선문경위』, 김두봉의『깁더조선말본』그리고 최현배의『우리말본』세 권을 권했다. 한글 횡서(가로쓰기)에 대한 질문에도 국어학자 이윤재와 마찬가지로 이 책을 추천했다. 이런 질문들이 심심치 않았던 걸로 봐서 당시 조선어 문법과 가로쓰기에 대중의 관심이 높았던 모양이다. 이 책은 그러한 대중의 관심에 여러모로 유용했다.

그뿐 아니라 저자의 스승이었던 주시경 선생의 국어문법에 바탕을 두고, 우리말의 소리 현상을 현대 음성학으로 설명, 발전시킨 것으로 높이 평가된다. 또한 가로쓰기를 제시한 '좋을글'과 속기법을 제안한 '날적' 그리고 표준어 제정의 여러 조건들을 구체적으로 논의한 '표준말'을 추가했다는 점에서, 우리 말과 글에 혁신적인 선구자 역할을 했다. 이 부분은 『깁더조선말본』의 초판인 1916년 펴낸 『조선말본』에는 없던 것을 1922년 추가했다. 의문의 '깁더'는 초판의 잘못을 '깁'고 모자람을 '더' 채워 넣었다는 뜻이라고 저자가 서문에 설명했는데, 수정이나 개정 및 증보의 개념인 셈이다.

저자 김두봉은 한글 연구의 기초를 닦은 당대 조선어문의 위대한 공로자이자 거성이었다. 주시경 선생이 살아 계실 당시 조선광문회에서 '말모이'를 함께 편집했는데, 안타깝게도 1914년 주시경 선생의 갑작스러운 사망과 1919년 3.1 운동 이후 심해진 일제의 단속 때문에 김두봉도 상해로 망명하면서 말모이 작업이 중단되었다. 하지만 김두봉은 상해에서 한글 연구를 이어 갔고, 이 책도 그때 펴냈다. 저자는 이 책의 머리말에서 돌아가신 한힌샘(주시경) 스승을 기억하며 작은 책이지만 '말모이글본' 대신임을 참작해 달라고 당부했다. 최근에 『말모이』라는 영화를 통해 조선어학회가 우리말 사전 편찬을 위해 목숨을 걸고 노력했던 사실이 알려졌는데, 이 책이 그 사전 편찬의 첫 발걸음이었던 셈이다.

북한말 체계를 만든 학자이자 혁명가, 김두봉

한힌샘 주시경 선생과 같이 김두봉도 한글 전용을 주장했다. 이 책의 출판사인 신문관新文館을 순한글로 '새글집'이라고 바꾸어 사용한 것만 보아도 알 수 있다. 문법 대신 '말본', 발음기관 대신 '소리내틀', 목차를 '벼리'라고 썼다. 벼리 내에 각 편을 첫재엮, 둘재엮, 셋재엮으로 나누고, 그 안에서 다시 각 장을 첫재매, 둘재매로, 필요하면 묶으로 더 세분해서 목차를 분류했다. 엮, 매, 묶으로 정리한 순한글 목차는 낯설기도 하고 이해하기도 쉽지 않았다. 한자어 사용과 관련해서는 서양의 라틴어와 비교할 바가 아니며, 말모이 사전도 아직 없고 표준말도 정립되지 않은 상태에서 우리나라 사람에게 맞지 않는 한자어를 그대로 쓰는 것을 비판했다.[16]

　김두봉은 한글학자로서만이 아니라 정치혁명가로도 활동했다. 중국 연안을 근거지로 대한민국 임시정부와 항일 투쟁운동에 참여했다. 광복 후에는 북한으로 귀환해, 김일성대학 총장과 북조선인민회의 의장 및 최고인민회의 대의원의 자리를 지내며 북한의 교육과 정치에 관여했다. 하지만 연안파들이 대거 숙청되던 1958년 당시, 공산

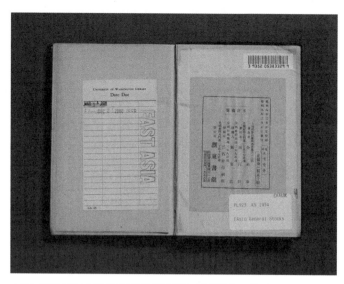

순한글 가로쓰기를 시도한 책이었지만 판권만큼은 여전히 한자로 가득 차 있다.

당대표자대회에서 반혁명종파분자로 공격받고 축출되어 노역 끝에 1960년 사망했다.[17]

북한말이 철저히 한글 전용이 된 데는 김두봉의 영향이 적지 않았으리라 생각한다. 남북의 언어가 점점 이질화하고 있지만 여태까지 북한과 남한이 큰 불편함 없이 서로 소통할 수 있는 건 바로 김두봉 선생 덕분이다. 남한과 북한 모두 한글 전용을 택했고, 한글 문법도 그 맥이 같기 때문이다. 어떻게 가능했을까? 주시경 선생에게는 두 명의 수제자가 있었는데, 그 가운데 한 명이 북으로 간 김두봉이고, 다른 한 명이 남쪽에 남은 최현배였다.

둘은 비록 남과 북으로 갈라졌지만 한글 전용과 가로쓰기 등과 기본 문법에 있어서 주시경 선생으로부터 배운 그 근본을 같이 했다. 주시경 선생의 과업을 이어 민족이 가진 언어의 얼을 그대로 보존하고자 남과 북에서 부단히 노력한 두 분 노고 덕분에 우리 말과 글이 36년간의 치밀한 압제 끝에도 잘 보존되었고, 70여 년이 넘는 분단 상황의 극단적인 이질화도 막았다. 이 책을 대하며 처음에 고개를 세 번 갸우뚱했는데, 마지막에는 감탄과 수긍으로 한참이나 끄덕였다.

시문독본 時文讀本

최남선
신문관
1922

낯설고 친숙한
시대의 글

시대의 글을 모은 『시문독본』의 표지는 군더더기 없이 깔끔하다.

『시문독본』하면 얼핏 듣기에 좋은 시를 모아 둔 책 같다. 하지만 시문詩文이 아니라 그 시대의 글이라는 뜻의 시문時文이다. 최남선이 특별히 본인의 이름을 걸고, 당대에 추천할 만한 좋은 글을 손수 뽑아 엮은 책이다. 총 276페이지, 총 4권의 책에는 각 권에 30편씩 모두 120편이 실렸는데, 두세 장 정도의 비교적 짧은 글들이다. 책의 예언例言, 즉 일러두기에 따르면, 이 책은 시문을 배우는 이에게 '계제階梯(계단과 사다리)'가 되도록 옛것을 모으고, 새것을 지어서 적절히 섞어 편집했다고 한다. 최남선은 자신의 글이 아닌 경우에는 그 저자와 출처를 밝혀 두었다.

옛 글과 새 글을 한데 모은 '초학의 규범'

워싱턴대학교 소장본은 정정합편訂正合篇으로 1916년 초판본의 6번째 판이자 1922년 임술년에 간행된 임술판壬戌版이다.18 출판사는 최남선이 자택에 인쇄기를 들여놓고 직접 설립한 신문관이다.19 초판본 이후로 계속 새 판을 찍어 낸 것을 보면 당시 인기가 많았음을 알 수 있다. 『매일신보』1918년 5월 9일 자는 이 책에 대해 "문장과 언론은 인격과 포부를 직접 표현하는 중요한 기관"이라며 "초학의

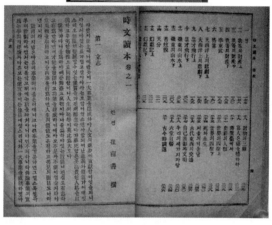

국한문 혼용과 띄어쓰기 없는 본문이 낯설다.

규범"이 되는 양서라고 소개했다.

한샘이라는 필명으로 최남선은 "아름다운 내 소리, 넉넉한 내 말, 한껏 잘 된 내 글씨"로 시작하는 짧지만 강력한 서문으로 책을 시작한다. 끊어 읽으라고 둔 구두점이 너무 많아 현대어로 읽기에 조금은 어색하나 문장에서 힘이 느껴진다. 간결한 글이지만 설득력 있는 메시지가 글자 하나하나를 꼭꼭 씹어 읽게 한다. 그 가운데 가슴에 새기고 싶은 글귀 한 줄, "글월의 나를 일으키라"는 최남선의 값진 충고다.

서문과 예언을 지나면 목차가 나온다. 뜻을 세운다는 뜻의 「입지」立志가 『시문독본』의 첫 편이다. 이어지는 글은 「공부의 바다」. 깊고 넓은 배움의 바다 앞에서 겸허해지게 만드는 글이다. 목차에는 한자로 된 제목과 한글로 된 것들이 뒤섞여 있다. 그 가운데 외국 지명과 외국인 이름이 제일 먼저 눈길을 사로잡는다. 콜롬보, 파라데이, 말코니, 알프스 등의 단어가 100년이란 세월의 간격을 단박에 잊게 해 준다. 국한문 혼용보다 외래어를 더 친근하게 느낄 독자를 만나게 될 것을 최남선이 상상이나 했을까? 그 외에도 「개미나라」, 「내 소와 개」, 「딱지버레의 힘을 입음」, 「살아지다」, 「견딜성내기」 등 제목만으로도 내용이 궁금해지는 글이 수두룩하다.「구습을 혁거革去하라」,「상용하는 격언」,「부인副人은 복福을 식植하라」처럼 제목에서 계몽적 교훈이 느껴지는 글도 있다. 다양한 문체를 보여 주기 위해 애쓴 엮은이의 마음이 느껴진다.

시의성에 가로 막힌 온전한 이해

국한문 혼용체이기에 지금 읽기에 쉽지 않지만 당대의 잘 쓴 문장을 한 번쯤 읽어 보는 것도 나쁘지 않으리라. 첫 권에 나온「공부의 바다」를 함께 나눠 보고자 한다.

공부의 바다는 압히멀고나
나가고 나가도 끝못보겠네
갈스록 아득함 怯(겁)하지 마라
우리의 깃거움 거긔잇도다

성공의 마루는 길이險(험)코나
오르고 올라도 턱못다닷네
옐스록 까마타 멈추지마라
우리의 질거움 거긔잇도다

머담이 아니면 우리鐵腕(철완)의

시언한 發揮(발휘)를 어찌해보며

險(험)함이 아니면 우리鐵脚(철각)의

흐믓한 試驗(시험)을 어찌해볼가

갈스록 갓갑고 엘스록나자

彼岸(피안)과 上峰(상봉)이 降服(항복)코마니

웃음이 복바쳐 아니 나올가

우리의 자랑이 無限大(무한대)로다

공부의 바다를 항해해 본 사람은 모두 공감할 내용이다. 망망대해처럼 끝이 없어 보이는 공부와 시험 속에서 좌절감을 느끼고 있는가? 최남선이 우리의 등을 도닥여 준다. 공부의 길이 멀고 험하나 그 길 끝엔 반드시 즐거움과 웃음과 자랑이 함께 기다리고 있다고 용기를 북돋운다.

하지만 시의성이 있는 글이어선지 지금 우리 마음에 꼭 와 닿지는 않는다. 1920년대 어휘와 어법 때문에 즉각 공감하기 힘든 것은 제쳐 둔다 해도, 이미 공부와 시험의 바다에 빠져 허우적거리고 있는 한국 젊은이들에게 어찌 공부를 더 권할 수 있을까? 도리어 이들을 공부의 바다에서 구조해 낼 시문이 더 절실한 지금인 것을.

번역가 홍난파의 안목과 전문성

첫사랑 First Love

이반 투르게네프 저
홍난파 역
한일서점
1922

작곡가로 유명한 홍난파가 번역가로도 활발히 활동했음을 아는 사람은 많지 않다. 홍난파에겐 노래를 짓는 일과 글을 짓는 일이 멀리 떨어져 있지 않았나 보다. 홍난파는 일제 강점기에 세계문학을 한국에 소개한 한국 최초의 전문 번역가 가운데 하나였다. 그는 주로 유럽 근대소설을 번역해 소개했다. 그런 홍난파가 단행본으로 가장 먼저 번역 출간한 책이 러시아 작가 투르게네프의 『첫사랑』이다.

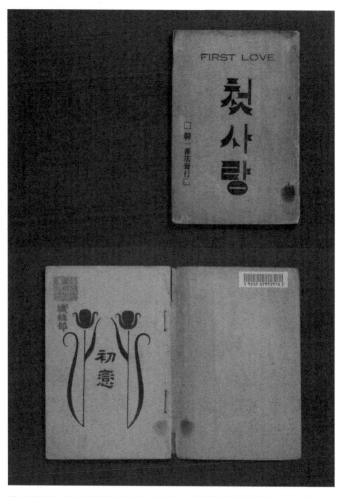

투르게네프의 작품 가운데 우리나라에 가장 먼저 소개된 『첫사랑』은 작곡가로 널리 알려진
홍난파의 번역이다. 얌전한 표지를 넘기면 첫사랑의 열정을 닮은 붉은 꽃이 수줍게 마주
보고 있다. 왼쪽 위로 '조선도서주식회사 편집부'라는 붉은 장서인이 이 책이 어디서 어떻게
이곳까지 왔는지 힌트를 준다.

작곡가 홍난파의 첫 번역서

『첫사랑』은 한국에 소개된 투르게네프의 첫 작품이면서
20 아직까지도 투르게네프의 작품 가운데 가장 많이 번역
되는 작품이라고 하니, 홍난파의 백 년 전 안목이 훌륭하
다. 참고로 러시아문학 가운데 처음 한국에 소개된 책은 신
문관에서 1918년 박현환이 번역한 『해당화海棠花: 가주사애
화賈珠謝哀話』로 톨스토이의 『부활』이다.21 한국에서는 러시
아 작가 가운데 톨스토이와 도스토옙스키의 작품이 가장
많이 번역되어 독자에게 사랑받고 있고, 그다음 친숙한 작
가는 투르게네프다.

　이 책은 초판이 아닌 개역판인 데 그 의미가 크다. 개
역판 머리말에 의하면 1921년 출간된 초판본의 오자를 바
로잡고, 독점讀点 과 구점句点을 사용하지 않아 문장 상하의
뜻이 애매했던 부분을 수정했다고 한다. 홍난파는 최대한
원작에 가깝게 의미를 전달하기 위해 바로 이듬해에 개역
교정판을 서둘러 냈던 것이다. 번역 작품이 흔치 않은 시대
에 번역의 오류를 바로잡아 빠른 시간 내에 다시 펴냈다는
것은 작품에 대한 애정은 물론, 번역자의 전문성과 책임감
을 보여 준다. 특히 러시아 원문이 아닌, 영역과 일역을 대

조해 가며 번역했다고 번역 원본을 분명히 밝혀 둔 것이 번역에 신뢰를 더한다.

홍난파는 머리말에 책에 대한 홍보도 빠뜨리지 않았다. 이 작품은 세계에 많고 많은 연애소설 중에 손가락에 꼽을 만한 명작이라고 소개하면서, "우리나라 청년남녀, 고독에 울(泣)고 암흑에 헤매는 자에게 적지 않은 위안을 줄 것을 믿는다"고 했다. 정말 그랬을까?

강렬한 붉은색 영어 제목과 독특한 서체의 한글 제목이 나란한 표지는 첫사랑만큼 매우 유혹적이다. 표지를 열면 첫 장 속표지에 한 송이의 꽃 그림이 대칭을 이루며 마주 서 있다. 남녀로 표현되는 두 개의 꽃송이는 붉은 열매처럼 탐스러워 보이고, 봉오리를 받치고 있는 초록색 줄기는 마치 손을 뻗어 서로를 만지고 싶어 하는 청춘남녀의 애정 어린 몸짓처럼 보인다. 그 둘 사이에 붉은색 한자 '初戀'(초련)은 한자어로 '첫사랑'이다. 한국어, 영어, 한자어 제목에 러시아 원제가 빠진 것이 살짝 아쉽지만, 이 정도면 투르게네프의 첫사랑은 충분히 세계적이다.

이 책의 전 소장처를 알려 주는 장서표의 주홍색 인주까지 책의 전체적인 분위기와 한껏 어우러진다. 누렇고 오래된 종이가 대부분인 책 틈 속에서 화려하게 피어오른 두

송이 꽃을 보고 있자니 젊은 시절 첫사랑을 만난 것만큼이나 설렌다. 당시 표지와는 확연히 다른 분위기라 혹시 누군가 덧바른 속표지가 아닐까 책장을 앞, 뒤로 살펴보았지만 '초련'이라는 두 글자가 그만 의심을 멈추고 '초연'하라고 타이르는 듯하다.

저자, 번역가, 수서인, 과거 영혼들을 한 자리에

장서인을 자세히 살펴보니, 이 책의 전 소장자는 1920년대 중적 출판 사업을 위해 세워졌던 '조선도서주식회사' 편집부다. 어쩌다 이 책이 워싱턴대학까지 오게 되었는지 현재로서는 알 수 없지만 이 책을 대하는 마음만큼은 백 년의 두께로 다가온다. 상상해 본다. 1860년 원작인 러시아 문학작품을 일제 강점기를 살았던 24살의 젊은이 홍난파가 읽고 번역을 시도한다. 아마도 일본 유학시절에 접하게 된 책이었으리라. 잠시 귀국했던 고국에서 투르게네프의 작품을 번역, 출간하고, 그 책은 '조선도서주식회사'의 편집부 장서로 유입된다. 그 책이 언제 누구와 함께 태평양을 건너 미국 땅에 도착했는지 아무도 모른다. 어쨌든 지금은 시애틀 워싱턴대학교 동아시아도서관 서고에 안착해 있다는 사실밖에는.

이 책은 해외 도서관 장서로는 유일본인 듯하다.[22] 자칫하면 그 가치를 알아봐 줄 이 없는 해외에서 묻힐 수도 있는 책이었는데 이렇게 다시 빛을 보게 되었다. 기억 속에 잊힌 첫사랑을 낯선 곳에서 우연히 만난 기분에 비할 수 있을까? 책은 발견됨으로써 과거의 영혼들을 한 자리에 불러모은다. 투르게네프와 홍난파와 조선도서주식회사의 편집부에서 일했던 그 누군가와 미국에 이 책을 가져온 이들. 책을 발견한 사서는 이들 만남의 주선자다.

『첫사랑』의 출판사 한일서점은 판권지 뒷면에 이 책을 이렇게 소개했다. 서양 대문호이자 세계 각국어로 번역되어 호평이 자자하며, 조선에서도 『춘향전』이나 『무정』보다 더 재밌게 읽힌다고. 과연 그 시대 이 책을 읽었던 사람들의 독서 후기는 어땠을까 궁금하다. 짧게나마 줄거리를 소개하니 독자들도 감상해 보시라.

주인공인 16세 젊은 청년은 매력적인 이웃 여인을 흠모한다. 그녀에게 구애하는 뭇 남성들과 함께 여인의 마음을 차지하고자 주변을 서성이지만 성공하지 못한다. 그러던 어느 날 여인은 누군가와 사랑에 빠지고, 젊은 청년은 여인에게서 그 변화를 눈치챈다. 자신이 아닌 다른 남자를 사랑하게 된 여인을 보는 것만으로도 고통스러운 청년. 게다가 그의 연적은 다름 아닌 바로 자신의 아버지. 이 사실을 알고 난 청년은 엄청난 충격에 빠진다.

여인은 자신의 아버지를 뜨겁게 사랑하고, 청년의 아버지는 그녀의 사랑을 뿌리치려 애쓴다. 이들의 관계를 목격한 아들은 말할 수 없는 상심과 질투에 사로잡힌다. 얼마 지나지 않아 아버지는 갑작스럽게 세상을 떠나며 아들에게 여자의 사랑을 두려워하라는 유언을 남긴다. 세월이 흘러 우연히 자신의 첫사랑이었던 여인의 소식을 듣게 된 청년은 망설임 끝에 그녀를 찾아간다. 하지만 그 여인이 오래전에 아이를 낳다 죽었다는 소식만 듣는다.

"사랑하지 않을 수 없기 때문에"

『첫사랑』의 줄거리를 보니 당대 사람들이 이 책을 어떻게 읽었을지 정말 궁금해진다. 첫사랑이라는 말에서 느껴지는 풋풋함이나 싱그러움은 오간 데 없고, 아버지와 연적이라니 충격적이다. 가부장적 유교 사상에 젖어 있던 근대 조선인에겐 난해한 첫사랑과 실연의 아픔이었을까. 젊은 여인이 아버지뻘 되는 유부남을 사랑의 대상으로 삼는 것도,

아버지와 아들이 연적이 된다는 플롯도 영 불편하다. 하지만 이 소설의 진수는 섬세하게 그려진 사랑에 빠진 청년의 마음이다. 16세 청년이 가지는 사랑이라는 복잡하고 미묘한 감정은 시대와 장소와 문화를 넘어서 모두의 공감을 얻을 수 있으리라. 특히 첫사랑의 가슴앓이는 이루어지지 않기에 더 애틋하다.

개인적으로 이 소설을 읽으면서는 나이 탓이었는지 주인공보단 젊은 여인의 사랑을 한 몸에 받았던 주인공의 아버지에게 관심이 쏠렸다. 젊은 여인의 사랑을 뿌리칠 수밖에 없었던 그 아버지를 보며, 정략결혼을 한 아버지에게도 어쩌면 그 사랑이 첫사랑이 아니었을까 생각해 보았다. 세 주인공 모두 어긋난 인연으로 아쉬운 여운이 남는다.

가장 기억에 남는 구절은 소설 속 여주인공이 주인공 청년에게 푸념하며 하는 말이다. "사랑하지 않을 수 없기 때문에 사랑하고 싶지 않다고 생각해도, 하지 않을 수 없다"는 말. 이 구절은 러시아의 국민 시인 푸슈킨의 시 「그루지야의 언덕에서」의 마지막 구절이고, 소설 속에서 주인공 청년은 이 시를 여인의 요청에 따라 낭독한다. 소설에는 시 전체가 나오지 않지만 여기 시 전문을 옮긴다.

그루지야 언덕에 밤 안개 걸려 있고

발 아래 아라브가 강 굽이쳐 흐르네

내 마음 쓸쓸하고 가벼우며

내 슬픔은 너로 가득 차 있네

너, 너만이라도…… 내 참담한 가슴이여

이제 그 무엇도 고통스럽고 심란케 하지 않으니

내 심장 또 다시 불타고 벅차오르네

사랑하지 않을 수 없기 때문에

　사랑하지 않을 수 없기 때문에 사랑한다는 말보다 더 절실한 사랑의 이유를 찾을 수 있을까? 20세기 초에 이미 번역 소설을 통해 문학청년들의 마음을 사로잡았던 홍난파도 사랑하지 않을 수 없기 때문에 사랑했을 것이다. 문학과 노래와 바이올린을. 청년 홍난파뿐이었을까? 모든 것이 죽은 것처럼 보이는 엄혹한 식민 지배 시기에도 예술과 사랑은 여전했다.

기탄자리: 들이는 노래

타고르 작
김억 역
이문관
1923

낮추는 진심과
높이는 마음

시인, 번역가, 에스페란토 연구자 등 다양한 영역에서 활동한 김억이 번역한 『기탄자리』는
원작에 대한 진심 어린 마음을 느낄 수 있는 책이다. 오른쪽은 타고르의 사진 대신 실린 소묘.

김억은 시인으로서뿐만 아니라 번역가로도 잘 알려져 있다. 그 시대에 김억처럼 많은 작품을 번역 출판한 사람도 없을 것이다. 그런 만큼 우리 도서관에 소장하고 있는 책만 해도 여러 권이다. 프랑스 상징파 시인인 베를렌과 구르몽, 사맹 등의 작품을 실은 한국 최초의 번역 시집이라는 『오뇌의 무도』, 톨스토이 작품인 『나의 참회』, 중국 유명 시를 모은 『동심초』, 조선 여성 한시를 번역한 『꽃다발』, 『금잔듸』, 『옥잠화』 등 역자로 낸 책만 해도 수두룩하다.

팔방미인 시인 김억의 진심

본인의 창작 저서인 『해파리의 노래』와 『안서민요시집』 같은 편저까지 포함하면 수십 권에 달한다. 대한민국이 좋아하는 시인 김소월을 처음 문단에 소개한 이도 김억이다. 서구의 시를 번역해 한국에 소개함으로써 한국 근대시 성립기를 풍요롭게 만들었다. 그뿐만 아니다. 에스페란토 보급에 앞장서 에스페란토 언어 독학을 위한 여러 권의 학습서도 냈다. 교사에 기자에 잡지의 동인으로도 활동했다. 이쯤이면 팔방미인에 천재가 아닐까 싶다.

그의 다양한 활동과 비례해 여러 이름을 썼다. 본명은

김희권金熙權, 필명으로는 안서岸曙, 안서생岸曙生, A.S., 석천石泉, 돌샘 등이 있다. 특별히 이 책의 표제지에는 자신의 이름을 Verda E. Kim이라고 적었는데, 에스페란토의 상징인 '녹색 별'Verda Stelo에서 가져온 듯하다. 여러 이름 가운데 역시나 김억金億이 그에게 가장 잘 어울린다. 이름의 '억'자에 그의 다양한 창작 활동이 아로새겨진 듯해서다.

김억의 많은 작품들 중에 딱 하나만을 골라 소개하려니 "억!"하고 즐거운 비명이 절로 나온다. 그 가운데 시인이자 철학자인 라빈드라나트 타고르Rabindranath Tagore의 종교적 위엄과 신을 향한 간절한 마음이 담긴 『기탄자리』를 골랐다. 가벼운 믿음에 대한 김억의 이 말 때문이었다.

"타고르의 신앙 시편인 이 시집은 사람의 말라가는 영靈에게 얼마만 한 감화와 미음美音을 주었는가는 여기에 말하려고 하지 아니하고, 다만 부허浮虛 한 경신輕信의 맘이 타고르의 사상과 작품에 대하야 먼 거리를 가지는 듯하기에 지금 이것을 그들 맘에게 내여 놓으며 '읽으라, 그러나 씹어 읽으라' 하는 한 마디를 붙여 봅니다."

타고르를 높이기 위해 자신을 겸허히 낮춘 태도에서였겠지만, 번역자 김억은 자신이 이 귀한 시집을 옮기기에 얼마나 모자라는 사람인지 고백했다. 어떤 문체를 취해야 하는지 지금도 의심이 든다고 털어놓으며 나중에 완전한 적임자가 나타나기를 기다린다는 말을 남겼다. 또한 원저자의 이름이 여러 가지로 발음되고 있음을 지적하며 인도의 원 발음을 모르기 때문에 영어식 발음 그대로 적는다고 밝힌 부분을 통해 이 책이 영문본을 기초로 번역된 것임을 확인할 수 있다. 번역에 대한 이야기는 조금 더 이어진다. 주로 직역을 했지만 뜻이 불분명한 경우 의역한 곳도 적지 않다며 시 번역이 얼마나 어려운지 호소했다. 마지막으로 "세계적 진주를 미숙한 기공이 허물낸 것을 깊이 사례하며 뮤즈 시신詩神의 꾸지람을 달게 받겠노라"고 역자의 말을 마무리했다. 김억 시인의 번역자로서의 고충과 함께 원작에 대한 진심 어린 마음은 책을 읽기도 전에 이미 마음을 잔잔히 울린다.

신께 드리는 노래

벵갈어 '기탄자리'Gitanjali는 '신께 드리는 노래'Offering of Songs라는 뜻이다. 부제 '들이는 노래'는 '드리는 노래'라는 의미다. 처음엔 안으로 무언가를 '들이다'로 이해했는데, 원제에 맞춰 잘못된 이해를 바로잡았다. 처음에 이 책을 보앉을 때, 'ㄱ'자 안에 구슬처럼 박힌 동그라미 때문에 제목이 '키탄자리'인 줄 알고 '키탄자리'로 서명을 표기했다. 뒤늦게 장식임을 알고 책 제목을 수정했다. 글자 하나하나에 정성을 들여 디자인하는 등 예를 다한 듯해 책을 대하는 마음이 한층 경건해진다.

표제지 옆에 타고르의 모습을 스케치한 그림이 한 장 등장한다. 타고르는 시선을 아래로 내리고 독자와 눈을 마주치지 않은 채 생각에 잠겨 있다. 생뚱맞게 들릴지 모르겠지만, 스케치 속의 타고르가 마치 순정만화 속 주인공 같다. 유난히 높고 반듯한 콧날 때문일까? 인터넷에서 타고르의 실제 사진을 찾아보니 기품과 신령한 용모가 돋보인다. 책에 나온 스케치와 원본을 비교해 보면 완성도가 조금 떨어지는 게 아쉽다.

부허한 마음을 가라앉히고 『기탄자리』의 세계로 들어가고자 목차로 넘어 가려는데, 목차 오른편에 박스 안 짧은 글귀가 시선을 끈다. 박스 안에는 알파벳이되 영어가 아닌 문장이 들어 있다. 역자의 말 마지막에 '1922년 10월 23일 밤夜, 황포黃浦가의 월암산月岩山 아래서'와 이 글의 마지막 문장이 일치하는 것을 단서로 찾아본 결과 김억이 능통했다는 에스페란토어 헌사였다. 구글 번역기의 도움을 받아

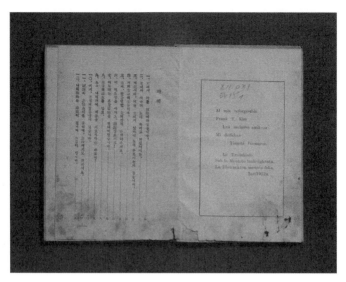

김억이 옛 친구 프랭크에게 에스페란토 어로 쓴 헌사.

살펴보니 김억이 옛 친구 프랭크에게 쓴 글이다.

　　나의 잊지 못할

　　프랭크 Y. 김

　　옛 우정으로

　　바친다

　　너에게 이 시를

번역자

달빛 아래에서

23번째 밤 10번째 달

1922년

사랑보다 나은 것이 없다

『기탄자리』에 실린 총 103편의 시에는 제목이 없다. 1번부터 103번의 숫자가 제목을 대신한다. 김억은 친절하게 시의 번호 순서대로 시의 첫 문장으로 목차를 만들었다. 「1. 주께서 저를 무한케 하셨습니다」, 「2. 주께서 저다려 노래하라고 하실 때에는」 이런 식이다. 1912년 영문 원본에서는 시의 첫 구절로 알파벳 순 색인을 만들었다. 김억의 목차 방식은 한 눈에 전체 시 103편의 첫 구절을 훑어볼 수 있지만 첫 구절로 해당 시를 검색하기는 어렵다. 독자들에겐 영어판의 색인이 시 검색을 할 수 있어 더 실용적인데, 동양과 서양의 시 읽는 방식의 차이인지도 모르겠다.

이 중에서 96번째 시를 하나 소개한다. 김억의 한글 번역과 영문을 참고해 현대어로 읽기 쉽게 바꿔 보았다. 벵

골어에서 영어로 또 한글로 다시 태어난 타고르의 시는 김억의 제안대로 '씹어 읽기'가 필요하다.

내가 이 세상을 떠날 때에

내가 본 것 중에 사랑보다 나은 것이 없다는 것으로 나의 떠나는 말을 삼겠습니다.

나는 광명의 바다에 흐트러져 있는 연꽃의 숨은 꿀을 맛보았습니다.

그것이 내게는 축복이었습니다. 이것으로 나의 떠나는 말을 삼겠습니다.

무한한 형상의 놀이터에서 놀다가 이곳에서 형상도 없는 그에게 나는 잡혀갑니다.

나의 온몸과 손발은 닿을 수 없는 그에게 닿아 떨었습니다.

여기 생명의 끝이 오려면 오거라. 이것으로써 나의 떠나는 말을 삼겠습니다.

『기탄자리』는 1910년 인도에서 벵골어로 처음 출간된 후, 1912년 타고르 자신이 직접 영어로 Gitanjali (Song offerings)로 번역해 런던에서 출간했다.[23] 책의 소개는 영국의 위대한 시인 윌리엄 예이츠William B. Yeats가 맡았다. 출간되자마자 타고르의 시는 영국을 비롯해 세간의 관심을 끌게 되었고, 동양인으로는 처음으로 바로 이듬해 노벨문학상을 거머쥐는 영예를 안았다. 그 후 영국에서는 맥밀런출판사에서 번역본을 수차례 출판했다.

이 책의 명성이 세계에 널리 알려진 지 불과 10년도 안돼 김억은 번역을 시도했다. 문학의 세계적 교류가 활발하지 못했던 당시 사정을 감안하면 상당히 빨리 소개된 셈이다. 김억이 세계문학에 가졌던 관심의 깊이와 넓이가 어떠했는지, 또 번역을 통해 세계문학을 조선 땅에 하루빨리 소개하고자 했던 그의 열정에 마음 깊이 경탄이 일었다.

워싱턴대학교 스페셜 컬렉션에는 영어 초판 1912년 자료도 있고, 인터넷 아카이브 사이트(archive.org)를 이용하면 그 전문을 누구나 볼 수 있다. 그래서 타고르 본인의 영어판과 김억의 한글 번역판 『기탄자리』를 비교해 볼 수 있었다.[24] 그가 고민했던 시문의 문체와 번역의 고충을 이해해 보려면 원본과 비교해 보라. 필자는 무엇보다 김억이 원본에 수록된 시 전부를 완역했을까가 제일 궁금했는데 역시 그는 해냈다. 자신의 이름에 새긴 억이라는 숫자가 무색하지 않게 거뜬히 103편을 완역했다.

애의 승리 愛의 勝利

정철
조선혁신당출판부
1924

사랑일까,
수작일까

표지를 붉은 색으로 가득 채운 제목이 도발적이다 못해 위협적인 『애의 승리』는 저자와
출판사의 정체를 알 수 없어 수수께끼 같은 책이다.

대체 이 책의 정체가 무엇인지 알 길이 묘연하다. 표지는 붉은색으로 온통 도배되었고 지나치게 큰 활자로 적힌 '애의 승리'라는 표제는 도발적이다 못해 위협적이다. 폰트 크기가 200은 족히 되어 보이는데, 사랑의 승리를 다짐하는 혈서처럼 비장하다. 저자와 출판사에 관심이 먼저 쏠렸는데, 책의 저자는 우리가 잘 아는 송강 정철鄭澈이 아니라 정철鄭哲이지만 도무지 정체를 알 수 없다.25 출판을 맡은 '조선혁신당'이 작가와 이 책의 정체를 알게 할 실마리를 제공해 줄 수 있을까?

미궁 속 책과 저자의 정체

결론부터 말하자면, 필자는 며칠 동안 작가 이름과 책 제목, 출판사 이름 및 모든 단서를 동원해 검색을 했지만 아직도 미궁 속을 헤매고 있다. 간만에 쉬운 한자가 많아 국한문 혼용체의 책 한 권을 단숨에 읽고 좋아라 했던 기쁨은 한낮의 꿈처럼 사라지고 이 책의 정보를 찾느라 시간을 허비하면서 허탈해지지 않을 수 없었다.

　연구라는 건 맨땅에 긴 시간 삽질을 많이 해대야 겨우 한 줄 정도 신뢰할 수 있는 정보를 만들 수 있는 지난한 작업이다. 특히 잘 알려지지 않은 책은 삽질이 더 필요하다. 다른 이가 이미 해 놓은 연구에서 도움을 얻을 수 없기에 일일이 확인하고 쉽게 접근할 수 없는 자료까지 뒤져야 한다. 하지만 연구를 선점한다는 희열도 무시하지 못한다. 아무도 발견하지 못한 보화를 캐기 위해 누구보다 먼저 삽을 뜨는 셈이니까.

보화까지 바란 건 아닌데, 삽질이 깊고 잦아질수록 어느새 구슬땀이 흐르고 허리는 아파 오고 파도 파도 끝이 없어 보이는데 실마리는 어디서도 보이지 않는다. 언제까지 파야 하나? 계속 더 파면 뭔가 나오긴 할까? 필자는 며칠의 삽질을 끝으로 그만 이 책에 대한 연구를 접었다. 아주 성과가 없었던 것은 아니다. 큰 가닥은 찾았으니 나머지는 다른 명탐정 사서가 작가와 책에 대해 좀 더 풍부한 정보를 찾아 주길 (즉 삽질을) 부탁한다.

이 책은 일종의 연애편지 모음이다. "오~ 경애씨", "나의 사랑하는 수종씨"를 쉴 틈없이 불러대는 경애와 수종 간의 눈물없인 읽을 수 없는 사랑의 편지 총 다섯 편이 이 책에 실렸다. 수종의 편지가 네 편, 여기에 답변하는 경애의 편지가 한 편이다. 여성에게 구애하는 남성의 편지가 압도적으로 많다. 각 서신에는 번호가 매겨져 있는데, 제1서신 뒤로 제 5, 6, 7(1), 7(2) 순서로 실었다. 중간에 건너뛴 제2, 3, 4편 서신에는 공개하기 어려운 내용이라도 있었던 걸까 은밀한 상상을 하게 된다. 각 서신에는 거창한 소제목까지 달려 있다. 설마 제목까지 붙여서 경애씨에게 편지를 보낸 것은 아니었겠지.

서신에 달린 소제목을 살펴 보면, 남성이 먼저 "철인哲人의 가슴에 열정이 타오를 때"로 시작한 뒤, "음식에 주린 자는 필연적으로 성性에도"라는 편지를 전한다. 이어서 여성은 "인생은 사랑을 떠나서 의의를 잃는 것이 아닌가"라고 답신하고, 다시 남자는 "이상은 향기로우나 현실은 아니며", "사랑을 떠나서는 허무"라고 호소한다. 작가 이름이 철학을 뜻하는 '철哲'임을 감안해 볼 때 '철인의 가슴'은 작가 자신을 말하는 듯하다. 실제로 주고받았던 연애편지를 허락도 없이 책으로 묶은 것은 아닐까 합리적 의심이 들기도 한다. 아니면 달콤한 연애를 상상하며 고통스럽게 창작해 낸 편지일까?

연애편지 훔쳐보는 재미

다른 건 몰라도 이 책을 읽은 독후감만은 자신 있게 말할 수 있다. 이 책의 백미는 누군가의 내밀한 연애를 엿보는 재미, 특히 사랑하는 청춘남녀의 연애편지를 몰래 읽는 재미다. 물론 편지 외에도 사랑을 주제로 한 짧은 글 몇 편이 더 있다. 그래도 압권은 역시 남녀 간에 오간 사랑의 서신이다. 연애편지를 어떻게 써야 하는지 알고 싶은 자에게 일독을 권한다.

총 다섯 편의 연애편지는 '사랑의 승리'라는 대주제 아래 묶였다. '승리'인 까닭은 결국 남자의 구애에 여성이 응답했고, 남자는 오로지 사랑만으로 그것을 이뤘으니 사랑의 승리라는 것이다. 하지만 이것은 어디까지나 남성의 관점에서다. 독자로서 남자의 편지 밀당은 치밀하게 계획된 게임처럼 보였다. 남자는 여자에게 그녀를 처음 봤을 때부터 가슴이 뛰었고, 그녀의 외모나 모든 것을 사랑한다고 여성의 마음을 사느라 바쁘다. 너무 사랑한 나머지 자신의 처지와 현실이 그녀에게 새로운 이 시대에 행복의 열쇠가 되는 부와 명예를 줄 수 없음을 한탄하며, 자신을 단념해 달라며 '감성팔이'에 나선다.

감성팔이라고 표현한 것은 여자를 사랑의 시험대 위에 올려 놨기 때문이다. 여기에 우리 순진한 경애 씨는 역시나 넘어간다. 자신의 진정한 행복은 수종 씨를 사랑하는 것뿐이라며, 수종을 위해 자신이 꿈꿨던 미국 유학마저 기꺼이 포기한다. 자신에게 사랑을 단념하라고 권하는 것은 자신을 마치 세상의 안락과 부귀를 좇는 여성으로 보는 것과 같아 모욕적이라며, 오직 수종 씨만의 여자 경애로 자신을 받아달라며, 눈물로 자신의 사랑을 호소한다. 수종의 작전은 그대로 적중했다.

그 뒤로 이어지는 수종의 편지는 감성팔이를 극대화하기 위한 계획된 논리가 펼쳐진다. 우선 오늘날 사회가 적자생존과 약육강식으로 사람들 간에 허세와 거짓이 난무해 이상과 현실의 싸움으로 인한 비애가 크다며 우리에게 진정으로 필요한 것은 오직 참사랑이라고 전제한다. 이어 신인新人, 새로운 인간으로 새 시대를 사는 사명을 감당하기 위해서는 눈물과 피로 맺어진 사랑만으로 가능하다며, 그것이 참 인생이라고 자신의 사랑과 인생관을 펼친다. 덧붙여 수종은 편지 말미에 많은 희생을 감내하면서도 자신을 사랑하기로 결정한 경애에게 고마움을 표하며, 자신은 오직 몸, 뛰는 정열이 항상 불붙어 있는 자신의 몸, 오직 참

인생의 사도가 되고자 하는 굳센 의지를 가진 자신의 몸으로 경애를 위해 희생하겠다고 끝을 맺는다.

20대 청춘들이 나누는 사랑의 대화에 가슴이 뛰어야 하는데, 필자는 괜히 남성의 편지가 거슬린다. 자신은 이미 모든 인습과 낡은 도덕과 관습에서 구속되지 않기에, 오직 육체 하나밖에 희생할 것이 없다고 말하는 남성의 사랑 타령이 순수하기보다는 고압적인 허세로 들리는 건 왜일까? 필자가 여성이기에 그런지, 중년이기에 그런지 아니면 둘 다여서인지 모르겠지만, 자칭 순수한 영혼을 가졌다는 남성이 사회 속에서 건강하게 살아가려는 태도는 없고 순진한 여성을 유혹하려는 잔재주만 고스란히 전해져서다. 경애와 수종의 지극히 주관적이고 개인적인 사랑이니 제 3자인 필자가 비딱하게 읽든 말든 아무 상관없을 것이다. 그래서 사랑을 위대하다고 하는 걸까?

아무튼 이 책에서는 구구절절 사랑의 힘에 대해 논한다. 때로는 연애편지의 속살거림으로, 때로는 종교서적의 신성함과 거룩함을 담아, 때로는 책임과 사명을 논하는 엄숙한 방식으로 사랑을 끊임없이 노래한다.

사랑에 바탕한 내선일체의 동포 관념

이 책의 머리말에도 사랑 예찬은 이어졌다. 조선혁신당의 당원으로 보이는 문찬文贊 국지애이菊地愛二의 창간사에 따르면, 조선혁신당의 강령 1부에 가정의 개선, 부인소아의 인격존중, 공창금지, 여자 매매 금지 등이 있다고 전하며, 이와 같은 이상은 실로 사랑에 기초를 둔 것이기에 민족 내의 화목과 민중 간의 친선 및 전 인류의 동포관념은 모두 사랑에 바탕한다고 강조했다. 그러므로 자신의 친한 벗인 정철 군의 저서 『애의 승리』는 '애의 세계'의 전진에 기여하는 바가 많을 줄 믿고 널리 소개한다고.

특이한 이름의 '국지애이'라는 작가에 대해서도 알려진 바가 없다. 필명인지 본명인지 모르겠지만, 이 책의 판권지에 광고로 실린 『아세아민족지도』의 저자라는 것 외에 다른 정보는 찾을 길이 없었다. 광고 문안을 자세히 읽어 보니, 그 책의 서문 또한 친구인 『애의 승리』의 저자 정철이 썼다. 저자 말대로 둘 사이가 지기지우知己之友였음에 틀림없어 보인다. 그가 쓴 『아세아민족지도』는 여러 목록을 뒤져봐도 저자만큼이나 검색이 되지 않는다. 광고에 소개된 정철이 쓴 한 줄 서문의 소개가 전부다. 그에 따르면

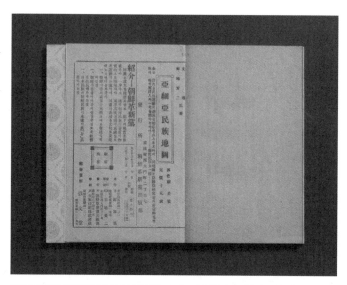

판권지에 다른 책 출간 광고글과 함께 실린 '소개-조선혁신당'의 내용은 이 책의 의미를
의심케 한다.

이 책이 장차 올 민족운동의 조류를 암시하고 있어 아세아
연구자의 좋은 자료가 되며 특히 동양인이라면 한 번 읽고
생각해 볼 책이라고 한다.

　　다행히 같은 판권지에 조선혁신당을 소개하는 글이
나왔다. 판권지에 당이 표방하는 바를 일일이 나열한 게 심
상치 않다.

동당은 위대한 이상보다도 안하眼下의 현실을 존중하여, 일보라도 속히 조선 민족의 소질素質이 여실如實적으로 현현顯現하야, 동양민족운동에 공헌 있도록 운동하는 당이니, 동당의 표방을 문구로 표현해 놓으면 다음과 같다.

1. 조선 사람의 소질을 천연 그대로 발달시키자는 것
2. 조선 사람들이 다같이 잘 살 수 있도록 사회를 개량해 가자는 것
3. 일본 민족과 조선 민족이 영원히 공존공영하자는 것

하마터면 소리를 지를 뻔했다. 마지막 문구, 일본 민족과 조선 민족이 영원히 공존공영하자는 것은 혹시? 그렇다. 조선혁신당의 정체가 백일하에 드러나는 대목이다. 조선혁신당은 1920년대 생멸했던 조선총독부의 어용단체 중 하나였다. 이럴 수가. 그들이 그토록 힘주어 말하고자 했던 사랑이란 도대체 무엇이었을까? 구습과 묵은 도덕을 버리는 것이었나? 그들이 주장했던 자유와 전세계 동포라는 개념은 사랑이라는 그럴싸한 구호로 가장된 것에 불과한가? 마치 수종이 경애에게 아무것도 없는 자신의 몸만 받아 달라며 새 시대에 필요한 참사랑을 운운했던 저의는

결국 일제에 안주하는 국가관을 대변한 게 아니었나 싶어 소름이 돋았다.

물론 경애 씨를 향한 수종 씨의 사랑은 고귀하며 순수한 남녀 간의 사랑이었다고 믿고 싶다. 그럼에도 수종이 남긴 마지막 편지의 마지막 문장이 자꾸 마음에 걸린다. 조선혁신당과 무관하지 않다고 생각하니 더더욱 의심이 남는다. 수종은 이렇게 얘기하고 있다. "1922년도 거의 과거의 알지 못하는 곳으로 가려 합니다. 우리는 새로운 책임을 가지고 오는 해를 반겨야 할 때가 왔습니다. 흡신 연구하십시요. 흡신 장래의 할 일을 생각하십시요." 사랑하는 연인이 연애편지에서 당부하는 장래의 할 일과 책임이란 무엇일까? 한 뿌리를 가진 일본과 조선이 함께 잘 살고, 공존하자는 동양민족운동을 말하려는 것일까?

정철과 정수영, 잡지 『성애』와 『애』, 그리고 조선혁신당

이 책의 정체는 알다가도 모르겠다. 조선혁신당과 연애는 어떤 관계인가? 또 정철이란 저자는? 정철은 이 책이 출판된 시기와 맞물려 창간된 성 관련 잡지 『성애』性愛 2호에

「인생은 비극이냐 희극이냐」라는 글을 기고했다.26 잡지 『성애』가 양성문제와 연애문제를 취급한다고 표방하는 잡지라는 데 눈길이 간다. 『성애』 잡지 광고에는 "성의 혁명, 애의 혁명"의 불꽃을 올리며, "인간성을 무시하고 진리를 파멸하는 우리 사회에서 사랑에 우는 청춘이여 읽으라"고 외친다. 잡지에는 연애 혁명과 남녀의 성애, 결혼과 이혼 및 해외의 남녀 교제에 대한 다양한 글을 실었다.

저자 정철이 분명 연애와 성애에 관심 많은 청년이었다는 것은 알겠지만, 연애와 조선혁신당과 또 친일 어용단체의 이 애매한 삼각 관계는 어떻게 이해해야 할까? 연애의 혁신이 친일에 도움이라도 되었다는 말인가? 아니면 나라의 명운이나 식민 통치의 잔혹함에는 눈 감고 지극히 개인적인 사랑 놀음을 장려한 것일까?

여기에 한 가지 더 헷갈리는 일은 제3의 인물, 정수영 鄭壽榮이라는 이름의 등장이다. 이 이름은 정철의 책 『애의 승리』 판권지에 저작자로 버젓이 나온다. 정철의 이름은 분명 책 표지와 첫 장에 기입되어 있는데 판권지에는 정수영이 대신 저작자로 나온다. 정수영은 본명이고 정철은 필명? 그렇다면 이야기는 더 복잡해진다. 정수영이라면 일본 교토제국대학에서 유학하던 그 정수영으로 보이기 때문이다. 우연처럼 정수영이 『愛』(애)라는 잡지를 발간한다는 소식이 신문에 실렸다. 마침 그 발간 시기가 1923년도 12월이다. 앞서 언급한 정철이 기고했던 잡지 『성애』의 창간 시기와 쌍둥이처럼 겹친다.[27]

　잡지 『성애』에 대한 한국민족문화대백과 사전의 설명을 들어 보면 더 놀라지 않을 수 없다. 원래 잡지 『성애』는 1923년 11월경부터 일본의 메이지대학 유학생 등 청년 두세 명이 준비를 해서 12월에 창간호를 발간하려 했으나 1924년 2월에야 첫 호가 나왔다. 잡지명도 한 끗 차이로 같고, 창간을 준비한 사람이 재일 유학생들이라는 점도 같고, 창간을 계획한 시기마저 비슷하다. 그뿐 아니다. 『성애』의 잡지 2호의 뒤표지에는 정철의 『애의 승리』를 보란 듯 광고하고 있다. 그에 화답하듯 『애의 승리』 뒤표지엔 『성애』의 출판사인 '성애사'에서 절찬 발매 중이라는 또 다른 조선혁신당의 책 서정시곡 『혈염곡』의 광고가 눈 앞을 어지럽힌다. 『애』와 『성애』, '성애사'와 '조선혁신당', 정철과 정수영. 자꾸만 맞물려 등장하는 이들의 관계는 무엇일까? 이런 우연이 또 있을까?

　이 정도가 되자 삽질을 너무 했나 싶어 맥이 풀렸다. 이만 하자 싶은 순간, 정수영이 편집했다는 문예평론 잡지

『愛』(애) 창간호가 눈 앞에 신기루처럼 등장했다.28 구글 신이 필자의 삽질에 감복한 덕분일까? 놀라고 떨리는 마음을 진정시키고 어느 고서점에서 올려 놓은 표지를 훑어 내려가다 또 다시 까무라칠 뻔했다. 이 잡지의 주간 이름이 다름 아닌 정철이다. 그가 쓴 글 두 편이 실렸는데, 「구원의 생명을 동경하는 현대 청년에게」와 나중에 잡지 『성애』에 실린 「인생은 비극이냐 희극이냐」다.

잡지 『애』는 1924년 1월 1일 발행으로 『성애』보다 한 달 앞서 발간되었고, 주간 정철은 여기서 먼저 출간했던 글을 나중에 『성애』에 다시 실은 것으로 보인다. 『성애』의 창간호는 찾을 수 없다는데, 혹시 『성애』 1호가 잡지 『애』아 니었을까 하는 추측도 해 본다. 먼저 나온 『애』가 남녀 연애보단 인류 보편의 사랑을 뜻해 서로 다른 듯해 보이지만 시기상으로나 인물로나 서로 물고 물리는 관계를 보면 합리적인 의심인 듯도 하다. 어쨌든 비슷한 시기에 창간된 (비록 오래 가지는 못했지만) 이 두 잡지 덕분에 조선 땅 젊은 남녀의 가슴에 '사랑'의 바람이 어지간히 불었을 듯하다.

남녀 간의 사랑을 탓할 수 있겠느냐만 우민화를 위해 스포츠와 스크린 그리고 섹스로 일컫는 3S정책을 펼쳤던

제5공화국을 살았던 필자에게는 1920년대 일본 유학생들이 주도한 사랑 타령이 순수하게만 들리지 않는다. 더군다나 일제의 어용단체였던 조선혁신당이 관여해 있다니 더 그렇다. 혹시라도 이것이 필자의 오해라면 『애의 승리』의 저자 정철 혹은 정수영에게 너그러운 양해를 구한다. 이 책을 골라 홀로 들끓었던 사랑의 탐구는 이제 그만 내려 놓아야겠다. 『애의 승리』를 승리로 이끌지 못해 자못 아쉽다.

정신과 생활이 박혀 마멸되지 않는 땅

육당 최남선이 국토순례기를 썼다. 조선의 3대 천재가 쓴 기행문은 과연 어떨까 궁금하다. 맛집 소개가 대부분인 요즘 여행기와는 다를 텐데, 봄을 찾는다는 '심춘尋春' 이라는 말이 낭만적으로 들린다. 낭만과 '순례巡禮'가 결합하자 자연스럽게 스페인 산티아고 순례길이 떠오른다. 21세기 필자와 20세기 저자의 간극이 역시 크다. 아무래도 좋다. 조선 최고의 엘리트 문화운동가가 쓴 기행문에는 분명 남다른 사색이 있으리라 기대한다.

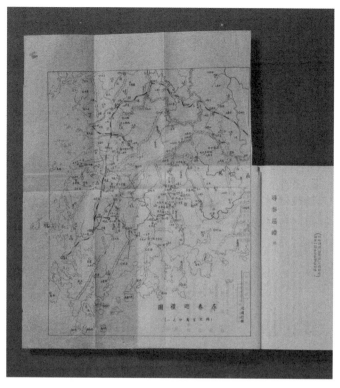

조선 3대 천재라 불리는 최남선이 쓴 국토순례기 『심춘순례』는 호남 지역이 중심이다.
책에는 지도가 곱게 접혀 달려 있다.

지도 위 낯선 우리 땅

첫 장을 열기도 전에 마지막 장부터 살피게 됐다. 판권지를 우선 확인하다가 그 옆에 처량하게 매달린 종이 한 장을 발견했기 때문이다. 사전 종이처럼 얇은 종이를 여러 번, 곱게 손수건처럼 접어 두었는데, 찢어질세라 조심스레 펴보니 척도 5백만 분의 1의 '심춘순례도'다. 지도는 도시와 지명 그리고 지리를 포함해 당대의 인문지리 및 역사지리를 설명해 주기에 아주 중요한 자료다. 어느 나라 땅이냐를 두고 일본과 갈등을 빚고 있는 독도 같은 경우도 몇 년도에 제작된 지도에 독도가 일본령 혹은 조선령으로 표기되었는지에 따라 영토 분쟁에서 유·불리를 좌우할 수 있다. 조금이라도 오래된 옛 지도를 대할 때 민감해지는 이유다.

도서관 사서들은 책 한 권을 정리할 때, 책 안의 페이지를 첫 장부터 끝까지 샅샅이 살핀다. 책의 물리적인 형태를 정확하게 기입하기 위해서다. 책 내용도 중요하지만 책에 딸린 삽화나 사진 및 지도는 사료로서 그 가치가 매우 커서 허투루 다룰 수 없다. 사서들은 책에 삽화, 사진, 인물 초상화, 도표, 악보, 참고문헌 목록이 포함되어 있는지 없는지를 알려 주고, 심지어 그 자료가 흑백인지 컬러인지도 기록한다. 책 한 권에 가능한 한 유용한 서지 정보를 많이 제공하고자 애쓴다.

1926년도 우리나라를 만난다는 떨리는 마음으로 고이 접힌 종이를 조심스럽게 펼쳤다. 여기가 어디지? 익숙한 모양의 조선반도가 아니다. 생경한 곳에 떨어져 길을 잃은 사람처럼 지도를 뚫어져라 살폈다. 중앙에 빨간색으로 지리산智異山이라고 쓴 지명이 비로소 눈에 들어온다. 지리산을 중심으로 지도 맨 상단을 향해 천천히 거슬러 올라간다. 공주, 그 밑에 대전이 보인다. 지도 하단에는 완도 밑에 보길도甫吉島가 동그랗게 그려져 있다. 이번엔 서해안 끝으로 눈을 돌린다. 무안務安을 지나 지도智島라는 섬이 나타나고, 동쪽 끝으로는 낙동강이 유유히 흐르는데 그 옆에 도시 창녕昌寧이 보인다. 심춘순례도는 전라도 지방만을 중심에 놓고 그린 지도다. 말하자면 이 책은 육당의 호남 지역 순례기였던 셈이다.

대전에서 갈라져 나온 큰 줄기는 경부선과 호남선이라고 표시돼 있고, 호남선 상에 전북선과 전남선 철도가 놓여 있다. 순례 행정行程을 붉은 선으로 친절하게 표시해 두었는데, 동선을 따라 산과 사찰을 표시하는 만卍 자 기호들이 즐비하다. 사찰을 중심으로 한 순례기임을 짐작할 수 있다. 순서는 호남선을 타고 전주에서 시작해 금산사, 태인, 백양사, 내장산(내장사), 정읍, 줄포, 내소사, 변산으로 전라북도를 돌고, 남도쪽으로는 창평, 담양, 소쇄원, 광주, 무등산(충장사), 동복, 유마사, 송광사, 선암사, 곡성(태인사), 화엄사로 가는 순이다.

왜 호남인가?

총 33편의 기행문으로 구성된 이 책은 최남선이 1925년 3월 하순부터 50일에 걸쳐 지리산 주변을 순례하며 『시대일보』時代日報29에 연재했던 것을 이듬해에 책으로 묶은 것이다. 그런데, 왜 호남이었을까? 이왕 국토 순례에 나섰으면 조선 반도를 전부 돌던가 아니면 이광수처럼 남쪽 지역 다섯 개 도30를 전부 돌지 않고, 콕 집어서 호남이어야만 했던 이유가 따로 있을지 궁금하다. 육당이 누구인가? 민족문화를 널리 퍼트리기 위해 사회·문화·언론 다방면에서 활약했고, 1919년 독립선언서의 기초를 작성했으며, 3.1 운동으로 투옥까지 되었던 사람 아닌가? 그가 출옥 후 얼마 지나지 않아 1925년에 호남으로 먼저 여행을 떠난 이유는 무엇이었을까? 사찰을 중심으로 돌았다면 호남보다

사찰이 훨씬 더 많은 영남을 여행해야 옳은데, 굳이 호남의 사찰을 순례한 이유가 있을까? 호남에 특별한 감정이라도 있었나? 참고로 최남선은 한성부에서 태어난 서울 토박이로 호남에는 특별한 연고가 없다.

　　오랜 세월 호남이 받아온 차별과 상처의 역사를 생각하면, 이 책을 대하면서 괜한 우려도 들었다. 지금 호남 사람들이 그가 쓴 호남 사찰 순례기를 어떻게 받아들일까 하는. 호남을 돌아보고 책을 남긴 것을 자랑스럽다고 생각했을까? 아니면 최남선의 친일 반민족 행위가 떠올라 수치스러워 했을까?

　　서른일곱의 육당 최남선은 책머리에 "조선의 국토는 산하 그대로 조선의 역사며 철학이며 시詩며 정신입니다"로 멋지게 첫 발을 뗀다. 국토에는 "조선인의 마음과 생활의 자취가 고스란히 박혀 있어서 어떤 풍우라도 마멸시키지 못한다"고 전한다. 조약돌 하나와 마른 나무 한 밑동에서도 느끼는 우리 국토에 대한 육당의 남다른 애정과 관심이 돋보인다. 책머리에서 산하대지를 대하는 그의 마음은 일종의 애니미즘이라고 말했는데, 그만큼 자연과 사적을 귀하게 대하겠다는 다짐이겠다. 그는 조선 국토의 큰 정신을 노래하기에 부족하다며 스스로를 한낱 어릿광대로 칭

했지만, 앞으로도 계속 국토를 순례하겠다고 예고했다.

특히 심춘순례는 "지리산을 중심으로 한 순례기의 전 반前半"이며 "마한 내지 백제인의 정신적 지주이던 신악神岳 (신기 어린 산줄기)의 여훈을 더듬은 것이요, 장차 해변을 끼고 내려가는 부분을 합하여 서한西韓의 기록을 완성"하겠 다고 밝혔다. 이어서 "진인震人31(고대국가 삼한 가운데 하 나인 진한이 아닌 더 오래된 국가 진을 말하는 듯하다)의 고신앙은 천의 표상이라 하여 산악으로써 그 대상을 삼았 으며, 또 그네의 영장은 뒤에 대개 불교에 전승되니 이 글 이 산악예찬, 불도장佛道場 역참歷參의 관觀을 정呈한은 이 까 닭입니다"라고 말한다.

최남선이 호남 지역 국토순례를 통해 특별히 보고자 했던 것은 백제의 기운을 이어온 호남 지역의 산악과 그 산 기운에 내린 불교정신에 근거한 우리 조국이다. 그래서 첫 번째 글도 「백제의 구강舊彊으로」로 견훤이 세운 후백제의 마지막 수도인 전주의 평야에서 시작한다.

왜 호남인가에 대한 수수께끼가 어느 정도 풀렸다. 하 지만 왜 산악이고 불교정신인가에 대해서는 최남선의 사 상과 철학을 먼저 이해해야 한다. 최남선은 중국과도, 일 본과도 다른 우리 민족 고유의 정신을 찾기 위해 애썼고 불교와 단군신화를 한국 문화의 근원이자 더 나아가 동방 문화의 근원으로 삼고자 애썼다.[32] 단군신화에서 환웅이 강림한 불함산不咸山(백두산의 다른 이름)에도 남다른 의미를 두었다. 그는 역사와 지리에 대한 이해가 민족 교육의 핵심이라고 늘 생각했다. 그의 순례가 산과 사찰을 중심으로 한 것도 그 때문이다. 어쩌면 땅을 빼앗기고, 정신마저 잃을 위기에 처한 식민지 지식인의 절박함이었을까?

함께 책 만든 이들의 노고

육당의 호남 여행에는 영호당映湖堂 석전대사石顚大師(속명 박한영朴漢永)가 함께했다. 평소 그가 따르고 존경하던 이여선지 책머리에 석전대사에게 헌정의 말을 남겼을 뿐 아니라 본문에는 여행 중에 대사로부터 받은 감흥을 표현하기도 했다. 또한 그는 후속 기행문으로 『백두산근참기』白頭山覲參記 와 『금강예찬』金剛禮讚 을 썼다. 조선의 정기를 산악에서 찾고자 하는 같은 맥락에서다. 물론, 단군과 부여를 중심으로 우리나라 상고사를 정리한 저자의 『아시조선』兒時朝鮮도 동일한 결에서 나왔다. 이제야 봄을 찾는 길이 어떤 순례길인지 실마리가 풀렸다. 이젠 본격적으로 육당과 함께 걸으며 호남의 봄을 감상할 차례다.

첫 페이지를 펼치려는데, 목차 뒤에 따라온 네모 안의 작은 글귀가 눈길을 끌었다. 자세히 살펴보니 책을 만든 이들에 대한 감사의 표시였다. 먼저, 책등의 글자는 송판본에서 만든 활자이며, 표지 제목은 위창 오세창이 썼고, 표지의 '커트'(표지 그림)는 춘곡 고희동이 그렸으며, 속표지의 제목은 위당 정인보가 쓰고, 순례 지도는 한매헌이 그렸다며 그들의 노고에 감사하다고 이 책의 만듦새에 관여한 사람들을 육당은 빠짐없이 챙겼다.

안타깝게도 워싱턴대학교 도서관 소장본의 표지는 제본하면서 오래전에 소실되었기에 고희동 화백의 표지와 전서篆書와 예서隸書로 유명한 오세창 서예가의 명필을 직접 확인할 수 없다. 하지만 역사학자로 서예에 조예가 깊었던 정인보가 쓴 표제지 제목의 필적은 감상할 수 있다. 오세창 서예가의 반듯함과는 대조적인 부드러우면서도 자연스러운 힘이 느껴지는 필체다. 저명한 서예가와 화백이 함께 제작한 이 책은 1998년 '출판커뮤니케이션과 디자인의 세계 전'에서 대표작 가운데 하나로 선보였다고 신문에서 읽었다.[33]

책은 내용이 중요한 것이지, 표지며 다른 것들은 껍데

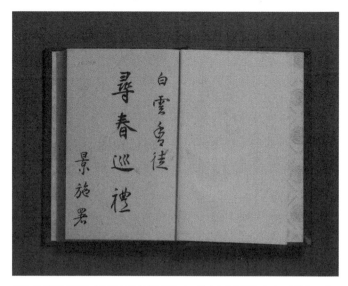

직접 출판사를 운영하기도 했던 최남선은 목차 바로 뒷페이지에 책을 만드는 데 힘을 보탠 사람들을 일일이 적어 감사를 표했다. 고희동이 그렸다는 표지 그림이나 오세창이 쓴 표지 글씨는 잃어버렸지만 역사학자이자 서예에도 조예가 깊었던 정인보의 표제지 글씨는 남아 있다.

기나 부속물에 불과하다고 생각하는 사람들도 있겠지만 육당이 치하해 마지 않은 출판 관계자들의 섬세한 손길 덕분에 책이 훨씬 책다워지는 것은 아닐까? 이름 하나하나를 책에 새겨 우리에게도 그 책을 누구와 완성했는지 알려 준 육당에게 새삼 고마운 마음이 든다. 아마도 신문관을 직접 설립해 운영했던 출판인이었기에 그들의 노고를 가늠할 수 있었으리라.

　직접 호남 국토순례를 떠나고자 하는 이들에게 스포일러가 될지 모르니 순례길의 세세한 소개는 생략한다. 다만, 육당의 책이 여행의 묘미를 더해 줄 테니 꼭 한 번 읽고 떠나시길.

사랑의 노래

김송규
광한서림
1927

'진주眞珠의 옥루玉淚'라는 부제가 달린 『사랑의 노래』의 저
자 겸 발행자 김송규金松圭는 누구일까? 일제강점기 '연락선
은 떠난다'를 불렀던 유명 가수 겸 대중음악 작곡가 김해송
金海松과 혹시 동일 인물은 아닐까? 김해송(예명, 본명 김송
규)의 출생년도가 1910년 12월이고 이 책의 초판 발행이
1924년인 걸로 보면 동일인물이 아닐 가능성이 높다. 14
세의 나이에 책을 내는 게 아주 불가능하진 않지만 상당히
무리인 건 사실이니까. 더군다나 남녀 간의 사랑을 구구절
절 노래한 책이라면 14세 소년에겐 가당치도 않을 일이다.

대중음악 작곡가이자 유명 가수인 김해송의 본명은 이 책 『사랑의 노래』의 저자와 같다.
출생년도를 생각하면 억측이지 싶지만 대중음악의 가사 같은 이 책의 시들이 자꾸 그런
억지를 부리게 한다.

이 책은 1924년 초판 발행 3년 뒤인 1927년 다시 출간되었다. 17세면 사랑 노래가 가능할까? 영화 『사운드 오브 뮤직』의 "나는 열여섯 이제 곧 열일곱 생각 좀 해 봐요"라는 노래 가사를 나도 모르게 흥얼거렸다.

상상력으로 저자를 그리다

판권지에 적힌 김송규의 이름 앞에는 '겸작겸발행자'兼作兼發行者라고 적혀 있다. '저작겸발행인'이 아닌 '겸작겸발행인'이란 표현이 일반적인지 아니면 오타인지 모르겠지만 저작을 겸한 발행인을 뜻하는 것은 분명하다. 김송규의 '송규'는 소나무 송松에 홀 규圭로, 김해송의 본명과도 신기하게 맞아 떨어진다. 그러나 이 시기에 출판된 자료 중에는 저작자를 출판사 대표 이름으로 써 저작 겸 발행인으로 쓴 경우도 종종 있었으니, 판권지에 나온 김송규라는 이름 석 자만 붙잡기에는 여전히 석연치 않다.[34] 무엇보다도 김송규의 이름으로 같은 출판사 광한서림에서 나온 책이 몇 권 더 있는데, 그 책들의 제목 『일선사체천자문』日鮮四體千字文, 『내선만최속성 만주어자통』內鮮滿最速成 滿洲語自通, 『원본만세력』原本萬歲曆을 살펴보면 가수 김해송이 김송규가 아닌 게 아무래도 맞지 싶다.

그래도 쉽게 동일인이 아니라고 단정짓기엔 미련이 남는다. 위키피디아에 나온 그의 생애를 읽어 보면 1930년대 중반부터 대중음악계의 천재로 불렸지만, 중·고등학생 시절부터 기타 연주 등 음악에 뛰어난 재능을 보였다는 내용이 있다. 또 다른 감성적 추측에 따른 의심은 김해송의 부인인 가수 이난영이 불러서 유명한, 한국 가요사에서 빼놓을 수 없는 '목포의 눈물'이 '진주의 옥루'와 왠지 연관이 있을 것만 같은 필자의 상상력이 자꾸 억지를 부리게 한다.

이 책은 국립중앙도서관과 전국대학도서관 목록을 통해서도 확인이 되지 않은 책이다. 인터넷 검색이나 논문 검색을 통해서도 이 책의 존재는 확인할 수 없다. 책의 실체가 막연하니 저자라도 확신하려고 자꾸 상상하게 되나 보다. 이제 감상적 미련일랑 접어 두고 책에 대한 정보에 좀 더 집중하기로 했다. 저자 김송규와 이 책에 대한 면밀한 연구는 학자들에게 맡기는 걸로.

『사랑의 노래』는 총 56페이지로 매우 얇은 책이다. 표지에는 큰 활자로 '사랑의 노래'라는 제호가 박혀 있다. 그 밑으로 아주 작은 활자로 '일명 진주의 옥루'라는 부제를 달았다. 표지를 넘기면 '진주의 옥루 목록'이 책 제목처럼 큰 글자로 쓰여 있고 괄호 안에 '일명 사랑의 노래'라고 표지의 제목 순서를 바꿔 적었다. 게다가 책 전체에 걸쳐 각 페이지 상단에 '진주의 옥루'를 인쇄해 책 제목에 오해를 불러 일으킨다. 제목과 부제 간에 무엇을 제목으로 할지 마지막 순간까지 결정을 내리지 못했던 걸까? '진주의 옥루'와 '사랑의 노래'는 무슨 관계인지 궁금하지만 저자의 설명은 야속하게도 한 줄도 없다.

이 책은 경성에 있던 광한서림廣韓書林에서 출간했다. 광한서림에 대한 정보도 많지 않아 대표가 누구였는지 확인할 길이 없다. 개화기 초에 구 활자본으로 책을 출판했고, 일제강점기와 해방 전까지는 신소설 『옥상화』와 현진건이 번역한 『재활』, 광한서림 편집부에서 『청년의 독립생활』을 펴냈다. 출간 종수가 그리 많지 않은 걸 보면 활발하게 활동하지는 못했던 것 같다. 하지만 책 뒷장에 실린 광고 문안은 매우 현란하고 상업적이다. "박리다매薄利多賣와 신속수응迅速酬應이 특색"이라고 선전했다. 이 문구 외에도 서적 주문과 관련한 다양한 광고 문안이 눈길을 끈다.

노골적인 사랑 노래

제목처럼 이 책은 사랑을 주제로 한 노래로 가득 차 있다. 노래라고 해야 할지 짧은 시라고 해야 할지 모르겠지만, 이 책에 실린 글에 일정한 형식의 운율이 있는 것으로 보아 노래에 더 가까운 듯하다. 그저 가사 용도로 쓰인 글 모음인지 곡을 붙여 실제로 불렸던 노래인지 알 길이 없지만 제목만 훑어봐도 사랑 타령 일색이다. 아래는 그 가운데 몇 가지다.

달과 사랑, 사랑스런 노래, 사랑의 태도, 사랑의 불길, 사랑의 미로, 그리운 사랑, 만나 보는 사랑, 사랑의 속음, 부엉이 사랑, 사랑의 노래, 사랑의 자수, 사랑의 장래, 첫사랑, 사랑의 맛, 처녀의 운명, 사랑의 첫 거름, 사랑의 추, 처녀의 서름, 공방처녀, 나물 캐는 처녀, 우중처녀, 달 아래 처녀, 신랑 신부, 사랑의 몽상, 사랑의 싸훔, 사랑의 시기, 외로운 꽃, 사랑의 시선, 실연, 작별, 진주 같은 옥루, 사랑의 낙원, 사랑의 춤, 사랑의 꼭가지, 꽃 아래 미인……

대중가요를 연상케 하는 노래 제목처럼 내용 또한 개

방적이고 노골적인 표현이 가득하다. 1927년도 책에서 찾아볼 수 있으리라 상상도 못했던 단어가 자주 등장하는데 그건 다름 아닌 '키쓰', '입맞춤' 같은 선정적 단어들이다. 19금에 걸릴 법한 묘사도 눈에 띈다. 아래는 「나물 캐는 처녀」라는 제목의 노랫말이다.

1. 치마고리 옆에 끼고 나가는 처녀
   너어대로 캐러 가니 같이를 가자
   재미있게 농담하며 같이 캐 볼까
   너의 몸이 위태할까 염려하노라

2. 꽃 본 나비 그 자리를 떠나려 하며
   푸른 녹수 한 쌍 원앙 떠나려 할가
   두 사람은 서로서로 양기 맛보며
   나물 캐는 그 처녀는 마음이 소란

3. 싱숭생숭 하여지는 처녀의 마음
   여보시요 이 자리에 이 당시로서
   맛이 있는 그 키쓰를 하여를 볼까
   흥미있게 키쓰하며 얼싸안았네

위 노랫말을 보고 뒤늦게 『사랑의 노래』에 실린 글이

노래 가사가 아니었을지도 모른다는 생각이 든다. 남녀칠세부동석의 유교 문화가 지배적이었던 한반도에서 그것도 겨우 20세기 초엽에 키스니 뭐니 이런 가사로 노래를 부르는 것은 상상하기 어렵다. 그럼 과연 이 책은 어떤 목적으로 만들어졌고 쓰였을까? 1920년대판 '선데이 서울'이라도 되나? 하지만 질펀한 음담패설이라고 하기엔 순수하고 낭만적이며 심지어 문학적이다. 어쩌면 누군가의 절절한 사랑 고백이나 일기일지도 모르겠다. 고백도 못 해 본 사랑 때문에 혼자 진주 같은 눈물로 적어 내려간 '사랑의 노래' 말이다.

식민지 지식인의
이상과 현실

흑방黑房의 선물
: 시가집

권구현
영창서관
1927

세로 길이가 15센티미터밖에 되지 않아 다른 책들 속에 감쪽같이 숨는 『흑방의 선물』의
내지는 놀라울 만큼 깨끗하고 각 장에 빨간 점선으로 테두리를 만들어 장식한 것이 꼭 선물
포장에 두른 리본처럼 예쁘다.

『흑방의 선물』, 분명히 다른 책들과 함께 북카트에 담아 왔는데, 아무리 뒤져 봐도 눈에 띄지 않았다. 순간 책을 잃어버렸나 덜컥 겁이 났다. 책등의 청구번호를 하나하나 좇으며 눈이 빠져라 뒤져도 나오지 않는다. 침착하게 이번엔 책등에 적힌 서명을 하나씩 차례로 읽어 내려갔다. 흑방의 선물, 흑방의, 흑방의, 흑방의…… 3단 북카트의 맨 아랫단 가장 어두운 곳에서 키 작은 책 한 권을 선물처럼 만났다. 세로 15센티미터의 작은 몸집 때문에 숨바꼭질을 한참 동안 했다. 꼭꼭 숨었던 밤톨 같은 녀석에게 알밤이라도 한 대 먹이고 싶었지만 책을 찾았다는 반가움과 안도감에 녀석을 기쁘게 쓰다듬었다.

카프 작가에서 아나키스트로

누군가 정성 들여 이쁜 글씨체로 책 제목을 적어 책 표지처럼 붙여 두었지만 표지가 소실되었기에 사서의 마음은 편치 않다. 누더기처럼 덧붙인 표지와 달리 속지는 견뎌 낸 세월에 비해 놀라울 정도로 깨끗하고, 각 장마다 빨간 테두리로 깔끔하게 장식되어 있는 것이 눈길을 끈다. 빨간 띠를 둘러서 그런지 누런 종이에 적힌 검은 활자가 도드라져 보인다. 심지어 내용이 없는 빈 페이지에도 빨간색 테두리가 그려져 있다. 선물 포장에 두른 붉은 리본처럼 페이지를 넘길 때마다 이상하게 마음이 설렌다. 본문에도 각 행마다 붉은 점선이 쳐져 있다. 붉은색으로 인쇄된 원고지나 유년 시절에 쓰던 칸이 나뉜 공책이 생각난다. 몸집은 작지만 디자인에 신경을 많이 썼다는 느낌이다. 이런 책을 만나면 독자에게 꼭 소개해야 할 의무감을 느낀다.

하지만 책 제목 '흑방의 선물'부터 난관이다. '검은 방' 黑房은 무엇을 의미하는 걸까? 저자의 아호가 검은 별을 뜻하는 '흑성'黑星이라니 혹시 자신의 방을 가리키는 걸까? '흑방'이라는 단어가 주는 어둡고 칙칙한 밀실의 느낌이 방문 열리듯 빼꼼 열린다. 그러고 보니 '흑방'이란 단어가 들어간 또 다른 시집이 있다. 이 책이 나오기 3년 전인 1924년에 출간된 월탄 박종화의 시집 『흑방비곡』黑房秘曲이다. 당시 '흑방'이란 단어가 유행이었나? 이 시집에서 월탄은 '밀실'과 '흑방'으로 대표되는 죽음의 세계이자 관능적 탐닉의 세계인 폐쇄 공간에서 구원의 길을 찾지 못하고 도리어 미로를 헤매며 좌절을 노래했다고 한다.[35] 저자 권구현이 월탄의 영향을 받은 것은 아니었을까? 좀 더 음침한 방으로 밀려 들어가는 기분이다.

낯선 이름의 저자 권구현이 누구인지부터 알아야겠다. 한국민족문화대백과 사전에 따르면 권구현은 시인이자 미술가로 초기에는 카프KAPF(조선프롤레타리아예술동맹)에 가담하여 부르주아 예술과 형이상학을 비판했으나 곧바로 전향하여 김화산 등이 주도한 아나키스트 문학 편에 서서 카프와 논전을 펼쳤다고 한다. 역시 사전은 쉬운 글도 어렵게 만드는 재주가 있다. 잘은 모르겠지만 비판적 태도가 강한 시인이었던 것 같다.

권구현에 대한 짤막한 소개가 『조선일보』 1927년도 11월 22일 자에 실렸다. 기사의 제목은 「만화자漫畵子가 본 문인: 피리젓대 흑성 권구현」이다. 기사와 함께 모자를 쓰고 눈을 지그시 내려 깐 권구현의 캐리커처가 한 컷 실렸다. 기사에서는 그의 아호 '흑성'과 시집 『흑방의 선물』을 연결해 언급하며 권구현 사상의 경향을 짐작할 수 있을 것이라 했다. 이어지는 그에 대한 소개가 흥미로운데 그의 시에는 극단에서 유랑했던 시절의 경험으로 방랑자의 피리젓대를 통한 슬픔이 있고, 술도 잘 마시고 명창에 지지 않을 정도로 단가短歌를 잘 부른다고 칭찬했다. 여기서 피리젓대는 우리나라 전통 목관악기인 대금을 말한다. 또 연극에 출연했다면 상당한 인기를 누렸을 것이라는 말도 농담처럼 남겼다. 어딘지 자유로운 영혼의 시인, 권구현의 모습이 떠오른다.

"속일 수 없는 속살님의 고백"

머리말에서 저자는 자신의 작품관을 이렇게 정의했다. 한 작품이란 "그 시대 그 사회의 반영이라고도 보겠지만, 적어도 작자 그 자신의 생활환경에서 그려진, 즉 다시 말하면 작자의 속일 수 없는 속살님의 고백인 것만은 사실일 줄로 믿는다". 이어서 그는 "북은 두드리면 북소리밖에 안 난다. 물이야 천백 번 쥐어짜기로니 물 밖에 또 나올 것이 무엇이랴. 만일 여기에 다른 소리가 들리고 딴 물건이 나온다면 그것은 벌써 본질 그대로의 것이 아니다. 가장이다. 허위다. 여기에 생명이 있을 리 없다. 그것은 사해死骸다." 그럼에도 "우리는 우리의 생각하는 바를 그대로 발표하기에는 너무도 언어의 부족을 안 느낄 수가 없다. 누가 그의 가슴에 숨어 있는 무궁무진한 신비로운 생각을 몇십 분의 일, 몇백 분의 일이나마 넉넉히 말로써 표시할 자가 있으랴"며 아쉬워하는 동시에 "이 소책자를 소위 시집이라는 명목 하에 세상에 내어 놓기에 너무도 부끄러운 생각이다"라고 썼다. 마지막으로는 "웃음과 재담은 기쁜 자에게로 돌아가고 슬픈 자에게는 쥐어짜는 눈물만이 남는다는 이것을 미루어서 독자는 차라리 동정이 있기를 바란다"고 당부한다. 자신의 모든 걸 표현하는 데 어려움을 느꼈던 시인의 고뇌에 동참하느라 흑방의 한구석에서 한참 시간을 보낸 느낌이다.

그럼에도 불구하고 독자에게 선물로 주려 했던 내용은 무엇이었을까? 먼저 '흑방의 선물'이라는 제목 아래 단곡短曲 50편을 모아 두었고, 그 뒤로 '무주혼無主魂의 독어獨語'와 '봄꿈을 그리며'라는 장 아래 여러 편의 단곡을 모아 실었다. 『흑방의 선물』에 포함된 50편을 다 읽어 봐도, 흑방의 정체와 그곳에서의 선물이 과연 무엇을 상징하는지 여전히 오리무중이다. 단곡 50편은 전부 각 편이 6행으로 짧은 것이 특이하다. 각 구는 3-4조, 4-4조로 시조時調의 구성인 3장 6구 45자 내외의 구성을 따랐다. 제1편을 예로 들어 보자.

님 타신 망아지가 천리준총千里駿驄 안이어던
서산낙일西山落日 된 연후然後면 어이가려 취醉슴네가
온 길로 만삽거니와 가실 길이 만리萬里라오

50편의 단곡에는 님을 향한 그리움과 일편단심, 짧은 청춘과 인생, 한 많은 인생사, 인간 존재와 본성, 백발과 늙음에 대한 이야기, 죽음과 지옥에 대한 담담한 생각, 먹고 사는 이야기, 세월의 무상함, 밟으면 꿈틀한다는 굼벵이에 자신을 빗댄 풍자 등 여러 가지 사는 이야기를 담담히 노래했다. 현실과 이상 사이에서 느끼는 괴리감을 표현한 글도 다수 보인다.

현실과 이상 사이

그중에 가장 현실적이어서 충격적이라고 생각한 두 번째 단곡도 살펴보자. 님 없는 게 섧긴 하지만 그보다 더 서러운 건 먹을 밥이 없는 것이며, 한 백 년 모실 님은 잠시 그려 얻지만, 죽지 못해 하는 종질의 보수란 오직 압박뿐이라는 푸념이다.

님 없는 게 섧다 마오 밥 업는 게 더 섧데다
한백년限百年 묘실 님이야 잠시暫時 그려 엇드리만
죽지 못해 하는 종질 압박만이 보수報酬라오

시집의 뒤쪽으로 가면 정형시의 형태를 띄지 않은 시들이 등장한다. 주제도 다양하고 시의 운율도 자유롭다. 어떤 시는 시인이 전하고 싶은 말이 차마 입 밖에 내기 어려울 만큼 거칠었는지 X로 글자수를 대신 채운 시도 있다.36 '봄꿈을 그리며' 밑에 실린 시들 중에는 동경에서 지은 시인 것을 표시해 두었는데 주로 C 병원 병상에 있으면서 쓴 시다. 특히 「병상에서」는 마치 죽음을 앞두고 그리운 이를 못 만나고 세상을 떠나야 하는 서러운 마음을 잘 표현했다.

권구현 작가의 작품 경향을 한 마디로 정리하기는 쉽지 않다. 선물을 찾느라 어둔 방을 헤매다 길을 잃은 느낌이다. 어쩌면 처음부터 선물은 없었는데 어둠 속을 혼자 열심히 뒤졌는지 모르겠다. 우리의 허무한 인생을 선물을 찾아 헤매는 흑방으로 비유한 것인지. 비약하면, 헤매는 우리의 모습을 가려 줄 흑방 그 자체가 우리에게 가장 큰 선물인지도.

분명한 건 권구현 작가의 사상이 카프에서 아나키즘으로 급변했다는 것이다. 스스로도 말했듯 작가 자신의 '속살님'도 함께 변했을 것이다. 흑성 권구현에게 흑방은 그런 변화를 편리하게 잘 가려 줬을 것이다.

세계일주동화집
世界日周童話集

이정호 편
이문당
1929

동화 타고
세계 일주

『세계일주동화집』은 제본 과정에서 표지를 잃어버리지 않은 책이다. 선명하고 아름다운
삽화는 서울대 교수를 지낸 노수현 화가의 작품이다.

1920년대 마지막 책으로 어떤 책을 고를까? 1920년대를 멋지게 장식하면서 1930년대를 희망차게 맞을 만한 책을 찾고 싶다고 생각하며 이 책 저 책 뒤지다가 두꺼운 하드커버 양장본에 컬러로 프린트되어 불과 몇십 년 전 책이라 해도 손색이 없을 만한 책을 찾았다. 1929년도에 출간된 『세계일주동화집』, 출간된 지 90년이 지났지만, 신기하게도 표지의 흰 배경색이 하나도 바래지 않았다. 내가 어릴 때 읽었던 1970년대 세계명작동화책보다도 산뜻하다. 그 선명한 색감과 깨끗한 표지 때문에 최근에 다시 만든 영인본이 아닐까 앞뒤 표지를 오가며 샅샅이 살펴보았다. 하지만 붉은 천을 씌운 책등에 금색으로 박힌 책 제목이 1929년 옛 모습 그대로의 책임을 증명해 준다.

이국적인 삽화와 생기 넘치는 아이들

표지화도 수준급이다. 아이들이 입고 있는 색동저고리, 빨강 치마와 무늬가 들어간 노란색 저고리는 요새 아이들이 입어도 어색하지 않을 만큼 이쁘다. 생기 넘치는 아이들의 표정과 신나게 하늘을 나는 몸 동작은 상상력을 자극한다. 한복을 입고 세계일주를 떠난 조선 아이들이 얼마나 신기한 경험을 하게 될까? 핑크색(맞다! 핑크색이다!) 뭉게구름처럼 내 마음도 둥둥 들뜬다. 아이들은 아프리카 어느 마을에 도착하려는 듯하다. 원주민이 사는 천막이 보이고 수풀에 가리운 채 얼굴만 내민 두 흑인의 모습이 호기심을 불러 일으킨다.

　다만, 흑인의 입술이 지나치게 붉고 필요 이상으로 두꺼운 것이 특정 인종에 대한 편견으로 보여 신경이 쓰였다. 다인종 국가인 미국에서 오래 살면서 인종 편견이나 선입견에 민감해졌다. 곳곳에 날카로운 감시의 눈이 상존하기 때문이다. 실제로 2015년 교내 도서관에서 한국 만화 페스티벌을 열었을 때, '아기공룡 둘리'의 캐릭터 사진 가운데 지나치게 두껍게 묘사된 마이콜의 입술 때문에 교내 관계자로부터 지적을 받았다. 하지만 이 책이 출간된 시기가 시기인 만큼 넘어 가자.

　표지화를 그린 노수현盧壽鉉 화가는 그림 한 귀퉁이에 영어로 자신의 이니셜을 남겨 『세계일주동화집』에 이국적 감각을 더했다. 그는 1911년에 설립된 우리나라 최초의 미술학교인 서화미술회에서 그림을 배운 유명 화가이자 만화가다. 『동아일보』에는 미술기자로 기사를 썼고, 『조선일보』에는 「멍텅구리」라는 만화를 연재했다. 해방 후에는 서울대학교 미술대학 교수와 국전 심사위원 및 고문을 지냈다.37 책 속의 삽화는 우리나라 신문소설 삽화의 선구자인 안석주安碩柱 화백이 그렸다.

『세계일주동화집』은 이문당에서 1929년에 출판했고, 무려 5번째 찍어 낸 판본이다. 초판 초쇄는 대정 15년인 1926년에 나왔다. 같은 해 이미 재판을 찍었고, 3판은 다음 해 1927년에, 4판은 1928년에 연이어 찍었다. 이 책은 제목에서 알 수 있듯 우리나라 이야기를 포함, 세계 각국의 동화 31편을 간추려 모았다. 4판에 이 책을 번역하고 엮은 이정호가 붙인 발행사에서 우리말로 미처 번역되지 못한 새로운 이야기를 소개하고자 고심한 흔적을 찾아볼 수 있다.

이정호가 『어린이』 잡지사의 편집인으로 방정환과 함께 일한 인연이 있어선지 방정환 선생께 이 책의 추천사를 받았다. 방정환 선생은 "어린이 동모들께" 보내는 추천의 글에서 "나는 내가 내 손으로 짜은 것이나 다르지 않게 믿는 마음으로 이 사랑스러운 책을 여러분께 권고하고 싶다"고 했다. 이 동화 모음집은 이문당 외에 다른 출판사에서도 출간되었다. 『동아일보』에 따르면 1926년에 수은동 해영사授恩洞海英舍에서 다시 나왔다.

『조선일보』 1926년 2월 15일 자의 신간 소개에서는 이 책을 이렇게 소개했다. "세계 각국 각 민족 사이에 예적부터 내려온 이야기 한 가지씩을 추려 모은 것으로 그 짜인 순서가 세계일주의 길 차례로 되었을 뿐 아니라 각 나라 사진과 풍속 및 역사 소개가 있어 독자에게 많은 지식과 흥미를 준다"고 전했다. 책머리엔 이 같은 『조선일보』의 신간 소개 기사 외에도 『동아일보』, 『시대일보』, 『매일신보』에 소개되었던 관련 기사를 모두 모아 실었다.

30개국 동화로 세계 일주

동화를 통한 세계일주 순서가 매우 흥미롭다. 조선을 시작으로 서쪽 방향으로 중국 대륙을 거쳐, 서남아시아, 유럽과 아프리카 그리고 신대륙인 아메리카로 이어진다. 일본은 가장 가까운 이웃 나라지만 가장 멀리 돌아 마지막 여행지다. 의도한 것인지 모르겠지만 정말 일본은 가깝고도 먼 나라다.

한국 외에 세계일주에 포함된 나라는 모두 30개국, 중국, 서장西藏(티베트), 남양南洋(남양군도), 호태자리아濠太刺利亞(오스트레일리아), 인도印度, 파사波斯(페르시아 제국),

아라비아亞剌比亞, 유태猶太(이스라엘), 애급埃及(이집트), 희랍希臘(그리스), 로서아露西亞(러시아), 분란芬蘭(핀란드), 낙위諾威(노르웨이), 서전瑞典(스웨덴), 정말丁抹(덴마크), 독일獨逸, 오태리墺太利(오스트리아), 체코슬로박키(체코슬로바키아), 유고스라비아, 이태리伊太利, 불란서佛蘭西, 영국英國, 소격란蘇格蘭(스코틀랜드), 애란愛蘭(아일랜드), 아불리가阿弗利加(아프리카), 북미합중국北美合衆國, 묵서가墨西哥(멕시코), 남아미리가南亞米利加(남아메리카), 포와布哇(하와이) 그리고 일본日本이다.

목차에 적힌 각 나라의 이름이 외국어만큼 낯설다. 20세기 초 중국인의 음역을 그대로 썼기 때문이다. 독일, 이태리, 불란서, 영국 등은 지금도 사용하고 있지만, 그 외 다른 나라는 어떤 외국어보다 해독하기 힘들다. 낯선 나라 이름만 서른 개를 나열해 부르고 나니, 떠나기도 전에 언어의 장벽에 가로 막혀 지친 느낌이지만 볼 것 많은 여행에는 언제나 수고가 따르는 법. 힘을 내 목차에 소개된 동화 속으로 들어가자.

제목만 봐도 이야기를 상상할 수 있는 유태인 동화 「눈 먼 장사 삼손」, 핀란드의 「마녀와 능금」, 독일의 「개구리 왕자」, 체코슬로바키아의 「탑 속의 공주」가 있는 반면,

우리나라 동화로 소개된 「고양이와 개」는 고개를 갸웃하게 한다. 한국을 대표하는 동화로 소개되기엔 덜 알려진 이야기가 아닌가 싶다. 필자는 「호랑이와 곶감」을 기대했는데. 전래동화와 세계동화의 경계가 이미 많이 허물어진 20세기 후반에 살았던 유년의 경험 때문인지는 모르겠다. 어쩌면 유년시절 독서량이 턱없이 부족했던 필자만의 문제일지도. 마지막 이야기를 끝으로 여행이 끝났음을 알리는 뱃고동 소리가 아쉽게 들려온다.

큰 기선을 타고 태평양 너른 바다를 건너서 일본 나라의 항구인 요코하마에 내려 다시 기차를 타고 시모노세키까지 와서 다시 기선을 타고 현해탄을 건너 얼마를 오면 아! 반가운 조선의 한 귀퉁이 부산 땅이 멀리멀리 가뭇가뭇 보입니다. 세계일주 동화 여행도 이걸로 시원섭섭하게 끝났습니다. 자 여러분, 안녕히들 계십시오. 다음에 기회가 있으면 또 보겠습니다.

책의 마지막 장 227쪽에 남긴 작가 미소微笑의 끝말이다. 미소는 역·편자 이정호의 다른 이름인데 아동문학가에게 꼭 맞는 좋은 애칭이다. 책 말미에 새긴 이름을 보고

미소가 지어졌다. 동화로 세계일주를 마친 아이들의 얼굴
에도 여행에서 받은 감회와 설렘으로 환한 웃음꽃이 피었
겠지?

1930

4부

암흑기에 뿌려진 한국 문학의 씨앗

병참기지화 혹은 민족말살통치기라 불렸던 1930년대는 1931년 만주사변을 시작으로 일본 제국주의의 세계를 향한 야욕이 본격화됐다. 조선 민중을 괴롭혔던 일본 순사들에게 조선어를 가르칠 교재(『조선어교과서』)가 나올 정도로 정치적으로 엄혹한 시기였지만 그동안 축적된 출판 경험과 국한문 혼용체를 벗어나 한글 사용 안정기로 접어들며 비로소 '한국 문학'이 등장했다. 정지용(『정지용시집』), 김기림(『기상도』), 박태원(『천변풍경』)의 책들이 모두 이때 나왔다. 작가 이상도 소개했다. 하지만 소설가나 시인이 아니라 김기림의 시집을 만든 '북디자이너'로서다. 고립되고 무기력한 개인이 등장하는 당시 소설은 오랜 식민지 경험이 낳은 패배주의로 보이지만 역설적이게도 풍부한 문학적 토양이 되었다. 문학잡지에 하나의 제목 아래 이름을 감춘 소설가들이 이어달리기 하듯 연재한 소설을 묶은 『파경』은 지금 봐도 새로운 시도이고, 개인의 구원을 그린 종교시집(『주의 승

1939

리』), 현대에도 출간이 드문 희곡집 『호반의 비가』는 다채로움의 증거다.

제국주의 국가들이 식민지배 과정에서 끝없는 저항을 맞닥뜨리던 이 시기, 이여성의 『약소민족운동의 전망』은 다른 약소국의 상황을 통해 우리 현실을 일깨우고 미래를 전망하게 했다. 조선 역사를 다룬 소설들은 신문 연재 등을 통해 대중적 인기를 끌었는데, 가장 가까운 근대를 다룬 『청년 김옥균』은 당대성이 두드러진 작품이다. 다른 나라와 과거 역사를 통해 우리 민족의 운명을 가늠하고 싶었던 걸까?

어린이를 위한 동시 동요집(『색진주』, 『동요집 능금』) 출간이 활발했던 것을 보면, 미래에 대한 희망을 잃지 않으려 한 것 같다. 우리나라 구전민요를 집대성했으나 출판할 곳을 찾지 못해 떠돌다 일본 출판사의 도움으로 겨우 출간한 김소운의 『언문조선구전민요집』은 알찬 내용뿐 아니라 견고하고 품위 있는 장정이 돋보여서 괜히 미안해지는 책이다. 이런 역설은 만주사변과 독립운동 등으로 만주로 강제이주한 역사를 낭만으로 포장한 시집(『이국녀』)으로도 남았다. 개개인의 변화로 민족의 운명을 바꾸고자 했던 흥사단의 이념을 담은 책 『흥사단』은 여러 사람이 일일이 직접 써 등사기로 찍어 낸 책의 모양이 전쟁물자 수탈이 극에 달한 막바지 식민지 조국과 닮아 애처롭다.

약소민족운동의 전망
弱小民族運動의 展望

이여성
세광사
1931

피억압자의
해방운동은 지금도
계속된다

우리 복식사와 미술사를 전문적으로 연구했던 이여성은 약소민족들의 독립운동에
관심이 많았다. 『약소민족운동의 전망』은 필리핀을 비롯, 인도, 이집트, 베트남, 이스라엘 등
총 5개국의 독립운동과 민족정신을 담고 있다.

우리나라 최초의 역사화를 그린 화가가 약소국의 해방운동에 관한 책을 썼다? 이 책의 저자 이여성李如星은 역사에 관해서라면 글과 그림 모두에 능했다. 그의 관심은 상고시대부터 한국 복식사에 대한 연구와 고증으로 이어져『조선복식고』朝鮮服飾考와『조선복색원류고』朝鮮服色原流考를 저술했으며, 더 나아가『조선미술사 개요』와『조선건축미술의 연구』까지 집필했다. 일제강점기에는『동아일보』기자로 활동했으며, 지인들과 함께 세광사라는 출판사를 만들어 책을 냈다. 세광사에서 펴낸 공저 중에는 재미난 통계 책, 『숫자조선연구』數字朝鮮硏究도 보인다. 총 5권에 달하는 책으로 무려 4년간 해마다 펴냄으로써, 일제강점기 조선을 숫자로 이해하는 데 귀한 자료가 되었다. 지금까지 연구에 자주 인용되는 통계용 참고도서다.

학자, 언론인, 정치가 등 다양한 이력

한 사람의 이력이 이렇게도 다채로울 수 있을까? 한 우물을 파서 한 분야에서 성공하기도 쉽지 않은데, 운명은 이름 따라간다던가. 이여성李如星은 별처럼 빛나는 이력을 많이 남겼다. 정치인, 언론인, 화가, 민족운동가, 학자, 김일성

종합대학 교수와 북한 최고인민회의 대의원까지 포함하면 이여성의 이력은 더욱 화려해진다.

그의 가족력도 화려하긴 마찬가지. 이여성은 경북 칠곡 대지주의 장남으로 태어나 유복한 어린 시절을 보냈다. 어느 일간지에 실린 글에 따르면, 만석꾼 아버지의 집에는 테니스 코트까지 있었다고 한다.[1] 일찍부터 신식 교육을 받았을 뿐 아니라, 진보적 사회활동을 하던 친구들의 물주 노릇을 할 수 있었던 것도 부유한 집안 덕분이었다. 이여성의 집안에는 또 한 명의 화가가 있다. 푸른색 도포 자락을 휘날리는 '두루마기를 입은 자화상'으로 일반에게도 널리 알려진 화가 이쾌대가 이여성의 동생이다.

이쾌대는 주로 인물화를 많이 그렸는데, 형의 초상화도 남겨 이여성의 얼굴을 짐작해 볼 수 있다. 한복 차림에 한쪽 손으로 안경 쓴 얼굴을 괴고 책상 앞에 앉아 책에 몰두하고 있는 모습이다. 평소에 동생 이쾌대가 보아 왔던 학자로서의 형의 모습이다. 동생 이쾌대의 작품은 현존하는 것이 많아 아직도 감상이 가능한 반면, 아쉽게도 형 이여성의 그림은 '격구도'擊毬圖 외에 모두 소실되어 기록이나 사진으로만 존재한다. 이여성은 철저한 고증을 바탕으로 풍속화를 그려 민족문화를 후대에 계승하고 보전하기를 원했는데, 그의 뜻이 이뤄지지 못한 것은 어떤 이유로든 애석한 일이다.

다행히도 그가 집필한 저서는 모두 현존한다. 워싱턴 대학교에도 여러 권이 있다. 그의 단행본 초기작이라고 할 수 있는 1931년도 『약소민족운동의 전망』과 김세용과 함께 출간한 1931~1935년 『숫자조선연구』 제3~5집 그리고 해방 후 1947년 간행된 『조선복식고』를 소장하고 있다. 그 중에서 비교적 세상에 덜 알려진 책 『약소민족운동의 전망』을 소개하는 이유는 1930년대 시대적 소명에 부합하는 책이자 약소민족운동 연구의 일인자였던 이여성의 활약을 알리고, 사회주의자였던 이여성이 구상했던 민족해방 운동은 어떤 것이었는지 엿보기 위해서다.

이여성의 약소민족에 대한 연구는 1929년도 1월 1일자 『조선일보』에 기고한 「비율빈比律賓의 과거와 현재」로 거슬러 올라간다. 그가 가장 먼저 관심을 갖고 소개한 약소민족은 미국의 식민지였던 비율빈, 즉 필리핀이었다. 이어 영국 식민지 인도와 이집트, 프랑스 식민지 베트남을 비롯해 유태인 시오니즘 등 세계 각국의 민족운동에 관심을 가졌다. 저자는 조국의 항일운동에 몸담고 있으면서 오랜 기간 세계정세를 면밀히 주시해 왔다. 특히 강대국의 식민지인 약소민족이 벌이는 독립운동과 그들의 민족정신을 신문지상과 잡지 및 단행본의 출간을 통해 꾸준히 소개하고 발표했다. 이여성이 연구한 약소민족은 총 15개 민족에 달한다.[2]

인종 문제까지 담은 약소민족운동

『약소민족운동의 전망』은 『조선일보』에 1931년 1월 1일부터 2월 1일까지 연재했던 원고를 모아 엮은 것으로 독립이나 자치를 달성했거나 맹렬하게 독립운동을 벌인 국가들 가운데 인도, 이집트, 이스라엘, 필리핀, 베트남의 민족운동에 대해 상세하게 서술했다. 아프카니스탄 및 기타 수개 국을 다 넣지 못한 것은 유감이라고 저자는 서문에 적고 있다. 그는 "약소민족운동은 계급운동과 아울러 현대 세계인의 중대한 정치적 과제임으로 그것을 연구하는 것은 현대인의 책무"라며 "만일이라도 이 소책자로 이 방면 연구를 얼마라도 자극하고 촉진하게 된다면 다행"이라는 바람 또한 전했다.

책의 목차를 살펴보면 유태인의 '시오니즘'을 시작으로 총 5장에 걸쳐 앞서 말한 다섯 국가의 민족운동의 역사를 살피고 전망을 내놨다. 눈길을 끈 것은 6장의 미국 내 백인과 흑인 간의 인종 및 계급 문제도 약소민족운동의 범주에 넣었다는 점이다. 저자 이여성은 미국 내 흑인 역사를 비교적 자세히 서술하며 재미 흑인 문제의 중요성과 그들의 운동 및 전망에 대해 논했다.

인종 갈등의 문제는 아직도 현재진행중인 과제라 좀 더 관심이 갔다. 저자는 문제의 원인으로 흑인 내부 문제를 먼저 지적했다. 흑인의 활동을 방해한 요인으로 백인의 우월을 맹신하며 흑인의 기생을 유일하고 안전한 방편으로 아는 숙명론적인 자기부정을 꼽으며 이를 신랄하게 비판했다. 아울러, 미국 내 흑인들이 단결하기 힘든 요인으로 백인과 흑인 사이에서 태어난 '멀라트'(뮬라토)를 콕 집어서 그들이 인종차별을 피해 주로 부계인 백인계를 따르고자 한 것이 흑인의 단결을 어렵게 했다고 진단했다. 눈에 보이는 두 세력 간의 갈등보다 내부 문제를 먼저 제기한 것이 의아하지만 우선 내부의 취약점을 찾아 개선하고자 했던 의도로 해석된다.

지금 이 책에 언급되었던 나라들은 모두 독립을 이루었지만, 인종 문제만큼은 책 출간 이후 무려 90년이 지나 미국에서 흑인이 대통령으로 선출되는 시대를 맞고도 아직까지 완전히 해결하지 못한 문제로 남아 있다. 백인 경찰에 의해 무고한 흑인들이 목숨을 잃는 일이 여전히 벌어지고 인종 간 증오로 인한 총기 사고가 하루가 멀다고 발생한다. 트럼프 집권기 동안 백인 우월주의가 수면 위로 버젓이 등장해 횡행한 것을 보면 인간 본성에 회의마저 든다. 저자가 살았던 1930년대의 이야기가 먼 과거의 이야기가 아닌 오늘 내가 살고 있는 곳 문 밖에서 일어나는 이야기처럼 들리는 이유다.

조선의 식민지 문제 해결을 위해

이여성이 약소민족에 지대한 관심을 가졌던 근본적인 이유는 식민지 조선의 문제를 해결하기 위해서였다. 그는 약소민족운동의 전제를 제국주의 대 약소민족의 대결구도로 보았고, 약소민족 구성원 전체의 단결을 지향하며, 분열 행위에 대해서는 무엇보다 가혹하게 비판했다.

저자 이여성은 그토록 염원했던 조선의 해방을 목격했고, 해방 직후 여운형이 조직한 조선인민당에 참여해 민족 국가를 세우려 애쓰다 월북했다. 함께 일했던 여운형이 암살되고 남한에서 중도 좌파에 대한 탄압으로 활동할 공간을 잃으면서 북한이 오히려 학문의 자유를 보장하리라 생각해 월북을 택했다. 월북 후에는 정치 일선에 나서기 보다는[3] 조선 미술사와 건축사 등 학술 연구와 저술에 매진했다. 하지만 그가 택한 어디에도 치우지지 않은 중도 좌파의 길은 남에서도, 북에서도 환영 받지 못했다.

해방을 맞이하고 하나가 아닌 두 개의 나라를 세웠건만, 아직도 약소민족의 형세는 그대로다. 한반도라는 불리한 지형에 묶여 이해관계로 얽힌 세계 열강의 틈바구니에서 벗어나긴 힘들었던 모양이다. 여전히 남북 간의 대화도, 이웃 나라와의 외교도 뭐 하나 뜻대로 되지 않는다. 요즘은 한반도 반쪽마저도 정치적 입장 차이로 찢겨 있으니 이여성이 그토록 바랐던 민족 단결은 언제쯤 이룰 수 있을까?

이여성이 살아 대한민국의 현재를 본다면 어떤 전망을 내놨을까? 책을 뒤지며 그의 생각을 물어도 그는 아무말이 없다. 이여성이 그토록 바라던 우리 민족의 모습은 이런 모습은 아니었을 텐데. 글로 적지 않은 그의 생각을 혹시 그의 그림에서 찾아볼 수 있지 않을까? 북한에서 말년을 보낸 그가 어떤 그림을 그렸을지 궁금해지는 이유다.

조선어교과서
朝鮮語教科書

조선총독부 경찰관강습소 편
무성회
1933

조선 민중을 가까이에서 만나는 순사들을 대상으로 한 『조선어교과서』는 순사 업무 현장을
중심으로 구성된 회화 교재다.

아이 울음이나 떼를 멈추기 위해 "순사 온다"는 말을 써먹던 시절이 있다. 드라마나 영화를 통해 우리도 일제강점기 극악무도한 순사의 이미지를 잘 알고 있다. 무고한 조선인들을 무자비하게 다루거나 독립운동가들을 고문하는 악역으로 우리에게 각인되어 있다. 예전 드라마 『각시탈』에 나왔던 이강토 같은 인물이 일제강점기 거리를 활보했던 전형적 순사의 모습이다. 드라마 속 이강토는 조선인이라 조선말을 따로 배울 필요가 없었지만, 일본 순사들은 조선 민중을 보다 효율적으로 관리하고 통치하기 위해 조선어를 배워야 했다. 그들을 위해 특별 제작된 한글 교재가, 바로 1933년 조선총독부 경찰관강습소에서 편찬한 『조선어 교과서』다. 출간은 조선총독부 산하 경찰관강습소 내 무성회無聲會에서 '소리소문도 없이' 진행됐다.

감찰과 단속과 점검의 대화들

『조선어교과서』가 일본인, 그것도 일본인 순사 대상의 한글 교재라는데 이목이 쏠린다. 어떤 말들을 배웠을지 궁금해서 지루한 기본 문법을 건너뛰고, 책 중간의 회화편으로 직행했다. 회화편은 제 34과 '조석 인사'로 시작해 제 59과

'의복'에 이르기까지 다양한 상황을 재현해 만들었다. 주로 순사 교습생들이 공무를 수행할 때 필요한 대화들이다. 순찰할 때, 호구조사를 시행하면서, 영업 감찰은 어떻게 하는지, 교통 정리를 하고 지도를 보고, 길거리의 마차와 시장을 단속하며, 숙박업소를 점검하고, 영업정지를 시키며, 청결법을 가르치는 등의 대화가 나온다. 주제에 맞춰 일본인 순사와 조선인이 나눌 법한 대화들이 마치 드라마 대본 같다.

한 예로 기생집에 영업 감찰을 나온 순사와의 대화다. 냉엄한 질문에 이어지는 날카로운 지시가 집요하다. 일본 순사의 모습이 몇 마디 대화만으로도 드라마 장면처럼 펼쳐지지 않는가?(언어 교재임을 감안해 책에 있는 1930년대 맞춤법과 철자법을 그대로 옮겼다.)

제2편 제45과 영업감찰 (3)

1. 이 집은 언제 곳첫소
2. 한두어 달 가량 됩니다.
3. 웨 허가를 얻지도 안코 하얏소
4. 잘못되엿습니다. 이번만 용서하여 주십시오
5. 려관 허가를 얻지 안코 손(손님)을 재우면 안되오

6. 음식 그릇에는 뚜껑을 반다시 덮으시오

7. 유리로 만든 양등은 쓰지 마시오

8. 뒤깐이 비가 새니 곳 수리하시오

9. 파리가 만으니 잡도록 하오

10. 암만 잡어도 근처에서 모여드니 할 수 업서요

11. 쓸어기통(쓰레기통)이 덜러우닛가 그럿치오

12. 설비가 완전치 못하오

13. 될 수 잇난대로 개량하겟습니다

14. 속히 하지 아니하면 영업정지를 당하오

15. 불원간에 또 오겟스니 그때까지 잘 설비해노시오

16. 이것은 상하얏스니 팔지 마오

17. 음식점과 료리집에는 기생을 재우지 못한 법이오

18. 손님 물건이 업서진 때는 곳 신고하여야 하오

19. 고용인의 건강진단서를 제출하시오

위 대화에서 알 수 있듯 일제시대에는 순사들이 일일이 시찰을 다니며 서민들 삶 깊숙이 들어와 있었다. 선하게 쓰이면 유익한 공공서비스였겠지만 악용하려 들면 서민들을 얼마든지 괴롭힐 빌미가 될 수 있었다. 어찌 되었든 순사들은 회화와 함께 조선어 문법과 어법에 대해서도 배웠다.

언어 소통 대신 폭력 행사

교재의 본문을 살펴보면, 제1편 제1장 '언문'이라는 제목 아래 자모, 초·중·종성, 음절 및 언문반절도, 단어, 단문 등을 익힐 수 있도록 총 10과로 구성돼 있고, 제1편 제2장 의 어법은 11과부터 33과까지 각각의 품사와 그에 따른 문법 사항 및 연음과 자음동화, 두음법칙 등의 음운 변동을 설명했다.

문법과 회화편까지 합쳐 총 162쪽인데, 여기에 부록 으로 85쪽짜리 단어장을 수록했다. 각각 천문, 지리, 인족, 신체, 의복, 음식, 가정가구, 병원, 의료, 직업, 상업, 풍속, 정치, 관직, 법정, 종교, 사상, 감정, 주의, 군사, 동·식·광 물 등 18가지 주제별로 자주 사용하는 어휘들을 따로 모았 다. 족히 5천 단어는 돼 보이는데 어휘 향상에 꽤 유용했을 것 같다. 일본인을 위해 만들어진 교재인지라 모든 설명은 일본어로 되어 있다. 일러두기에 따르면, 표준어인 경성어 와 신철자법의 규범을 따라 만들어진 이 교재는 조선총독 부 순사가 될 교습생들이 4개월 코스로 학습할 수 있다.

4개월 안에 조선어를 다 배우기에는 역부족이었던지, 유독 순사와 관련된 옛날 신문 기사 중에는 순사들의 폭언과 폭행 사건을 다룬 것이 많다. 한 기사에 의하면 세살배기 아이를 달래려고 '아이구 되놈(함경도 사투리로 무서운 것을 말할 때 쓰는 말)이 왔다'는 말을 했다가 자신에게 욕을 했다고 생각한 순사가 아기 엄마를 그 자리에서 총살한 끔찍한 경우도 있었다. 언어 소통의 어려움이 무고한 인명 사고로 이어진 것이다.[4] 다른 기사에는 광화문통에 있는 총독부 경찰관강습소의 순사 강습생 다섯 명이 술에 취해 지나가는 조선 사람의 손목을 잡아 끌며 어디 가서 술이나 한 잔 먹자고 하였다가 그 조선인이 술을 먹을 줄 모른다고 하자, 강습소 순사들은 '바가야로'를 연방 부르며 그의 뺨을 때리고 나중엔 칼로 찌르는 등 폭행했다고 기록했다.[5]

술 먹자고 길 가는 사람에게 달려드는 순사가 있다는 얘기는 난생 처음 듣는다. 아무리 순사 강습생이라지만, 이런 몹쓸 인간 안 잡아가고 진짜 순사들은 어디에서 뭘 했나 모르겠다. 술 못 먹는다고 뿌리치는 행인의 말을 행여나 못 알아들었다고 변명을 늘어놓았을까? 그렇다면 저들이 이 좋은 교재를 두고도 공부를 게을리한 것이겠지만 알아듣고도 이런 악행을 저지른 것이라면, 그들의 폭력이 단지 언어 소통으로 인한 문제는 아닐 것이다. 만약 그렇다면 '바가야로'는 저들 스스로를 지칭하는 말이 아니고 무엇이랴?

세태에 맞는 조선어독본

"이제 훈련 중인 올챙이 순사가 개구리 순사가 되면 얼마나 더 포악해지겠는가?" 이 냉소 섞인 한탄의 말은 앞의 사건을 보도한 신문 기사 문장 그대로다. 이것만 봐도 순사들의 횡포와 그들에 대한 일반 조선인의 인식이 어떠했는지 자명하다. "금년이 호랑이 해가 되어서 그런지 각 지방 순사들이 폭행을 연초부터 시작한다"는 병인년 1926년도 어느 신문 만평에서는 순사가 술이 취해 문을 더디 연다고 주인의 뺨을 치고 김치 쪼가리로 얼굴을 때렸다고 한다. 엉터리 희극 한 편을 보는 듯하나 억울하게 당한 조선인을 생각하니 고추가루 범벅인 열무 김치 쪼가리로 더 세게 맞받아 때려 주고 싶다.

당시 일본 순사 관련 기사들을 찾다 보니 이 『조선어 교과서』 교재의 수정 증보판 발행이 절실하다. 일본 순사의 폭악을 막기 위해서라도 새로운 단원 몇 가지는 꼭 추가로 넣어야겠다. 첫째는 술 먹고 주정부리는 순사와 선량한 조선인의 대화이고, 둘째는 지방 사투리와 방언이다. 못난 올챙이 일본 순사들에게 정말 필요했던 회화와 어휘들이다. 진작 가르쳐 주지 못해서 미안하다. 아, 한 가지 단어장에 추가해야 할 어휘도 있다. 누구나 언어는 욕부터 배운다는데 일본 순사들은 조선말로 된 욕도 하나 못 배운 듯하니, 상스러운 일본어 '바가야로' 대신 구수한 우리네 욕지거리도 가르쳐 주자.

언문 조선구전민요집
諺文 朝鮮口傳民謠集

김소운
제일서방
1933

"민족이 있는 곳에
민요가 있다"

조선에서 출간할 곳을 찾지 못해 일본에서 어렵사리 출간된 『언문 조선구전민요집』에는
모두 2300편이 넘는 구전민요가 담겨 있다.

1930년대로 넘어오니 책 장정이 사
뭇 달라졌다. 새빨간 하드커버 양장
본에 무려 685쪽, 책의 판형도 현대
의 신국판과 비슷한 가로 16센티미
터에 세로 21센티미터로 큼지막하
다. 영세했던 출판업이 갑자기 혁혁
한 발전과 성공을 몇 해 만에 이룬 것
인가? 책의 비범한 자태는 여기서 끝
나지 않는다. 자신의 존재를 알리듯
책에서 자꾸 빛이 난다. 여기서 번쩍

저기서 번쩍거려서 자세히 살펴보니 성경책처럼 종잇장
가장자리에 금박이 발라져 있다. 삼면 모두는 아니지만 책
등에 새긴 정교한 금색 활자와 함께 책의 존재감을 알린다.

딱 세 권 팔린 책

활자 역시 이제까지의 투박한 활자와 달리 빨간 비단에 한
땀 한 땀 수를 놓은 금실처럼 수려하다. 표지를 넘기자 출
간된 지 몇 해 되지 않은 책처럼 속 종이가 반듯하고 가지
런하다. 옛날 온돌방 바닥에 바르던 기름 먹은 장판지처럼

맨들맨들해서 손가락이 책장에 닿자 미끄러진다. 제본 덕분인지 그 많은 종이들이 한 치의 흐트러짐 없이 단단하게 묶여 있다. 조용히 누군가 자신의 페이지를 넘겨주기를 기다리는 모습으로.

도대체 어느 출판사에서 이렇게 멋진 장정을 만들었을까 궁금해 판권지를 뒤졌다. 하지만 아쉽게도 판권지 자체가 존재하지 않았다. 찢기거나 누락되었다기보다 출간 당시 아예 판권지를 넣지 않은 것 같다. 대신 표제지에 동경의 '제일서방'第一書房에서 간행했다고 큼직하게 써넣었다. 이 책은 국내 출판업자들이 출간을 거절해 일본 동경의 출판사에서 발간했다는데, 그럼에도 불구하고 국문으로 간행한 것은 주목할 만한 일이다.6

한국 출판사들이 출간을 마다했던 이유는 무엇이었을까? 책이 너무 두꺼워서? 아무리 이유를 찾아보려 해도 쉽게 찾아지지 않았다. 일본 출판전문가인 하세가와 이쿠오長谷川郁夫 씨가 쓴 '제일서방(다이이치 쇼보)' 관련 책을 뒤졌더니 이 책에 대한 언급이 있었지만 국내 출판사에서 출판 거부를 당했던 이유에 대해서는 뚜렷한 설명이 없다. 단지 일본 동경 내에서도 한글 활자를 인쇄할 수 있는 인쇄소가 한 곳밖에 없어 부족한 활자 자모를 모아 만들었다는 이야기와 그로 인해 지형紙型을 뜨는 데만도 6개월 이상 걸렸다고 전할 뿐이다.[7] 저자 김소운이 1931년 8월에 머리말을 썼지만 정작 책 출간은 1933년에 이뤄지게 된 이유다. 제일서방출판사에 관한 소소한 기록 가운데는 이 책과 관련한 몇 가지 에피소드도 나온다. 제일서방의 하세가와 미노기치長谷川巳之吉 대표는 이 책의 서문만이라도 일본어로 쓰면 좋겠다고 제안했지만 김소운은 가타카나 하나 없는 순 한글로 출판하기를 고집했다고 한다. 책이 3권밖에 팔리지 않았다는 하세가와 씨의 서신이 있는가 하면, 조선의 이왕가李王家에서 책을 어느 정도 구입했다는 에피소드도 담겼다. 동경에서나마 어렵사리 세상의 빛을 본 이 책은 출판사와의 친분으로 다리를 놔준 일본인 교오송 츠치다土田杏村 씨의 도움 없이는 출간이 불가능했다. 김소운도 서문 말미에 이분께 특별한 감사를 전했다.

어쩐지 장정에서 풍기는 세련된 분위기가 조선총독부에서 발행했던 다른 일본책들과 비슷하다고 생각했는데, 역시 일본의 한 발 앞선 인쇄술 덕분이었다. 당시 한국 출판 제작기술이 현격하게 성장한 덕분이 아닐까 기대했다가 결국 씁쓸하게 입맛만 다시는 꼴이 되었다. 하지만 외형이 문제가 아니라 이 책이 우리나라 구전민요 총 2375편을 집대성했다는 점에서 그 중요성은 실로 크다. 비록 조선 땅에서 우리 손으로 이뤄 내진 못했지만.

조선의 마음이 스민 2375편의 민요

편자 김소운과 일본의 관계는 밀접하다. 김소운은 어린 나이에 일본으로 가서 한국의 민요, 동요와 시를 일본어로 번역해 소개했다. 일본에 한국문학을 번역해 알리고 소개한 것은 그의 큰 공헌이다. 김소운은 수필가로도 유명하다. 이 책보다 훨씬 뒤인 1952년에 출간된 『목근통신』木槿通信이라는 장편 수필은 국내 대학 수업에서 자주 읽히는 명문이다. 일본에 34년 동안 체류했던 저자가 '일본에 보내는 편지' 형식으로 쓴 글로 우리나라 사람들이 일본인으로부터 받은 모멸과 학대에 대한 항의, 일본인의 습성 속에 배어 있는 허위와 약점에 대한 예리한 지적 및 우리나라에 대한 깊은 애정과 연민을 주로 담았다.[8]

　　『조선구전민요집』 머리말 첫 문장은 "민족이 있는 곳에 반드시 민요가 있다"고 시작한다. 김소운의 우리 민족에 대한 뿌리 깊은 애정이 느껴진다. 그가 생각하는 민요란 "마늘 먹은 입에서 마늘 냄새가 나는 것"과 같고, "벌거숭이로 자라는 야생아野生兒"이며, "민요를 두고 기품을 운함은 어리석"지만, "정통의 민요와 항간의 속가俗歌와는 그 류가 다르다"고도 정의했다. 이어서 그는 "민요는 자체 그대로가 '노래'이다. 형식과 정신이 한 가지로 '노래'로 된 것"이며, "노래인 이상 율조를 떠날 수 없고 산문적 자유시일 수도 없다"고 피력했다. 또한 몇 천 년 동안 전해 내려온 구전 민요 2375편에 "조선의 마음"이 스며 있음을 강조했다. 편자는 민요의 가치는 시의 척도를 넘어서 민간 습속이나 방언의 이동, 혹은 시대 문물의 추이 등의 연구 자료로도 쓰일 수 있다고 지적했다.

이 책에 수집된 자료 대부분은 김소운이 『매일신보』학예면 기자로 일할 당시 독자를 통해 채집했다. 여기에 일본어로 번역된 『조선민요집』의 내용도 포함했다. 방대한 양의 민요를 도 단위 지역별로 크게 나눈 뒤에, 도시로 다시 소구분해서 정리했다. 경기도 경성의 「달내달내」를 1번으로 함경북도 길주의 「여우미여」로 2147번까지 정리한 뒤, 보유편에 228편을 담아 총 2375편을 엮었다. 제주도만 빼고 팔도의 구전민요를 거의 정리한 셈이다.

책 말미에는 가나다 순의 '관사'冠詞 색인을 만들어 민요의 첫 구절로 검색할 수 있도록 했다. 민요 채집자의 거주지와 성명을 일일이 기입해 자료의 취득 경로를 명확히 했는데, 조선민요 연구의 초석을 놓고 기반을 다지는 데 큰 공헌을 했다. 지금 시대에 참고도서로 사용해도 손색이 없을 정도다. 방대한 양에 자세한 출처, 색인까지 잘 만들어진 양질의 책을 대하는 마음은 1933년에나 지금이나 똑같은가 보다. 1933년도 『동아일보』9에 소설가 박태원이 쓴 서평을 보면, 젊은 나이에 아무도 관심 없던 구전민요를 채집하러 다녔던 편자 김소운의 노고와 제일서방 간행자의 희생에 대해 세세하게 전하며 치하했다. 이 기사를 통해 왜 이 책이 한국에서는 출판을 하지 못하고 일본으로까지 가야 했는지도 어느 정도 짐작할 수 있게 되었다.

계약을 했던 경성의 어느 서포書鋪는 경제적 파국 때문에 불가능해졌고, 사비를 들여 도와주겠다던 개인은 마지막 순간에 외면했으며, 주변 지인들은 이런 참고서적의 출간은 불가능하다며 비웃었다. 결국 그는 한국에서의 출간을 단념하고 밀감 상자에 초고를 넣어 일본으로 떠났다. 하지만 일본에서도 쉽지만은 않았다. 밤낮으로 여러 출판사를 다니며 제안을 했지만, 성과가 그리 좋지 않았던 모양이다. 하루 종일 다니다 예기치 않은 소낙비를 맞고 집에 돌아와 불 꺼진 방에 쓰러져 절망하며 한숨 짓던 김소운에 대해서도 박태원은 썼다.

이런 절망 가운데 있던 김소운에게 일본어가 한 글자도 들어가지 않은 조선의 구전민요책을 세상에 내놓을 수 있도록 비용과 희생을 아끼지 않았던 일본의 제일서방출판사는 은인이나 다를 바 없었다. 박태원은 여기에 감복해 영구히 감사를 전한다는 글을 신문에 남겼다. 필자의 마음도 그와 같다. 남의 나라 민요지만, 보배를 알아봐 준 제일서방의 안목에 "제일서방 제일입니다!"를 크게 외쳐 주고 싶다.

애태우고 마음 졸이던 책의 출간

『동아일보』뿐 아니라 『조선일보』에도 출간되자마자 소개 기사가 난 것을 보면 비록 일본에서 출간되었지만, 한국에서도 이 책에 대한 관심이 높았던 것 같다. 1939년도에는 비록 160페이지의 축약본이긴 하지만 경성의 박문서관에서 김소운의 『구전민요선』을 출간하기도 했다.

수록된 구전 민요 중에 누구나 들어 봤을 법한 노래를 한 편 소개해 보자. 제 358-359편으로 실린 전라북도 전주의 방귀 민요 두 편이다.

싀아버지 방구는 호령방구

싀어머니 방구는 요망방구

서방님 방구는 붓끄*럼방구

시악씨 방구는 도독방구

머슴방구는 대포방구

방구방구 나간다

오가리때*가리 밧처라

먹을 것은 업서도

냄세나 마타라

뽕*

(*원본에 고어로 철자 표기)

　방구를 시원하게 뀐 것 마냥 애태우고 마음 졸이다 이
책의 출간을 이룬 김소운의 속이 얼마나 시원했을까 싶다.
덕분에 이 책을 만날 수 있었던 내 마음까지 시원하다.

색진주 色眞珠

박기혁 편
활문사
1933

발랄한
생명의 샘

낡고 상해서 존재감이 희미하지만 사람들 손을 많이 탄 듯 부드러워진 『색진주』는
생명력이 충만하다. 이름 없는 소년 문사들과 기존 문인들의 동시, 번역 동시 등을 간단한
평과 함께 실었다.

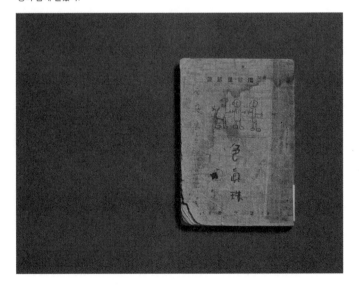

가로 10.5센티미터와 세로 14.5센티미터의 손바닥보다 작은 책이다. 작다고 이 책을 그냥 넘어가기엔 마치 어린이를 무시하는 어른의 작태가 될까 두렵다. 손바닥에 올려 놓으니, 작고 병든 새 한 마리가 앉은 듯 처량하다. 이 작은 몸으로 과연 날 수 있을까? 날더라도 멀리 가지 못하고 그만 주저앉을 듯한 작은 새 같은 『색진주』는 한국에서도 소장하고 있는 도서관이 드물고, 온라인 경매의 매물조차 헐값이다. 나라도 이 책이 다시 날갯짓을 할 수 있도록 소개하고자 한다.

오랜 기간 읽혀 부드러워진 책장

가장 먼저 눈에 띄는 것은 책 겉표지의 올록볼록한 요철이다. 누렇게 색이 바래서 무심코 보면 표지의 돋을무늬가 눈에 잘 띄지 않는다. 원래는 볼록한 부분이 좀 더 밝은 색이었지만, 지금은 그 부분에 세월의 때가 묻어 짙은 색으로 변색했다. 산화까지 겹쳐 처음의 원색은 알아보기조차 힘들다. 설상가상 물에 젖었던 흔적이 표지의 절반 이상 얼룩을 남겼다. 아픈 작은 새가 거센 비바람까지 맞아 만신창이가 된 듯하다. 뒤표지는 앞표지보다 조금 나아 종이 질감을 좀 더 느낄 수 있다. 그런 느낌도 잠시, 오른쪽 책등에 누군가 플라스틱 테이프를 두껍게 붙였다. 종잇장이 떨어져 나갈까 봐 책등을 고정시키느라 붙인 것이겠지만, 책에 붙이는 접착제가 책을 보존하기보단 훼손한다는 것을 몰랐던 모양이다. 심술궂은 놀부에게 다리를 꺾이고 붕대를 감은 듯 억지스럽다.

책마다 손에 들어와 안기는 느낌이 다른데, 외관과 달리 이 책은 손에 감겨오는 느낌에서 이상한 생명력이 전해진다. 마치 귀여운 새끼 강아지 한 마리가 꼬리를 흔들며 달려들어 손바닥을 정신없이 핥는 느낌이랄까? 손에 닿는 책배冊背가 보들보들한 강아지 털처럼 마냥 부드럽다. 그 감촉이 좋아 자꾸만 책장을 만지며 넘기게 된다. 분명 여러 명의 손을 거쳐 수십 번 오랜 기간 읽혔던 책에서만 느낄 수 있는, 책배의 따뜻한 부드러움이다. 왼쪽 하단으로는 책장 모서리가 모조리 접혀 있다. 이런 책을 두고 영어로 'dog-eared'(개의 접혀진 귀처럼 오랜 기간에 걸쳐 닳았다는 의미)라고 표현하는데, 이 책과 함께 떠오른 강아지의 이미지와 잘 맞아 떨어진다.

표지 이야기는 아직 끝나지 않았다. 이 책이 별 볼일 없는 책처럼 느껴졌던 이유는 낙서처럼 그려진 표지화 때

문이었다. 매우 단순화시켜 그린 세 명의 아이들이 양 팔을
벌려 손을 잡고 있는데, 붉은색 펜으로 대충 그린 듯한 그
림에 낙서하듯 '색진주'色眞珠라는 제목을 얹었다. 책 제목에
붉은색으로 누군가 덧칠한 것이 아닐까 의심이 갔지만, 온
라인에 올라와 있는 다른 책도 같은 걸 보니 원본 그대로인
듯하다.

비평과 감상을 곁들인 동요집

『색진주』는 제목과 표지 그림에서 짐작할 수 있듯 어린이
동요집이다. 표지에서는 흐릿하던 '비평부감상동요집'批評
附鑑賞動搖集이란 부제가 다음 페이지에 가면 확연해진다. 비
평과 감상이 들어간 동요집이란 뜻이다. 제1편에서는 동
요 총 80편에 간단한 비평을 덧붙여 놓았는데, 이 동요들
은 '우리 어린 소년·소녀들의 짜내인 동요'라고 소제목을
달았다. 하지만 동요를 쓴 소년 문사文士의 이름은 밝히지
않았다. 표지 그림도 이들 어린 소년 소녀 가운데 한 명이
그린 그림이 아닐까 싶다. 제2편은 '우리 시인들의 아름다
운 노래'로 한정동, 정지용, 방정환, 정열모, 유지영, 윤극
영 등 기성 작가의 동요 20편을 모았다. 제3편에는 '우리의

자랑거리인 고래古來의 대표적 동요' 14편을, 마지막 제4편에는 '세계동요 중에서 추려 우리말로 번역'한 15편을 실었다.

　일제강점기는 아동문학에서 동요 전성기라고 해도 무방하다. 어린 소년 문사들이 기성작가로 활약한 경우와 기성작가들이 동요를 제작하거나 해외 동요 번역들이 쏟아져 나왔다.10 이런 다양한 동요를 맛깔나게 수집 선별해 한 권의 책으로 엮은 박기혁朴璣爀은 누구일까? 그에 대한 정보는 쉽게 찾을 수 없다. 문학사에 이렇다 할 종적을 남기지는 못한 모양이다. 다행히 책 서두에 '꼬깔'이라는 제목 아래 이 책을 추천하고 있는 월북 국어문법학자인 백수 정열모白水 鄭烈模 선생의 글을 통해 그가 어떤 사람이었는지 짐작할 수 있다. 엮은이 박기혁은 '어린이 교육에 오랜 기간 종사했던 교육자이자 문예 방면에 특별한 취미와 재분을 가진 사람'이었다고 한다. 엮은이가 직접 쓴 머리말에서 "동요에는 문외한이지만 이 소책자를 냈고, 동요의 채록은 정열모 선생과 한정동韓晶東 선생님이 하셨다"고도 밝혔다. 또한 이 책을 엮게 된 동기로 "그동안 우리 할아버지와 우리 아버지가 우리의 노래를 잊고 잊었던 것"에 대한 안타까움을 꼽았다.

또한 우리가 동시를 소중히 여겨야 하는 이유도 밝혔
는데, 전적으로 공감한다.

"우리의 아름다운 시혼을 죽이고, 귀여운 시의 샘을
말려버린 삶은 발랄한 생명을 가진 사람이 되지 못하고, 애
닯게도 일그러진 판에 박은 허자비(허수아비) 사람이 되고
만다는 것을."

그렇다. 판에 박은 허수아비가 되서는 안 될 것이다.
어린이의 마음인 '색진주'로 동심을 잃지 말자. 첫 장의 색
진주 서시序詩가 그 운을 멋지게 띄운다. 한 구절만으로는
색색의 아름다움을 다 전하지 못할까 아쉬워 전문을 옮
긴다.

나는 줍습니다.
금金모래 은銀모래
깔인 물가에
엿브고엿븐 진주眞珠조갑지를

금金모래엔
금金조갑지
은銀모래엔

은銀조갑지.

나는 줍습니다.
청靑모래 홍紅모래
깔인 물가에
엿브고엿븐 진주眞珠조갑지를

청靑모래엔
청靑조갑지
홍紅모래엔
홍紅조갑지.

나는 줍습니다.
엿브고 엿븐 진주眞珠조갑지를
가는 물결 부대치는
바다가에서

갯물먹은
물조갑지
마름藻 먹은

풀조갑지

나는 듯습니다.
다달은 조갑지의
다달은 속살거림을
다달은 조갑지의
다달은 소래를.

주의 승리 主의 勝利

장정심
한성도서
1933

여성 계몽과
개인의 구원

수많은 강연에 강연자로 여성 계몽에 힘썼던 장정심 시인의 『주의 승리』, 신앙고백과
자기고백이 어우러진 시집으로 한용운의 『님의 침묵』과 함께 당대 가장 사랑 받은 시집
가운데 하나다.

천주교에 이해인 시인이 있다면 기독교에 장정심 시인이 있다. 비록 이 책을 대하기 전까지 장정심 시인에 대해 아는 바가 전혀 없었지만, 이분의 신앙 시를 읽는 동안 이해인 수녀님을 줄곧 떠올렸다. 장정심 시인의 생애를 살펴보니 안타깝게도 50세 이른 나이에 미혼으로 주님의 품으로 돌아가셨다.[11]

기독교 여성 계몽운동에 앞장 서서

장정심 시인은 1898년 9월 경기도 개성의 한 기독교 가정에서 출생했다. 그의 부친 장효경은 개성에서 처음 개신교를 받아들인 감리교인으로 개성의 초기 선교 역사에 큰 공을 남기셨다. 장정심이 태어난 1898년은 개성에서 선교가 막 시작되던 무렵이었다. 교인 가정에서 태어난 그녀는 개성에 설립된 기독교 학교인 호수돈여자고등보통학교를 다녔다. 그후 이화학당 유치사범과 한국 최초의 여자 신학교인 협성여자신학교(현 감리교신학대)를 졸업하고 호수돈유치원 교사로 지냈다.

그녀는 20대 후반에 개성감리교회의 청년회 조직과 여성단체 활동에도 적극 참여하였다. 강연회 연사로도 자주 초대되었는데, 대부분 여성 관련 주제로 강연했다. 그 가운데 몇 가지를 살펴보면, 개성여자교육회에서는 '조혼'에 대해서, 조선여자청년회의 토론회에서는 '가정의 평화를 유지함에는 여자이냐 남자이냐?'로, 리문안중앙교회에서는 '종교상에 나타난 여성들'을 주제로, 경성여자기독교청년회의 여성강연회에서는 '우리 생활에서 재래식을 개량할 점, 왜래식을 보충할 점'을 두고 강연했다. 지금 이 시대 여성에게도 흥미로울 법한 주제다. 강연시 그녀의 목소리는 이 시집에서 보이는 차분한 목소리와는 대조적이지 않았을까? 여성 문제를 대중에게 힘주어 이야기했을 우렁찬 목소리를 듣지 못하고 상상만 해야 한다는 것이 안타깝다.

같은 열정으로 절대자의 승리를 외쳤을 그녀의 시집 『주의 승리』 속 시인의 목소리를 살펴봄으로써 안타까움을 대신하자. 시집은 이화학당 선후배이자 종교단체와 여성단체에서 함께 활동했던 김활란과 홍에스더의 서문으로 시작한다. 장정심과 오랜 친교를 나눴던 후배 김활란은 오란悟蘭12 장정심 시인에게 이 시집은 그녀 삶의 반영이라는 것을 강조하며, 시단에 내놓은 첫 신물贐物에 기대가 크다고 적었다. 홍에스더는 "기독교 서적은 많아도 종교시집이 별로 많지 못한 때에 신학교 재학 시절부터 예수의 교훈과 생애를 깊이 느껴온 종교시상이 유독 깊은 장시인의 시집을 종교계에 소개할 수 있게 됨이 기쁘다"고 추천사를 썼다.

그녀가 절대자에게 드리는 시는 제1편과 제2편으로 나누어 무려 총 201편이나 된다. 시의 제목만 훑어봐도 장정심 시인이 얼마나 많은 시간 절대자와 교제하며 묵상했는지 알 수 있다. 특히 제1편은 성경의 중요한 키워드만을 골라 모은 느낌이다. 친숙한 성경 구절이 자주 등장하는 이 201편만 읽어도 성경 속 교리를 충분히 이해할 수 있을 것만 같다.

부활일, 성모 마리아, 백합화, 예수 탄일, 동방의 별, 세 박사, 임마누엘, 메시야, 알패와 오메가, 호산나, 고난의 잔, 새 언약, 휘장, 장막, 안식일, 두 마음, 면류관, 선교, 바리새 교인의 집, 성 만찬, 구원, 죄인, 겟세마늬, 십자가, 성묘, 승천, 유월절, 오순절, 장막절, 방주, 복음, 예루살렘성, 베다니, 베들레헴성, 빠벨탑, 에스더, 천사장, 사마리아 여인, 베다니 마리아, 다니엘, 벳엘의 꿈, 헤롯왕 등……

제2편으로 넘어가면 시상에 시인의 내면이 두드러진다. 그녀는 2편을 소개하면서 "나의 종교생활의 편편 감상

을 변변치 못하나마 나의 벗님들 앞에" 드린다고 밝혔다. 1편이 하늘의 주님께 직접 드리는 노래라면 2편은 땅의 벗들에게 주는 노래다. 시의 제목에서부터 그 차이가 실감난다.

마음의 거문고, 아버지의 분묘, 병상, 아츰햇빛, 꽃보다 더, 기쁨의 길, 수치와 실패, 동행, 울고 싶어요, 달밤, 어머님의 긔도, 물 한 그릇, 사랑의 존재, 머리 털도, 가는 곳마다……

"만 가지가 다 슬퍼옵니다"

개인적으로는 그녀의 삶이 좀 더 녹아든 2편의 시들이 좋았다. 시인의 고뇌, 병약함, 자신을 지키려는 마음, 고독, 죽음 등 기독교의 교리를 통해 자신의 삶을 사랑과 헌신 그리고 오직 주님에 대한 신뢰로 이어가고자 했던 그녀의 치열한 내적 싸움을 읽을 수 있다. 그녀의 그런 시편들 가운데 「울고 싶어요」 한 편을 소개한다. 누구나처럼 인간이라면 겪는 고달픈 인생에서 말씀에 의지해 다시 일어서려는 시인의 정신이 온전히 느껴지는 시다.

울고 싶어요 어린애같이
만 가지가 다 슬퍼옵니다
지나간 날에 우슴과 노래는
언제 잇엇든가 꿈 같습니다

울고 싶어요 큰 소래 치면서
가슴에 가득한 눈물을 쏟으려
수건을 잡고 올라왔어요
어머니 같은 주님의 앞에

하날을 처다보아도 우는 빛
따를 나려다 보아도 움침한 저 빛
어제를 생각하나 오날을 생각하나
슬픈 일만 생각나서 울고 싶어요

그러하오나 문득 바라보오니
사랑하시는 주님의 인자한 얼골이
나를 품어주시면서 안심하여라
"내가 세상을 낙이엿노라" 하신 말슴
(고어 그대로 표기했음)

장정심은 첫 시집 『주의 승리』를 출간한 바로 이듬해인 1934년 『금선』琴線이라는 두 번째 시집을 출간했다. 그녀의 유일한 두 시집은 한용운의 『님의 침묵』과 함께 일제 강점기 시집 출판이 왕성했던 1920~1930년대 선두를 달렸던 대표적 시집으로 평가된다.13 또한 여성 문단과 기독교 문단을 대표하는 시인으로 회자된다. 한국여류문학인회에서 1985년도에 간행한 『역대 한국여류 101인 시선집』에 나혜석, 노천명과 함께 그녀의 시가 소개되었다. 그녀의 시는 말로 설명할 수 없는 사랑의 속삭임처럼 들린다.

전자책으로는 경험할 수 없는 감격

워싱턴대학교 소장본은 저자 진정進呈본으로 시인의 필체를 확인할 수 있다. 그녀의 시를 닮은 단아한 글씨체로 자신의 책을 임영빈 문학사文學士에게 성탄을 기념해 헌정한다고 썼다. 임영빈은 소설가이자 대한기독교연합회에서 활약한 작가로 추정된다. 그는 1926년 미국으로 유학 와 밴더빌트대학에서 공부하다가 남감리교대학Southern Methodist University으로 옮겨 비교문학을 공부해 1930년 학사,

1932년 동 대학 대학원에서 석사 학위를 받았다.[14] 이 책이 출간될 즈음 임영빈 작가는 미국에 있었는데, 장정심 시인이 그때 미국으로 발송하지 않았을까 짐작한다. 임영빈 작가는 후에 한국으로 돌아가 생활하다 말년이 돼서야 자녀들이 있는 미국에 다시 와 지내다 1990년 뉴욕에서 별세했다.

그럼 이 책은 임영빈 선생의 미국 체류 당시에 워싱턴대학에 기증한 책일까? 아니다. 이 책의 기증자는 워싱턴대학교에서 비교문학으로 1971년에 박사 학위를 받고 1974년부터 30년간 아시아 문학을 가르쳤던 한국문학 전문가 솔버그Sammy E. Solberg 박사다. 그는 워싱턴대학교 동아시아도서관에 한국 근대 문학책을 수십 종 기증했는데, 이 책도 그 가운데 한 권이다.

솔버그는 연세대학교에서 3년간 수학하며 영어교사로 활동한 이력을 가지고 있다.[15] 그때 한국 문학 관련 책을 체계적으로 수집하지 않았나 싶다. 솔버그 선생이 어떤 경위로 임영빈 작가의 저자 진정본을 취득하게 되었는지는 확인할 길이 없지만 책은 주인을 여러 번 바꾸며 거처를 옮겼다. 시인 장정심에서 소설가 임영빈으로, 그 후엔 솔버그 선생의 손에 들어갔다가, 돌고 돌아 마침내 동아시아

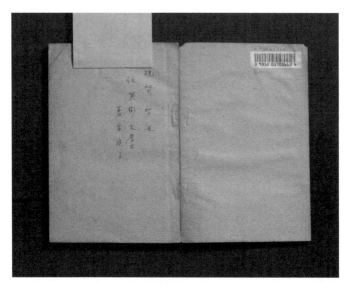
저자가 직접 서명한 진정본은 전자책 시대에는 느낄 수 없는 잊혀진 감각이다.

도서관으로 와서 지금은 필자 손에 안착해 있다. 이것이 책의 운명이다. 앞으로도 수없이 누군가의 손에 쉬었다 가기를 멈추지 않을 것이다. 책을 통해 작가를 만나는 것도 가슴 벅찬 일인데, 전 소장자 두 분을 함께 만나니 그 감격이 몇 배는 더하다. 누구의 손때도 남겨지지 않고 남길 수도 없는, 차가운 전자책에서는 경험할 수 없는 감각이다. 기념으로 저자의 가지런한 필체가 남겨진 속표지 사진을 첨부한다.

정지용시집 鄭芝溶詩集

정지용
시문학사
1935

시집을 가득
채운 조선어의 아름다움

워싱턴대학교 동아시아도서관은 정지용의 첫 시집 『정지용시집』鄭芝溶詩集의 두 판본을 모두 소장하고 있다. 1935년도에 시문학사에서 펴낸 초판과 1946년 건설출판사에서 나온 재판본이다.16 두 판본을 비교해 보면 페이지 수도 같고, 글자체와 페이지 순서까지 동일하다. 실린 순서도 표제지 바로 뒤에 첫 번째 장의 '바다 1'로 시작해, 다섯 번째 장이 끝나면 박용철朴龍喆의 발문이 나오고, 뒤이어 정지용 시집 목차와 판권지로 끝나는 것도 동일하다.

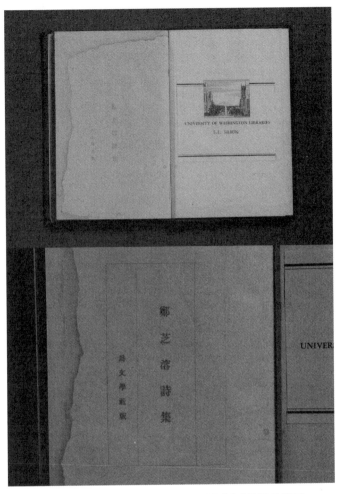

정지용의 첫 시집 『정지용시집』의 표제지는 기름 종이 같은 재질에 은박으로 제목을
새겼다. 제목이 흐릿하게 보이는 것은 그 때문이다. 컬러 인쇄조차 드문 때였기에 그 정성이
돋보인다.

『정지용시집』 1946년 재판본 표지.

전자책 대 종이책

그런데 국립중앙도서관에서 전자책으로 올려 놓은 시문
학사 초판본의 페이지 순서가 원본과 다르다. 발문과 목차
가 앞에 나온다. 끝에 붙인다는 의미의 '발문'跋文이 앞에 나
온 것은 전자책을 만드는 과정에서 생긴 오류로 보인다. 실
수가 아니라면 이 책만 특별 제작되어야 하는데, 그럴 가능

성은 희박하다. 전자책이 모든 면에서 편리하지만 이런 실수가 제작 중에 생길 수 있음을 감안하면 아무리 낡고 표지가 잘려 나가고 종이질이 엉망이라도 원본만큼 중요한 자료는 없다. 이왕 말 나온 김에 전자책의 취약한 부분 하나만 더 짚고 넘어가자. 컴퓨터 스크린으로 보기 때문에 물리적인 책의 크기를 제대로 가늠할 수 없다는 단점이 있다. 『정지용시집』의 경우도 재판본은 초판본에 비해 1센티미터 정도 작아졌는데, 전자책으로는 전혀 알 수가 없다. 책의 가로 세로 길이를 따로 확인해 보고 비교해 보지 않는한 직관적으로는 알 수 없다.

전자책으로 먼저 접한 경우, 원본을 보게 되었을 때 이 책이 이렇게 작은 책이었나 하고 놀라는 일이 종종 생긴다. 손바닥만 한 책이나 백과사전 같은 책이나 스크린에서는 모두 같은 크기로밖에 보이지 않으니 말이다. 그렇다고 기준이 될 만한 무언가를 전자책 옆에 항상 두고 촬영할 수도 없는 노릇이다. 책의 내용이 중요하다고 여기는 독자에게 이런 문제는 별로 중요하지 않을 수 있지만 책의 물리적 형태에 관심이 많은 사서들에겐 아무리 해상도 높은 스캐너로 전자책을 만들었다 해도 원본을 직접 만져보고 눈으로 확인하면서 얻는 실물감과는 비교하기 힘들다.

각 판본의 제본 상태도 다르다. 1935년도 초판본은 붉은색 하드커버로 제본 상태가 양호하다. 원 제본 상태가 아니라 어디선가 제본을 따로 한 것 같다. 미국 도서관에서 한 것은 아닌 것 같다. 대학 도서관에서 책을 제본할 경우, 제본 속지에 대학 도서관 로고가 있어 어디서 제본했는지 쉽게 알 수 있다. 제본 안에 들어가는 속지가 다른 도서관 제본 책과 다르고, 책등에 한자로 '鄭芝溶詩集'이라고 정확히 새겨져 있는 점도 다르다. 과거에 미국에서 동양 책을 제본하면서 한자나 한글을 책등에 새겨 넣는 일은 거의 불가능했다. 현재도 책등에 한글 제목을 넣지 못한 채 제본하는 경우가 대부분이다. 로마자 표기를 삽입한 정도가 꽤 정성 들여 제본한 축에 든다. 아니면 한자나 한글을 일일이 프린트해서 책등에 덧붙인다.

1946년도의 재판본의 경우, 도서관에서 제본한 책임을 금방 식별할 수 있다. 이곳에서 제본하고 나면 책배背 부분이 뭉뚝하게 일괄적으로 칼에 잘리는 것이 드러나는 반면, 이미 제본이 잘 된 책은 자연스럽게 배 부분의 가운데가 바깥쪽에 비해 안으로 들어가 있다. 이런 모든 점을 고려해 봤을 때, 이 책은 한국에서 이미 새로 제본되어 온 것으로 보인다.

표지 그림은 어떠한가? 초판본에는 이탈리아 화가 프라 안젤리코의 '수태고지'가 있었다고 하는데, 우리 학교 소장본에는 제본 때문인지 아쉽게도 남아 있지 않다.[17] 아단문고에 소장된 초판본을 보면 '수태고지' 그림이 있는 표지는 책을 감싸던 책싸개 역할을 했다.[18] 1935년에도 이렇게 장식 북커버가 있었다는 게 놀랍다. 표지 다음 장 표제지로 넘어가면, 제목과 출판사 정보가 은빛으로 정교하게 인쇄되어 있다. 언뜻 보면 은빛인지 금빛인지 쉽게 구분이 안 되지만, 종이를 앞뒤로 잘 돌려보면 활자들이 은빛으로 총총히 빛난다. 활자를 만지면 은가루가 손에 묻어날 것 같다. 표지는 소실되었지만 은빛 활자가 그대로 남아 있는 표제지가 있어 다행이다.

초판본에 비해 재판본은 짙은 녹색 바탕에 검은색 문양이 그려진 표지가 화려하고 대담하다. 하지만 펄프의 울퉁불퉁함이 그대로 느껴지는 열악한 종이질에, 보일 듯 말 듯 흐릿한 활자 인쇄 상태가 조악한 느낌을 준다. 초판본에서 은빛 활자가 반짝이던 표제지와 도톰하고 질긴 종이에 찍힌 선명한 활자와 비교해 보면 재판본 책의 기품은 이전보다 떨어진다.

고운 구슬을 갈무리하듯

『정지용시집』은 성대한 출판기념회와 함께 출간됐다. 『중앙일보』와 『동아일보』에는 1935년 12월 7일에 출판기념회합이 당시 경성의 대표 요릿집인 인사동의 천향원 본점[19]에서 열릴 것이라는 기사가 났다. 기사에는 출판기념회를 주관한 사람들로 김기림, 김상용, 이상, 이태준, 유치진, 박태원, 변영로, 함대훈 등 동료 시인들의 이름이 등장한다. 정지용 시인의 인기가 상당히 좋았던 모양이다. 시인의 첫 시집 출간을 축하하려는 동료 문학인들의 마음이 요리집 이름 '천향원'처럼 향기롭다.

누구보다도 정지용의 첫 시집 출간에 앞장섰던 사람은 발문을 쓴 박용철 시인이다. 박용철은 『시문학』 발행인이자 동인인데, 비록 자신의 작품집은 내지 못했지만 정지용 시집과 문예지 간행을 위해 사재를 털어 비용을 감당하기까지 했다. 안타깝게도 이 시집이 나온 지 3년 후, 그는 후두결핵으로 34세의 나이로 사망했다. 『시문학』도 1930년에서 31년에 걸쳐 3호까지 겨우 발간하고 종간을 맞았다. 시인 김영랑과 함께 동인을 모으던 박용철 시인은 정지용 시인이 합류하면 동인지를 내겠다는 포부를 밝혔을 정

도로 정지용의 역량을 인정한 각별한 사이였다.[20]

　박용철은 발문에 『조선지광』朝鮮之光에 10여 년간 발표한 정지용의 작품을 모아 시집을 펴내는 이유를 적었는데, 그 설명이 감미로운 한 편의 시와 같다.

　　천재 있는 시인이 자기의 제작制作을 한번 지나가버린 길이오 넘어간 책장같이 여겨, 그것을 소중히 알고 애써 모아 두고 하지 않고, 물 위에 떨어진 꽃잎인 듯 흘러가 버리는 대로 두고저 한다 하면, 그 또한 그럴 듯한 심원心願이리라. 그러나 범용凡庸한 독자란 또한 있어, 이것을 인색한 사람 구슬 갈무듯 하려 하고, "다시 또 한 번"을 찾아 그것이 영원한 화병花瓶에 새겨 머믈러짐을 바라기까지 한다.

　이어서 박용철은 정지용의 시에 부연 설명을 붙였다. 그 설명 또한 놓치기 아까운 시적 감각이 묻어나 가능하면 그대로 옮긴다. 1부는 그가 가톨릭으로 개종한 이후 쓴 시편들로, "그 심화된 시경과 타협 없는 감각은 초기의 저작이 손쉽게 친밀해질 수 있는 것과는 또 다른 경지에 있다"고 설명했다. 2부는 초기 시편들로, 정지용이 "눈물을 구슬 같이 알고 지어라도 내려는 듯하는 시류를 거슬러 많은 눈물을 가벼이, 진실로 가벼이 휘파람 불며 비누방울 날리든 때"라고 말한다. 3부의 시는 같은 시기의 부산물로, "자연 동요童謠의 풍조를 그대로 띤 동요류와 민요풍 시편들"이며, 4부는 그의 신앙과 직접 관련 있는 시편들이고, 5부는 '소묘'素描라는 제목을 단 산문 두 편이라고 소개했다. 그는 정지용이 "새로운 시경의 개척자며, 사색과 감각의 오묘한 결합을 향해 발을 내여 디뎠다"고 상찬했다. 그의 설명에 기대 각 부의 시를 음미하면 감상에 도움이 될 것이다.

조선어의 아름다움

정지용의 시를 한 편이라도 접해 본 사람이라면, 그 시어의 아름다움에 놀란다. 이 시집이 출간되자마자 신문에 시평을 발표한 당시 동료 시인 모윤숙은 "정지용 시집 속에 가득 찬 조선말의 향기를 잊을 수 없다"며 조선어의 아름다움에 큰 감동을 받았다고 썼다. 그녀는 이어서 "시인의 인식은 개념적인 것이 아니라 순수 감정적 지각인 관계로 사물 분석을 언어 분석으로 하는 것이 아니라, 언어를 창조하면서 사물을 분석하는 것이다"라고 적었다.[21] 공감하지 않을 수 없는 평이다. 정지용 시인의 가장 유명한 시 「향수」한 편만 읽어 봐도 언어를 통해 사물을 새롭게 인식하는 경험을 하게 된다.

우리에게 대중가요로도 친숙한 「향수」는 2부에 수록되었다. 월북작가였던 정지용의 시는 오랫동안 읽을 수 없었다. 1988년 해금이 된 후 고등학교 교과서에도 실렸지만 1989년에 김희갑 선생님이 작곡하고 성악가 박인수와 대중가수 이동원이 불러 더 유명해졌다. 정지용 시집이 금서일 때 학창시절을 보냈던 필자는 대학에 가서 가요로 먼저 시를 접했다. 노래를 따라 부른 기억이 없는데, 필자보다 조금 위 세대가 애창했던 노래가 아닌가 싶다. 공부를 위해 일찌감치 미국으로 떠나 오는 바람에 한 번도 가사 전체를 음미하면서 제대로 들어본 적도, 불러본 적도 없다. 몇 해 전 한국학도서관 친구들과의 자리에서 전곡을 처음으로 대할 기회가 있었다. 긴 가사의 노래를 토씨 하나 틀리지 않고 열정적으로 부르던 지인 두 분을 넋 놓고 바라보며, 정지용 시의 인기를 실감했다. 한 줄만 들어도 고향이 절로 그려지는 시인의 토속적 언어는, '참하 꿈엔들 잊히'지 않는다.

향수 鄕愁

넓은 벌 동쪽 끝으로
옛이야기 지줄대는 실개천이 회돌아 나가고,
얼룩백이 황소가
해설피 금빛 게으른 울음을 우는 곳,

― 그 곳이 참하 꿈엔들 잊힐리야.

질화로에 재가 식어지면
뷔인 밭에 밤바람 소리 말을 달리고,
엷은 조름에 겨우 늙으신 아버지가
짚벼개를 돋아 고이시는 곳,

― 그 곳이 참하 꿈엔들 잊힐리야.

흙에서 자란 내 마음
파아란 하늘 빛이 그립어
함부로 쏜 활살을 찾으려
풀섶 이슬에 함추름 휘적시는 곳,

― 그 곳이 참하 꿈엔들 잊힐리야.

전설傳說 바다에 춤추는 밤물결 같은
검은 귀밑머리 날리는 어린 누의와
아무러치도 않고 여쁠 것도 없는
사철 발벗은 안해가
따가운 햇살을 등에 지고 이삭 줏던 곳,

― 그 곳이 참하 꿈엔들 잊힐리야.

하늘에는 석근 별
알 수도 없는 모래성으로 발을 옮기고,
서리 까마귀 우지짖고 지나가는 초라한 집웅,
흐릿한 불빛에 돌아 앉어 도란도란거리는 곳,

― 그 곳이 참하 꿈엔들 잊힐리야.

이 시는 정지용 시인이 일본에 체류하고 있던 1927년
3월 『조선지광』 65호에 발표했던 시다.[22] 당시 시인은 교

토의 도시샤대학同志社大學에서 영문학을 공부하고 있었다. 이 대학에는 정지용 시인을 기리는 시비詩碑와 같은 대학 출신인 윤동주 시인의 시비가 있다. 윤동주는 습작 기간에 정지용 시의 영향을 많이 받았다. 정지용 시인은, 식민지 시기에 청년 예술가이자 도시샤대학의 영문과 후배이기도 했던 윤동주의 시를 직접 소개하기도 했는데, 당시 무명이었던 윤동주 시인의 유작 「쉽게 쓰여진 시」를 해방 후였던 1947년 처음으로 지면에 소개했다. 정지용 시인의 애도가 가슴을 적신다. "불령선인不逞鮮人(불온하고 불량한 조선사람이라는 뜻)이라는 명목으로 꽃과 같던 시인을 암살하고 저희(일본)도 망했다. 시인의 유골은 용정동 묘지에 묻히고 그의 비통한 시 십여 편은 내게 있다"며, "지면이 있는 대로 연달아 발표하기에 윤군보다도 내가 자랑스럽다"고 적었다.23

정지용 시인은 이화여대 문학부 교수와 『경향신문』 창간 당시 주간을 맡는 등 활발하게 활동하다 한국전쟁 당시 납북되었다고 알려진 후 행적이 묘연하다. 해금된 후 1990년대 가족과 지인의 증언을 인용한 북한 발표에 따르면 1950년 9월경, 경기도 동두천 부근에서 미군 폭격에 의해 사망했다고 보도됐다. 워낙 짧은 생을 살다 갔기에 많

워싱턴대학교 동아시아도서관에서 소장 중인 정지용 시인의 책들.

은 작품을 남기진 못했다. 1946년에 백양사에서 출간한 『백록담』白鹿潭, 같은 해 출간으로 추정되는 을유문화사의 『지용시선詩選』, 산문집인 『문학독본』文學讀本(박문출판사, 1948)과 휘트먼의 산문과 시를 모아 번역한 『산문』散文(동지사, 1949)이 전부다. 참고로 워싱턴대학교는 정지용 시인의 단행본 출판물 전부를 소장하고 있다. 시인을 그리기에 충분하다.

너
무
일
찍
도
착
한 모
더
니
즘

기상도 氣象圖

김기림
창문사
1936

아주 늘씬한 신사가 깔끔한 수트를 차려 입은 듯한 표지의 김기림 시집 『기상도』의
표지디자인은 요절한 천재 작가로 알려진 이상이 했다.

세련과 시크함이 물씬 풍기는 책이다. 검은 색 하드커버 장정이 블랙 수트처럼 돋보인다. 그 위로 잿빛의 종이 테이프 두 줄을 나란히 둘렀다. 정장에 회색 코사지를 달아 멋을 낸 듯하다. 표지에 박힌 올리브색 활자는 검은 바탕과 고급스럽게 어우러진다. 한국의 북아트 계보에 윗자리를 차지할 만하다. 책 표지에서 받은 현대적 감각에 반해 보고 또 보게 된다. 책의 두께는 모던함과 어울리게 얇다. 책에도 체형이 있다면 이 책은 아주 마르고 늘씬하다. 깔끔한 전시 도록이나 화보를 연상시키는 단 27쪽짜리 이 책은 저자보다 디자이너를 더 궁금하게 만든다.

북디자이너가 더 궁금한 책

다행히도 표제지에 표지 디자이너의 이름이 남아 있다. 그만큼 장정에 자신이 있다는 뜻이리라. 장정가의 이름을 알면 다시 표지로 돌아가서 한 번 더 살펴보지 않을 수 없다. 그는 천재로 알려진 요절한 작가 「날개」의 이상李箱이다. 이상은 김기림의 모던한 시에 잘 어울리는 책을 만들었다. 이상과 김기림은 꽤 가까운 사이였다. 연배도 두 살 차이로 비슷하고, 같은 서울 보성고등학교 출신에, 구인회九人會에서도 함께 활동했다. 앞서 보았듯 정지용 시인의 출판 기념회에도 나란히 참석했다.

두 작가의 관계를 이해하는 데 좋은 글이 있어 소개한다. 1949년에 백양당에서 출판한 『이상선집』李箱選集의 머리말에 김기림은 「이상의 모습과 예술」이라는 글을 실었다. 구인회에서 이상을 처음 봤을 때의 첫 인상을 묘사한 부분인데, 김기림이 본 개인 이상에 대한 인상을 넘어 작가 이상을 이해할 수 있는 단서가 담겨 있다. 욕심 같아서는 8페이지에 달하는 전문을 소개하고 싶으나, 시인 김기림을 위한 지면이므로 일부만 적는다.

구인회에 빈자리가 생겨서 이상이 들어오게 된 것은 1934년 봄이었던가 한다. 모두가 다소 문단적 경력이랄까 한 것을 가지고 있었는데, 그러므로 보아서는 이상은 사정이 좀 달랐다. 그러나 한번 들어온 후에는 전에는 반대하던 사람들까지도 어느새 그의 말솜씨의 심취자가 되었던 것이다. 모듬(모임)이 있을 적에는 언제고 이상과 구보가 회화의 주역이 되어 가는 것을 어쩔 수가 없었고, 간간이 지용(정지용)이 핀잔을 주는 정도였다. 그의 말은 그의 시와 방불해서, '무관심한 관심'의 극치를 터득한 사람의 언제고 초탈한 비평이었다. 부드러운 해학 속에도 어느덧 독설의 비수가 번쩍이는가 하면, 신랄한 역설의 밑에도 아늑한 다사롬기가 봄볕처럼 흐르는 것이었다. (pp. 3-4)

이상은 김기림의 책 『기상도』氣象圖의 표지뿐만 아니라 책 본문에서도 모던함을 계속 살려 갔다. 책표지를 넘기면 푸른빛이 감도는 속지가 나온다. 이 당시 책에서 보지 못한 세련된 색감이다. 표제지에 책 제목이 처음 등장하는데, 활자 크기가 너무 작아서 눈을 고쳐 뜨게 만든다. 벌레 기어가듯 활자 (아마 이 정도 크기) 가 종이 위를 기어간다. 한 장을 넘기면 또 한번의 표제지가 나온다. 페이지를 넘기는 사이, 벌레 활자는 그새 조금 자랐다 (아마 이 정도?). 그러다가 마지막 세 번째 표제지에 다다르면, 활자는 완전한 성충이 되어 있다. 氣象圖, 氣象圖, 氣象圖 이런 식이다. 활자 크기를 이용해 책 제목에 집중하게 한 재미난 디자인이다. 이상의 이런 디자인에서 김기림이 묘사한 '부드러운 해학'이 느껴진다. 이상은 '기상도'라는 제목이 시 내용처럼 처음엔 안개로 자욱했다가, 서서히 걷혀 가는 효과를 의도했을까? 이 정도면 김기림의 시집은 모더니즘으로 시작해 아방가르드의 세계로 나아가는 듯하다.

마지막 표제명 앞에는 '장시'長詩라고 부제를 달았다. 김기림은 비교적 일찍부터 서구 모더니즘의 영향을 받았다. 특히 『기상도』는 엘리어트T.S. Eliot의 장시 『황무지』의 영향을 받았다. 총 27페이지의 장시는 「세계世界의 아츰」, 「시민행렬市民行列」, 「태풍의 기침시간起寢時間」, 「자최」, 「병든 풍경」, 「올배미의 주문呪文」, 「쇠바퀴의 노래」라는 일곱 개의 소제목으로 구성돼 있다. 본문 시는 표제지의 책 제목처럼 글씨 크기가 작은데, 모던한 장정과 어울리도록 한 것이기도 하겠지만 400행이나 되는 장시를 비교적 적은 페이지에 담고자 한 실용적인 선택이 아닐까 싶다.

상쾌한 비유, 그러나 혼란과 요설

어쨌든 이 시집은 감정이나 정서보다는 지성 또는 이성을 중시하는 주지주의主知主義 시풍을 따른 김기림의 첫 번째 시집으로 평가된다. 1935년도 『동아일보』 시단詩壇 총평에 실었던 박용철 시인의 평을 들어보자.24 먼저, 그는 김기림 시의 아름다운 구절, "바람은 바닷가에 '사라센'의 비단폭처럼 미끄러지고"를 두고 "세계를 파악하려는 수많은 기경한 비평과 상쾌한 비유의 고안"이라고 칭찬했다. 하지만 박용철은 이어 예상치 않은 혹평을 쏟아냈다. "총체적으로 보면 혼란과 요설饒舌의 인상印象이 있다"면서, "다수의 악기가 잡연히 소리를 내어 교향악을 이룰 수는 없다"며 "통일을 지배하는 작곡가가 먼저 있고 지휘자까지 필요하다"는 비유로 평을 대신했다.

시인 김기림이 "나는 현대의 교향악을 기도한다. 현대 문명의 모든 면과 능각은 여기서 발언의 권리와 기회를 거절당하는 일이 없다"고 한 말을 인용한 평이다. 박용철 시인은 일곱 개의 각 부의 시들이 하나의 구심점으로 이어지지 못하고, 개별적으로 흩어진 느낌을 날카롭게 지적했다. 그래서 그런지 이 시는 현재까지도 실험적인 시로만 평가받을 뿐, 그 작품성에 있어서는 실패한 시라는 의견이 대세다. 모더니즘으로 성공하기는 쉽지 않은 듯하다.

필자의 감흥은? 모더니즘은 둘째치고, 너무 긴 장시여서 그런지 산만하다고 느껴졌다. 불쑥불쑥 튀어나오는 서양 인물들과 낯선 이야기들이 시인의 지식을 과시하기 위한 지적 유희로 쓰였다는 인상을 떨치기 힘들다. 1930년대 조선 사람이 이해할 수도, 관심도 없는 이야기로 가득 차, 마치 남의 여행 가방을 무심코 열었다가 도무지 쓸 모를 알 수 없는 너저분한 물건들이 쏟아져 나온 느낌이랄까? 우리나라의 '기상도'가 아니라, 지구 반대편 낯선 이국의 기상도를 예보하는 듯 전혀 흥미를 느낄 수 없다. 심지어 21세기를 사는 필자에게조차 감흥이 잘 느껴지지 않는다. 현대 자본주의 문명을 비판하며 현대 문명의 내습을 태풍에 비유했다고 하는데, 너무 먼 미래의 앞선 예보를 날린 빗나간 기상도라는 느낌이다.

기상도의 내용상 가장 절정을 이룬다는, 태풍이 강타하는 시 4부 중간쯤 '도서관'이란 단어가 나와 반가운 마음에 잠깐 멈춰 꼼꼼히 읽어 본다. 도서관에서 소크라테스를 읽고, 헤겔을 공부하고, 형법을 조사하는 듯한데, 교수도 나오고 박사 논문도 언급되는데, 난해한 논문처럼 아무리 읽고 또 읽어도 무슨 뜻인지 잘 모르겠다. 의미와 해석은 독자들에게 맡기니 여러분이 직접 감상해 보시라.

(전후 생략)

도서관圖書館에서는

사람들은 걱꾸로 서는 '쏘크라테쓰'를 박수拍手합니다.

생도生徒들은 '헤-겔'의 서투른 산술算術에 아주 탄복歎服합니다.

어저께의 동지同志를 강변江邊으로 보내기 이하야

자못 변화자재變化自在한 형법상刑法上의 조건條件이 조사調査
됩니다.

교수教授는 지전紙錢 우에 인쇄印刷된 박사논문博士論文을 낭독
朗讀합니다.

청년 김옥균 靑年 金玉均

김기진
한성도서주식회사
1936

조선을 알고자
하는 절실함

신문 연재 역사소설이 인기를 끌던 시기에 나온 『청년 김옥균』은 당대 역사를 다뤘다는
점에서 눈길을 끈다.

모든 일에는 시운時運이 필요하듯 이 책에도 시운이 작용했다. 1930년대 식민지 조선에서는 역사소설이 인기였다. 1920년대 말 이광수의 『단종애사』端宗哀史를 시작으로 독자들의 관심과 사랑을 받은 역사소설들이 줄을 이었다. 양반지식인들만 누렸던 조선시대 역사가 신문 같은 대중매체를 통해 일반인들에게도 소개되면서 역사에 대한 관심이 높아졌다. 김동인의 『젊은 그들』, 윤백남의 『대도전』大盜傳 그리고 박종화의 『금삼錦衫의 피』는 1930년대 대표적인 신문 연재 역사소설이다. 『청년 김옥균』도 신문에 연재된 역사소설이다. 1934년에 '심야의 태양'이란 제목으로 『동아일보』에 연재되었다가 2년 뒤에 제목을 바꿔 단행본으로 출간되었다.

갑신정변 50주년, 때는 이때

때의 운을 얘기하자면, 1934년을 주목해 볼 필요가 있다. 1934년도는 1884년 갑신정변으로부터 꼭 50년이 되는 해다. 비록 3일 천하로 실패한 개혁이었지만 그 중심 인물인 개화당의 김옥균을 기억하기에 이보다 좋은 때는 없었다. 당시 조선 땅에는 김옥균에 대한 관심이 한참 고조되고 있었다. 3.1 운동 이후, 일제에 대항한 민족운동이 사회주의와 민족주의로 양분되면서 민족주의 우파를 중심으로 김옥균 추앙론이 등장했다.25

김옥균은 1922년 개벽사에서 펴낸 『조선의 위인』朝鮮之偉人에서 10대 위인의 하나로 꼽혔고, 1925년 『동아일보』에는 「한말 거성 김옥균 선생의 일생」이 특집으로 총 6회에 걸쳐 실렸다. 김옥균 관련 전기와 출판물들이 연이어 쏟아져 나왔다. 신문사들은 신문 구독률을 높이기 위한 연재소설, 그것도 역사소설에 관심이 높았는데, 바로 그 시점에 김기진의 역사소설 「심야의 태양」을 연재했다. 갑신정변 50주년에 꼭 맞는 최고의 기회였다.

저자 김기진 또한 시대를 감지하는 촉이 남달랐던 모양이다. 서문에 따르면, 저자는 최근 50, 60년 사이 대중이 조선에 대해 깊게 알고자 하는 경향이 두드러지고 있음을 지적했다. '조선을 알자!'는 요구의 절실함에 작가는 역사소설에 관심을 갖게 되었고 그렇게 탄생한 것이 『청년 김옥균』이다. 김기진이 특히 관심을 가졌던 시기는 대원군 통치 전후부터 한일합병 전후까지의 근세였다. 그중 제1기에 속하는 임오군란부터 갑신정변까지의 정치적 격동기를 담은 소설이 바로 『청년 김옥균』이다. 정치소설로 분류되는 이 소설은 당시 신문 연재소설로 인기 소재였던 남녀간의 연애나 사랑 이야기가 한 줄도 없는 것이 다른 역사소설과 다르다.

작가는 김옥균이 남긴 『갑신일록』을 바탕으로 갑신정변의 일원이었던 박영효의 구술 증언을 참조해 소설을 썼다. 일반적으로 역사 연구자료가 절대적으로 부족했던 당시 상황에 비하면 당사자의 수기와 증언이라는 훌륭한 자료를 가진 셈이다. 저자는 박영효로부터 받은 촌평을 소설 말미에 기록함으로써 소설 속에서 다룬 사건의 사실 여부를 명확히 해 두었다.

'없어진 조선'을 보기 위해서

저자 김기진은 소설 속에서 가능한 한 객관적으로 김옥균을 그리려 했다. 그의 활동과 개혁당의 정치적 역할을 역사적 상황 안에서 파악하려고 애썼는데, 특히 김옥균이란 인물이 과연 위대한 인물이었는지에 대해 많이 고민했다. 저자는 김옥균이 여러 가지 결점을 인정하면서 식견과 정치적 수완, 기민한 성격 등은 장점으로 꼽았다.

그래서 그런지 김옥균과 갑신정변을 소재로 한 이 책

은 소설적 허구가 거의 없는 역사책이나 전기에 가깝다. 비록 실패했으나 김옥균을 중심으로 한 개화당이 갑신정변을 계획하고 실행하게 된 역사적 배경과 조선 황실의 문제점, 그들이 세우고자 했던 조선은 어떤 것이었는지, 또 실패로 끝날 수밖에 없었던 원인 등을 날카로운 비평가의 시선으로 썼다. 저자 김기진은 독자들이 역사를 단지 재미나 흥미로만이 아니라, 역사관을 가지고 읽기를 희망했다. 역사적 사건에서 철저히 배경과 원인을 진단해, 현재에 적용해 보길 원했던 것 같다. 그는 이 소설을 쓴 이유를 이렇게 밝혔다.

우리는 조선을 사랑합니다. 그리고 우리는 지나간 날의 우리의 선조들의 자태를 똑똑히 다시 한 번 볼 필요가 있다고 생각합니다. 이상과 같은 말은 막연한 말일른지 모르나 여러분도 공명하실 줄로 믿습니다. 다만 문제는 그 "보는 방법"에 있습니다. 나는 오래전 일은 그만두고 가까웁게 우리의 뒤로 물러간 "없어진 조선"을 보기 위해서 이 소설을 썼습니다. 지나간 "조선"의 자태가 얼마나 전면적으로 구체적으로 또 얼마나 훌륭한 방법으로 이 소설에 드러났는지 그것은 여러분이 판단하실 것입니다. (『동아소설 속에서 작가는 갑신정변의 실패 이유로 세 가지를 꼽았다. 첫째는 청불전쟁을 제대로 전망하지 못하고 너무 이른 시기에 개혁에 착수한 것. 둘째는 다수의 민중에게 독립·개화 사상을 교육하지 못한 채 일을 벌인 것, 셋째는 우리의 주먹 안에 튼튼한 무력을 쥐지 못하고 어리석게 남의 힘(일본)에,의지해 개혁을 시도한 것이라고 했다.

세 가지 이유에는 한 가지 공통점이 보인다. 만사에는 때가 있는 법인데, 대사를 이루기 위한 시운이 무르익지 않았던 것이다. 나라 밖 사정에 어두운 채 성급히 일에 착수했고, 백성들이 개혁할 준비가 되지 않았으며, 맞서 싸울 스스로의 힘 또한 마련되지 않았던 것이다. 오늘날에도 마찬가지다. 때를 놓쳐서도 안 되겠지만 대의가 아무리 찬란해도 마음과 열정만으로 성급히 앞서 가면 실패는 예정되기 마련이다. 특히 민중의 지지 없이는 그 어떤 개혁도 불가능하다는 것을 절감한다. 소설에서 유대치가 김옥균에게 꿈 속에서 충고했던 한 마디가 깊은 여운을 남긴다.

요원한 내 뒷일을 뉘가 알랴! 다음 일은 다음에 오는 사람

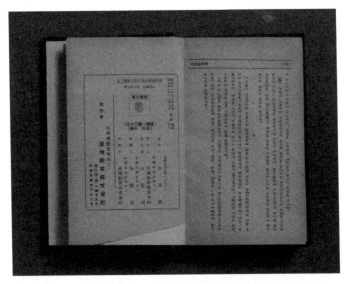

『청년 김옥균』은 가까운 과거를 다룬 덕분에 역사의 주인공들의 실제 목소리를 생생하게 담을 수 있었다. 그 이야기를 후기에서나마 엿볼 수 있다.

에게 맡기고 지금 우리가 해야 할 일만 해 보는 것이다.

카프에서 친일로, 찜찜한 친일 행적

작가 김기진은 김옥균보다는 시운을 잘 이해해 그 운을 잘 이용했던 것일까? 일제시대 때 예술지상주의 문학과 한국 문단의 감상적 낭만성을 비판하며, 현실저항적인 신경향파 문학의 선두주자가 되어 마침내 조선프롤레타리아예술가동맹KAPF의 지도자로 활약했다. 그런 그가 일제 말기에는 친일문학계의 중추적인 역할을 맡았다. 6·25 전쟁 당시, 조선인민군에게 붙잡혀 사형 선고까지 받았으나 구사일생으로 살아나 반공 작가로 활약하며 82세까지 천수를 누렸다. 하지만 그의 전향과 친일 행적에 대한 비난은 아직도 이어지고 있다.

팔봉 김기진은 소설뿐만 아니라 시인과 비평가로도 활약했는데, 그중에 가장 뛰어났던 분야는 비평이었다고 한다. 현대 문예비평의 기초를 닦은 공로로 그의 호를 딴 '팔봉비평문학상'도 만들어졌다. 유족이 출연한 기금으로 『한국일보』가 제정해 1990년부터 수상자를 냈지만 친일 작가 전력으로 인해 이 상의 수상을 거부하는 비평가들도 나왔다. 제 아무리 훌륭한 비평가라도 자신에 대한 비평을 피해 갈 수는 없는 법인가 보다.

이 책은 전집이 한창 유행이던 1930년대 말, 한성도서주식회사에서 총 10권으로 출간한 '현대조선장편소설전집'의 제6권으로 출간됐다. 전집의 기획답게 단행본과는 구성이 다르다. 장편소설에 맞게 저자의 출생과 성장 과정 및 약력을 자세히 싣고, 작품연보도 꽤 상세히 실었다.

저자의 근영이 담긴 흑백사진과 함께 저자의 필적을 볼 수 있는 초고의 한 면도 함께 첨부했다. 같은 전집 제3권에 실린 이광수의 역사소설 『이차돈의 사㸅』도 이와 동일한 구성으로 엮었다. 표지의 장정은 당대 카프 계열 화가인 이상춘이 그렸다는데, 제본과 함께 잘려 나가 표지를 볼 수는 없었다. 팔봉 김기진의 생애가 반쯤 잘려 나간 것 같아 안타까움이 더한다.

이국녀 異國女

이서해
한성도서주식회사
1937

애환과 향수의 땅
만주에서 꿈꾸다

1930년대 일본의 수탈과 독립운동 탄압을 피해 많은 이들이 만주로 떠났다. 철도 관리자로 만주로 갔던 시인은 시집 『이국녀』를 들고 조선으로 돌아왔다.

만주는 한국인에게 애환과 향수라는 이중 감정을 불러일으키는 곳이다. 말 타고 활 쏘던 광활한 만주 벌판은 고구려와 발해의 고토로 특히 간도에는 조선인이 대거 정착해 살았다. 우리 민족이 사는 우리 땅이지만, 되찾지 못한 땅이 된 셈이다. 특히 일제 치하에서는 착취와 수탈이 심해지면서 만주로 떠나는 농민들의 수가 급증했으며, 항일 운동을 위해 만주로 떠난 사람도 많았다. 1931년 만주사변 이후, 본격적인 만주 이민 정책이 실행되면서 조선인들은 만주로 대거 이동했다. 1945년에는 재중 조선인 수가 2백만을 넘었을 정도다. 해방 후 절반은 한국으로 다시 귀환했고, 나머지 절반은 중국에 남아 연변을 중심으로 조선 자치구를 이루어 생활해 오고 있다. 조선족의 뿌리 일부가 만주에 있는 셈이다.

애환과 향수의 땅

필자에게는 만주에 대한 판타지가 있다. 필자의 외가가 일제강점기에 만주로 이주해 어머니는 1941년 만주에서 태어나셨다. 해방 후, 가족 모두 한국으로 돌아왔지만 어머니가 들려주시는 북만주 치치하얼에서의 풍요로운 유년

이야기가 필자에게 만주 판타지를 심어 줬다. 어머니가 기억하는 만주는, 아버지(필자의 외할아버지)께서 큰 트럭에다 한 달 먹을 양식을 가득 싣고 오시던 모습 속에 있다. 트럭 안에는 사탕과 초콜릿, 심지어 맥주 박스까지 들어 있었다고 한다. 어머니에게 만주는 맛난 음식을 풍족하게 먹었던 행복한 시절로 기억된다.

만주에서의 삶이 어느 정도 자리 잡고 나서는 옥천에 계시던 할머니도 모시고 왔다고 한다. 날씨가 추워 밖에 나가지 못하는 겨울이 되면, 할머니께서 기름에 튀겨 주시는 도넛을 맛있게 먹었다고, 어머니는 회상했다. 긴 가죽 장화를 신은 아버지와 곱게 한복을 차려 입은 엄마 무릎에 앉아 찍었던 가족 사진은 어머니의 보물이자 유년의 소중한 추억이다. 한국전쟁으로 피난을 다니며 가혹한 빈곤의 시절을 경험했던 어머니에게 만주의 기억이 유별난 것은 어쩌면 당연한 것일수도 있겠다. 어찌 되었든, 만주 판타지는 비단 우리 가족사에 국한된 일은 아니다.

1930년대 조선에는 만주 붐이 일었다. 일제의 언론 통제로 1940년 『조선일보』와 『동아일보』가 폐간되고, 문인들의 작품 발표 기회가 줄어들면서 문인들에게 만주는 모국어로 작품을 발표할 수 있는 창구였다. 일제 암흑기 조선

문단의 공백을 재만 조선 문인들의 활동으로 메워 문학사의 명맥을 이어 갔다고 해도 과언이 아니다. 염상섭이 편집국장으로 있던 한글신문 『만선일보』滿鮮日報와 유치환 등 여러 시인이 합동 간행한 『만주시인집』 및 김조규 등의 『재만조선시인집』이 좋은 예다.26

이 시집 『이국녀』의 저자 이서해도 만주에 와서 시를 썼다. 철도 역무로 바빠 아내에게 시집의 편집을 위임했다고 한 것으로 보아, 직업을 찾아 떠난 이주가 아니었나 추측된다. 이주 시기가 1930년대 일제에 의한 만주 철도사업이 한창이던 때와 맞물린다.

시인은 1936년 10월 북만주 한구석에서 시집의 머리말을 적으며 지난 2년간 만주에서 지낸 자신의 몸과 마음의 기록이자 수확이라 했다. 시마다 일기처럼 날짜를 기록했는데, 권두시 「북조선」은 1935년 8월 9일 함경북도 웅기(지금의 나진 선봉특별시의 옛 이름)로 가는 기차 안에서 썼다. 뒤이어 시간의 흐름 순으로 시를 실었는데, 마지막 시는 서문을 쓴 시기와 같은 1936년 10월 날짜로 아내에게 주는 「신혼」이라는 시다. 이후 시인이 만주에서 계속 거주했는지 아니면, 해방 후 귀환했는지는 알 수 없다. 일제시대 활약한 꽤 역량 있는 시인이었던 이서해는27 『이국녀』를 펴낸 후 활동에 대해서는 알려진 바가 별로 없다. 바라건대, 그가 고국을 떠나며 쓴「갈매기」라는 시 구절 "성공의 깃발을 안고 올 그날"처럼 원대로 금의환향했기를 바란다.

타향살이의 외로움

이서해의 『이국녀』는 제목처럼 이방인 조선인의 애환이 시집의 일관된 주제이다.「두만강을 건너며」,「이국의 달밤」,「고별」,「비 나리는 도문圖們강안에」,「고국을 떠나며」등 고국을 향한 그리움으로 가득한 55편의 시가 너른 만주 벌판을 가득 메운다.「별리」라는 시에서 시인은 "꿈엔들 조선을 잊으며 무궁화 꽃 피고 새 울든 곳, 수려한 산이 웃고 푸른 강물이 구비쳐 흐르던 곳"을 못 잊어 하며 "아직도 플레트홈에 흰 손수건을 나풀거리는 사랑스런 내 님"을 찾는다. 시집 전체에 '이국'異國, '이국녀'異國女, '이방'異邦, '이역'異域 등의 말이 반복되어 이방인의 애환을 증폭시킨다. 말도 통하지 않고 풍습도 다른 타국에서 이국의 계집아이가 켜는 호궁胡弓 소리에 시인의 외로움은 더 커진다.

시인은 외로운 방랑자로 신도시 만주에서 적응해 가

며 현대인의 고뇌를 읊조렸다. 「코스모폴리탄」, 「젊은 '피에로'의 설음」, 「보헤미안」과 같은 시는 여러 인종과 언어가 혼재하는 국경도시 만주의 감흥이 살아 있는 시이다. "이국녀의 거짓 사랑에 마음을 뺏기는 사나히"라고 자신을 소개하는 시인은 스스로를 코스모폴리탄이자 보헤미안이며 젊은 피에로라고 보았다. 시인은 소리친다. "집도 연인도 아무것도 없는 젊은 피에로에게 술이나 부으라"며 자신의 설음을 시로 달랬다.

　타향살이의 외로움 때문에 시인은 이국녀의 유혹에 빠진 것일까? 표제시 「이국녀」에는 시의 첫 구절과 마지막 구절 "야릇한 심리로다 짜릿한 느낌이여"는 독자의 호기심을 자극한다. 시가 현실이 아님에도, 시를 읽어 갈수록 시인과 이국녀의 불순한 관계를 상상하게 된다. '향란'香蘭이라는 이국녀의 이름이 버젓이 등장하자 내 심기는 더욱 불편해진다. 이 정도면, 실제 인물이 아닐까 의심이 스멀스멀 피어 오른다. 게다가 시인조차 이국녀를 유혹한다. "향란이, 그대는 이 땅에 탐스러이 피어난 한 떨기 꽃이려니!". 이 구절을 읽고 이서해 시인이 만주에서 분명 애정 행각을 벌였다고 확신하게 된다. 서문에서 "나는 유랑에서 유랑으로 끝없이 흐르는, 아니 일생을 영원한 나그네로서

멈출지도 모른다"며 "방랑의 길을 걸은 지도 어느덧 10여
년"을 보냈다고 했다. 시를 읽고 그의 이 말을 다시 곱씹어
보니 예사롭지 않다. 시인은 방랑과 자유를 찾아 고국에 가
족을 두고 홀로 만주에 왔을 수도 있겠다는 합리적 의심을
해도 좋지 않을까?

이국녀 향란, 환상 속 여인

물론, 시가 사실을 그대로 기록한 것은 아니리라. 하지만
시인이 스스로 자신의 시를 두고 "지난 2개 년간의 나의 몸
과 마음의 기록"이라 하지 않았던가? 시집 곳곳에 아내와
누이의 실명이 나오고, 어머니와 아버지에 대한 소소한 이
야기를 기록해 두었기에 더더욱 이국녀 향란을 모른 척 그
냥 지나칠 수 없다. 시 「이국녀」를 읽으면, 이상하게도 향
란의 얼굴이 떠오른다. 이 환영이 좀처럼 머릿속에서 사라
지지 않는 것은 시인의 시적 묘사가 탁월해선지, 사실이기
때문인지 아리송해진다.

그대는 나의 말을 모르고 나는 그대의 말을 모른다.
벙어리 같이 웃기만 하는 우리의 기이한 인연이여!

두만강 흐르는 물 조약돌 강변에서 맺어진 실마리여
얼음같이 찬 가슴에 따스러운 사랑을 품겨 주는 강바람이
러니!

그대의 얼굴이 그리워 저녁 강변을 나붓기든 나이여니!
사랑스런 향란이 그대는 이맘의 아름다운 무지개이여라.

단발한 검은 머릴 바람에 나풀거리며 우슴 짓든 흰 얼굴!
이역의 애상된 마음을 어루만져 남음이 있도다.

그대의 따스러운 손길에 아픈 맘을 잊어버리고
봄바람 같은 그대의 웃음으로 언 가슴을 녹히는 나의 노
라! (「이국녀」 중에서)

아이러니하게도 시인 이서해는 불순함이 가득한 『이
국녀』 시집을 다른 사람도 아닌, 아내 정원에게 '선물'로 바
쳤다. 시집을 받아 든 아내는 무슨 생각을 했을까? 아내 정
원이 이국녀 향란을 시상 속의 여인이라 굳게 믿었길 바란
다. 아니면, 보헤미안 시인을 남편으로 둔 자신을 원망할

수밖에. 시인은 마지막 시 「신혼」에서 아내 정원의 행복을 기원하는 남편의 마음을 노래했다.

필자에게 시는 역시 쉽지 않다. 근거 없는 의심을 덮고 시를 시로만 감상하기로 하자. 시에 담긴 남편의 목소리에서 반려자로서의 진정성을 음미해 보자.

당신이 넘어지시면 이 몸이 이리켜 안어 드리고

이 몸이 넘어지면 당신이 이리켜 안어 주소서.

당신이 동이 니고 물 길어 오시면, 이 몸은 밥솥에 불을 지키어고요.

당신이 안일을 보삶이실 때, 이 몸은 밧갓일을 보겠나이다

동요집 능금

최병양
1938

세상 아이들이
고운 마음으로
자라길

아무리 동요집이 많이 나온 시대였다고 하지만, 앞서 『색진주』를 소개하고 또 다른 동요집을 소개하기란 쉽지 않은 결정이었다. 170권에 달하는 1930년대 소장도서 중에서 겨우 10권 남짓을 고르는데, 장르가 겹치는 건 다양성 측면에서 아무래도 꺼려지니까. 어찌 되었든 고를 책이 많아 고민이라면 사서로서 복에 겨운 것이겠지만 책과 사람 간에도 인연이 있나 보다.

『동요집 능금』은 저자도, 책에 대해서도 알려진 게 별로 없는 동요집이다. 표지에 그려진 서양 인형처럼 생긴 소녀가 이색적이다. 아래는 책에 실린 저자 최병양의 사진.

알아주는 이 없어 외로운 책

이 책은 여러 책과의 경쟁을 뚫고 뽑혔지만 그래봤자 알아주는 이가 별로 없어 외롭다. 한국에서는 거의 알려지지 않았고, 혹시 일본에서라면 누군가 이 책의 존재를 알아주고 작가와 책의 이름을 불러 주었을까? 태어난지 올해로 팔순을 넘겼는데 이제껏 아무도 그의 이름을 불러 주지 않았다니 연민이 생긴다. 책의 인생은 우리 인생보다 훨씬 길기에 괜찮다고 스스로 위로한다. 동심 속에서 실컷 놀았으면 그만 아니냐고 책이 내게 말을 거는 듯하다.

이 동요집의 작가 최병양崔炳亮은 어느 문헌에서도 정보를 찾을 수 없었다. 책에 실린 작가 사진이 전부다. 양복을 말끔히 차려 입고 기름칠한 머리를 반듯하게 넘긴 훈남 청년의 얼굴에서 부티가 난다. 요즘은 검색 창에 화초 사진만 넣어도 정보를 척척 잘 찾아 주던데, 초상화를 넣으면 그 사람의 정보를 알려 주는 기능은 아직인가?

이 책은 따로 발행한 출판사가 없고, 일본 도쿄에서 작가 최병양의 이름으로 발행되었다. 인쇄도 도쿄에 있는 삼문사에서 했다. 출판사 없이 개인 이름으로 발행된 것을 보면, 일본 유학생이 아니라 동경에 체류했던 부유한 조선인의 자비출판이었던 듯하다. 특히 겉표지가 두꺼운 하드커버에 요철이 있는 문양까지 새겨져 있어 제법 돈을 들인 듯하다. 그 위에 '능금'이라는 두 글자와 저자 이름은 빨간색으로 인쇄했고, 검은색 단발머리에 레이스가 넓게 달린 블라우스를 입은 소녀의 얼굴이 표지 삽화로 들어갔다. 이런 블라우스는 필자의 유년 시절에도 부잣집 딸들이 아니면 입기 어려웠던 귀한 옷이다.

표지를 열면 상큼하게 동심을 불러일으키려는 듯 오렌지 빛깔의 밝은 면지가 나온다. 인쇄와 제본 사정이 경성에서 출판된 다른 책과 비교해 출중하다. 내지 종이도 매우 두꺼워 마치 스케치북을 넘기는 듯한 고급스러운 촉감을 선사한다.

작가와 책에 대한 정보가 전무하기에 동원할 수 있는 건 상상력밖에 없다. 다행히 이 책에 대한 소개 한 줄이 『동아일보』 1939년 1월 26일 자에 출생증명서처럼 남았다. 이 책의 존재를 유일하게 증명해 주는 공식 자료다. 재밌는 건, 한 줄 신간 소개 끝 괄호 안에 이 책이 전국 서점에 있다고 적어 둔 것이다. 전국 서점에서 판매된다고 기사까지 났던 그 많던 '능금'은 누가 다 먹었단 말인가? 국내에서 이 책을 소장한 도서관은 한 곳도 없었다. 고서점의 목록에서도 찾을 수 없었다. 다만 일본 의회도서관에서 한 권을 소장하고 있었는데, 서명이 한자 林檎(임금)[28]으로 되어 있어 처음엔 같은 저자의 일본 번역본인 줄로 알았다. 자세히 목록을 읽어 보니 한글 표지 제목을 거꾸로 번역한 한자 제목이다.

이미 전자책으로 책을 옮겨 놓았는데 필자는 접속이 불가능해 바로 원본을 확인할 수는 없었다. 책의 사이즈나 페이지수 그리고 다른 서지사항을 확인한 결과 같은 책일 가능성이 매우 높다. 하지만 책의 언어를 일본 의회도서관 목록에서는 조선어가 아닌 일본어라고 적어 놓아 오류가 아닌지 문의해 봐야 했다.

능글처럼 상클한 저자의 첫 동시집

수수께끼 같은 책이지만 저자가 남겨둔 '꼬리말' 덕분에 몇 가지 정보를 더 얻었다. 첫째, 이 책은 작가 최병양의 첫 책이라는 것. 둘째, 이 책은 작가가 동요에 뜻을 둔 이후 썼던 작품 가운데 28편만 실었다는 것. 셋째, 그를 지도해 준 시인은 이용악李庸岳이라는 것. 넷째, 동요집 표지와 본문에 들어간 삽화는 마균馬均의 그림이라는 것. 마지막 다섯 째는 이 책에 대한 작가의 애정이 매우 뜨거웠다는 것이다. 이 첫 작품집을 시작으로 수련을 쌓아 "능금 같이, 보아서 좋은 색채에, 먹어서 맛있고, 자양이 되는 동요를 독자들에게 선물로 드릴 수 있는 그날이 하루라도 속히 오기를 바란다"고 적었다. 아쉽게도 첫 열매만 거두고 더 이상의 열매를 맺지 못하고 말았지 싶다.

책 제목이 '능금'이라, 줄곧 상큼한 사과 생각에 입안에 침이 고인다. 표제시 「능금」으로 그 맛을 조금만 느껴 보자.

심부름 잘했다고 얻은 이 능금
그냥 먹어 버리긴 하도 아까워
만지며 갖고 노니 냄새도 좋네
갖고 놀다 너무도 목젖이쳐서[29]
한 번 두 번 조금씩 벼 먹었더니
어느새 죄다 먹고 씨만 남았네

책의 구성은 '원숭이', '바람만 불어 오면', '아버지 마중' 그리고 '편지'라는 네 개의 장 아래 동요 7편씩, 총 28편을 실었다. 사람 흉내를 잘 내는 원숭이가 밭에 가서 고추를 따먹고 입안에 불이 난 이야기, 대머리 메뚜기 영감이 장 구경에 가려는데 망건이 자꾸 벗겨져 여러 번 고쳐 쓰다 보니 장이 파했다는 이야기, 떨어진 별똥은 누가 줍냐고 할아버지에게 묻는 천진난만한 아이, 밤송이를 한 입에 넣고 씹다가 밤송이에 찔려 울고불고 난리가 난 호랑이, 감나무 꼭대기에 열린 감을 따려고 돌멩이를 던지고 장대를 들어봐도 떨어질 줄 모르는 감에 침만 꼴깍 삼키는 어린 아이 등 동심 가득한 노래들이다.

각 장은 장 제목과 어울리는 삽화로 시작한다. 삽화를 맡은 마균은 1931년부터 그 이듬해까지 『동아일보』에 4컷 소년만화 「신동이의 모험」을 다수 발표했고, 1935년에는 어린이 만화 「무서운 꿈」을 실었다. 『동아일보』에 실린 만화로는 남궁량 글과 박천석 그림의 「여섯 동무」 이후 처음이다. 4컷 만화를 무려 80편이나 실었지만 그 이후로는 만화를 전혀 그리지 않았는지 이 책의 삽화 외에 알려진 바가 없다. 본명이 아닌 것 같은 '마균'이라는 이름은 작가 최병양과 함께 이 책 출간 이후로 자취도 없이 사라졌다. 이 둘은 『동요집 능금』을 함께 만들고, 도대체 어디로 간 것일까? 백설공주의 독사과라도 먹었단 말인가?

삽화가가 남긴 선물 하나

마균은 이 책에 귀한 선물 하나를 남겼다. 그가 손수 그린 삽화 한 장이다. '신무주 백웅白熊 중에서' 라는 제목의 그림인데, 오리 입을 한 사람이 하늘을 나는 무언가(잠자리?)를 잡으려고 막대기를 높이 쳐들고 흔들어 대는 모습이다. 한자로 '마균'이라고 친필 싸인을 달았다. 언뜻 보면 미국 만화 '뽀빠이와 올리브'의 그림체를 닮았다. 이 책에만 남겨진 마균의 그림이 어느 만화책 속의 한 장면인지, 순수 창작인지 모르겠다. 표제지 다음 장에 그려진 이 그림을 누군가 숨기려는 것처럼 표제지 첫 장과 풀로 붙여 두었다가 도로 뗀 것도 미스터리다.

　　책에다 낙서를 하고 풀을 붙여 훼손하는 일은 도서관 사서로서 절대로 용납할 수 없는 공공기물 파손죄에 속하지만(요새는 누가 낙서했는지만 알면 책값의 몇 배나 되는 벌금을 매길 수도 있다), 삽화가가 직접 그려 남겼다면 되레 고마워할 일이다. 게다가 그 페이지는 미스터리 인물 또 한 명을 데려왔다. 사랑하는 누이에게 이 책을 준다며 1939년 2월 5일 날짜를 적은 Y. Cho라는 사람이다. 누군가 만년필로 책에 적은 게 아니라 아예 책을 만들 때 책

이 책에 삽화를 그린 '마균'이라는 삽화가는 면지에 낙서 같은 그림을 남겼다. 오래된 책에
남은 것은 낙서조차 값지다.

과 함께 프린트한 듯하다. 물을 묻혀 문질러 보지 않는 이
상, 전문가의 감정이 필요하다. 분명 책을 낼 때 이렇게 내
진 않았을 터인데 마치 인쇄된 글자처럼 보여 도서관 사서
임을 망각하고, 손에 침을 묻혀 살짝 문질러 보고 싶은 충
동을 가까스로 참았다. 이니셜만 적은 미스터리 인물은 같
은 글을 표지 안쪽에도 남겼다. 누이를 무척 사랑한 사람이
었음에 틀림없다. 사람은 정직하고 깨끗해야 한다며 '능금'

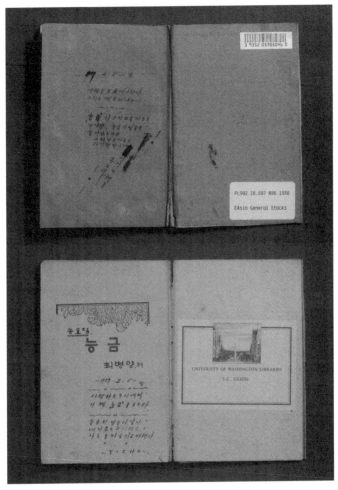

책의 앞면지와 뒷장에 소장자는 헌사를 남겼다. 누이동생이 능금 같은 마음을 간직하길
바라는 오라버니의 마음을 담았다.

의 고운 얼굴처럼 고운 마음을 가지라고 신신당부하는 내용이었다. 이 책을 선물 받았을 누이의 얼굴은 빨간 능금처럼 예뻤을 것 같다. 표지 그림처럼 레이스가 달린 블라우스를 입고 있었을지도 모르겠다. 입에 익은 동요가 나도 모르게 흥얼거려진다.

"사과 같은 내 얼굴 예쁘기도 하지요. 코도 빤짝 눈도 빤짝 입도 빤짝빤짝~"

천변풍경 川邊風景

박태원
박문출판사
1938

조각보

서울 풍경을 담은

100년 전

천변풍경은 옛날 서울의 도심 한복판을 흐르던 청계천 주변 풍경이다. 청계천으로 빨래하러 모인 동네 여인들, 쭈그리고 앉아 빨래 방망이를 들고 있거나 연신 빨래를 문질러 대느라 고개를 파묻고 앉아 있는 여인들의 뒷모습이 정겹다. 빨랫줄에 빨래를 널고 있는 여인네 위쪽으로 개천을 가로지르는 다리 위에는 양산을 쓴 한 여인이 걸어간다. 한복을 곱게 차려 입고, 치켜 든 양산처럼 콧대를 높이 쳐든 모습이 개천 아래에서 빨래하는 여인과 대조적이다.

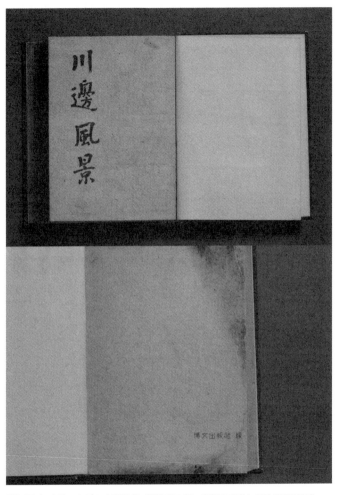

『천변풍경』의 앞표지. 뒤표지 안쪽에는 뱀을 팔고 있는 땅꾼과 이발소 등의 천변풍경이 흐릿하게 남아 있다.

식민지 백성의 조촐한 일상

굴렁쇠를 굴리며 바쁘게 걸어가는 어린 아이도 있고, 중절모를 쓴 양복쟁이 콧수염 노신사도 있다. 길 주변에는 판자집과 기와집이 공존하는 두 얼굴의 서울 풍경이 펼쳐진다. 1930년대 서울 도심은 일상으로 바쁘다. 한글 '리발'과 한자 '理髮' 간판이 나란히 달린 이발관의 창문이 활짝 열려있다. 열린 창으로는 앉아서 머리를 깎고 있는 사람과 서서 분주히 일하는 이발사의 모습이 보인다.

청계천 다리 밑에는 구렁이와 살모사를 팔고 있는 초라한 행색의 땅꾼이 있다. 벽에 기대앉아 쏟아지는 졸음을 참지 못하고 고개를 떨군다. 구렁이를 넣어 잠가 둔 자물쇠 달린 커다란 상자와, 짚으로 엮은 넝마와 거렁뱅이가 구걸할 때 쓰는 깡통도 덩그러니 놓였다. 빨래를 머리에 이고 돌아가는 여인네 뒤로 엄마를 쫓아 종종 걸음을 걷는 아이. 머리에 상투를 틀고 곰방대를 입에 문 영감의 여유 있는 걸음. 영감의 쌈짓돈 주머니가 허리춤에서 유난히 출렁인다. 개천 물에 얼굴을 씻는 이도 있다. 천변에서 만난 다양한 인간 군상이다.

위 묘사는 박태준의 소설 『천변풍경』의 표지 그림을

글로 옮긴 것이다. 표지는 소설에 등장하는 수많은 인물과 총 50절로 구성된 이야기의 일부를 담았다. 표지 장정은 박태준의 친동생인 서양화가 박문원朴文遠이 그렸다.30 옅은 연두빛 스케치 위에 진한 밤색으로 '천변풍경'川邊風景이라고 적어 표지를 만들었다. 책 제목 글씨에 대해서는 책에 따라 언급이 없었지만, 1947년도 『동아일보』 신문 광고에 따르면 장정가 배정국裵正國의 글씨라고 한다.

판권지가 떨어져 나간 워싱턴대학교 소장본은 1938년도 초판본이 아닌, 1947년 재간행된 책일 가능성이 높다. 무심코 표지 이미지를 인터넷에서 찾아 훑다가 도서관 소장본과 표지가 다른 표지를 발견하고서야 초판본이 아닌 것을 알았다. 초판본 표지에는 어린 아이 두 명이 사이좋게 놀고 있고, 수건을 머리에 두른 여인네들이 앉아 빨래하는 모습이 뒷배경으로 그려져 있다. 사실 초판본보다는 뒤에 나온 표지가 책 내용과는 훨씬 더 잘 어울린다. 세세하게 묘사된 청계천 주변 풍경도 그렇고, 다양한 인물이 표지에 등장하는 것도 그렇다.

세태소설이 드러낸 시대의 무기력

1947년 출간에 대해서도 여러 말이 많다. 초판본은 아니지만 당대 인기가 좋았다니 한두 해 후에 재간했겠거니 생각했는데, 1947년은 너무 늦다. 워싱턴대학교 소장본과 같은 대구문화원 소장본 설명에서는1941년판이라고도 주장하고 있지만, 판권지를 확인하기 전까지는 알 수 없다. 여러 가지 사실을 종합해 본 결과 아무래도 1947년 간행본일 가능성이 크다. 표지 뒷장에 출판사명이 이전에 부르던 '박문서관'이 아니라 1947년 신문 광고와 같이 '박문출판사 판' 이라고 적혀 있는 것과 양장의 호화 미본이라고 선전한 것을 보면 더욱 그렇다. 독특한 표지의 책이라 좋긴 하지만, 초판본에 실었다는 이광수의 서문이 없어 그가 어떻게 이 책을 극찬했는지 읽어 보지 못하는 게 조금 아쉽다.

재간과 초판본 간에 달라진 내용은 없다. 총 492페이지로 장수마저 동일하다. 따라서 내용이나 형식면에서 1947년이든 1938년이든 출간년도는 상관없을 것 같다. 『천변풍경』은 단행본으로 출간되기 전, 『조광』이라는 문학잡지에 1936년과 1937년 두 해에 걸쳐 연재되었는데, 단행본으로 펴내면서 작가가 내용을 다소 수정했다. 총 50

절로 구성된 각 절의 이야기 순서도 바꾸고, 캐릭터도 보강하거나 축소 수정하고, 성격 묘사도 손을 보았다.[31] 초판본과 같이 이 책 끝에 '병자 5월 기고丙子五月起稿 정축 7월 탈고丁丑七月脫稿 무인 1월 개고戊寅十月改稿'라고 적어 1936년 초고를 쓰기 시작, 1937년에 탈고, 1938년에 개고했다고 명시해 두었다.

박태준의 『천변풍경』은 그의 다른 작품 『소설가 구보씨의 일일』과 함께 1930년대 말에 유행했던 세태소설로 문학계에서 많은 관심을 받았다. 정치색이 짙은 경향문학 이후 뉴제너레이션 작가로 이상, 김기림, 김유정 등과 함께 높이 평가되었다. 작품이 발표되자 임화는 비평 「세태소설론」을 무려 5회에 걸쳐 『동아일보』에 실었다. 박태준이 보여 준 '모자이크적인 세태 묘사'를 조각보 같다고 평가하며 작가가 작품세계를 통해 일관된 인생관을 주장하기 보다 세태를 세태대로 객관적으로 묘사했다고 보았다. 이렇게 오직 사실에만 집착해 묘사하는 작품의 성행은 무력한 시대를 보여 주는 징후라고도 평가했다. 일제 식민통치 아래서 30년 가까운 세월을 보내며 작가가 갖게 된 현실에 대한 자조적이고 무력한 대응의 결과라는 것이다. 평론가 백철도 1938년도 12월 18일 자 『동아일보』 기사에 그해

문학 작품 경향을 "금년은 온갖 주장과 양심과 정의가 사실적인 것에 해소를 당하는 일년 간이었다"고 회고했다.

임화의 비평처럼 꼼꼼한 세부 묘사는 있을지언정 소설에 있어야 할 플롯이 없다는 게 이 소설의 특징이다. 여러 인물이 등장하지만 그 인물들 간에 소소한 상호작용만 있을 뿐, 이들의 이야기가 큰 줄거리로 모아지지 않는다. 그저 이 사람 저 사람 다양한 서민들의 일상이 50가지 정도 나열되어 있을 뿐이다. 그래서 1930년대 서울에 살지 않았어도, 소설을 통해 속속들이 서울 구경을 한 것 같다.

이발사에서부터 한약국의 약사, 카페 여급, 포목전 주인, 기생, 첩, 여관 주인, 당구장 보이, 전매청 직원, 부의회 의원 등 그야말로 잡화상 같은 인간 군상들이 서울의 실제 거리와 지형 및 건물을 배경으로 다양한 인생살이를 펼친다. 그들의 생활상, 도심의 모습, 사람들의 말투, 당시 풍속, 생각 등 여러 사람들이 겪는 삶을 관찰자 입장에서 평범한 사람들의 집안 곳곳은 물론 서울의 속살까지 들여다볼 수 있다. 1938년도 광고에서는 "소설에서 우리는 우리 자신의 부끄러운 생활상을 발견하고 우리 자신의 가여운 행색을 깨달을 것"이라고 전했는데, 독자들은 서울 사람들의 민낯에 때로는 웃음이 나오고, 때로는 슬픔이 교차하며 남다른 감상으로 읽게 된다.

소설가를 덮친 분단의 비극

박태준의 『천변풍경』을 읽고, 당시 소설가이자 비평가였던 김남천이 희곡 형식의 재치 있는 리뷰를 남겼다.[32] 소설에 나온 인물들이 대거 등장해 박태준의 자전적 소설 속 주인공인 소설가 구보仇甫 씨를 천변 길에 붙잡아 놓고서 자신들의 민낯 그대로의 삶을 쓴 작가에게 항의하며 싸우려고 달려든다는 가상의 설정이다. 혼자 읽기 아쉬워 다소 길지만 소개한다. 철자와 어투는 당시를 그대로 재현하고자 고치지 않았다.

난데없이 모자를 쓴 구보가 책을 몇 권 끼고 단장을 두르며 운전수처럼 다리를 건너 천변 길에 접어드니 이발소에서 재봉이란 놈이 쫓어 나와 구보의 양복 짜락을 붙들고 이렇게 말한다.

재봉: 모자를 쓰시면 누가 모를 줄 아슈? 여보 구보상. 그래 우리 천변에 사는 사람들을 가지고 으째 구보상이 야

단을 치셨수?

구보: 인석이 웬 녀석이야. 길 가는 행인을 붙들구서. 바쁘다 인석.

재봉: 아니 구보상이 나를 모르슈. 이발소의 재봉일 몰라 보슈. 여바요들 구보상을 잡았소.

(이 소리에 이발소와 카페와 한약국과 빨래터와 다리 밑에서 수다한 사람이 모여들어 사람마다 소리소리 지르며 구보를 둘러싼다. 이 소란한 가운데 구보가 태연자약해서 서 있다.)

점룡이 어머니: 그래 당신이 무슨 턱에 우리 천변 사람들의 가난한 살림사릴 모두 소설루 다 써서 인제 낯을 들고 거리에 나다닐 수도 없게 헌단 말유요.

용돌이: 아니 우리들을 골려 먹었다는 양반이 바루 이 양반이야. 모두 비껴내. 혼자 담판을 헐께. 자, 구보상 저 다리 밑으로 갑시다. 나는 권투 구랍부의 용돌이란 사람이요. 어데 한 번 싱껜쇼오부를 헙시다.

구보: (모자를 벗어 답부룩한 "오갑빠"를 내놓고 한번 씽긋이 웃더니) 너 누그들헌테 그런 건 들었니?

재봉: 아니 그럼 우리들이 걸 모를 줄 아셨어요. 이래배두 무선전신대가 다 있어요. 순동이 집에 다마 치러 온 사람

들이 이야기하는 것두 못 들어요. 최재서, 이원조, 임화, 안회남 또 누군가 이 평양 녀석 김남천이라던가, 그분들이 모두 허는 소릴 우린 귀가 없다고 못 들어요.

구보: (약간 노기를 띠우며) 내가 한 푼의 가치도 없는 너희들에게 인간성을 넣어 주고 너희들의 생활 가운데 휴마니티를 넣어 준 줄은 모르구서 백재 이게 무슨 배은망덕의 무지한 버릇들이야. 이쁜이를 강서방헌테서 찾어다 준 건 누구야. 금순이를 유괴마의 손에서 뽑아준 건 누구야. 기미꼬의 의협심을 공개헌 건 누구며 빨래터의 매가를 올려준 건 누구며 거지들의 생활에 유모아와 동정심을 선물한 건 누구며 도대체 너희들이 사는 아래, 이 천변가를 유명하게 헌 게 다 누구 덕분이란 말이냐.

이발소 주인: 그러커들랑 책이나 한 권 주서요. 여러분께 읽어 드릴께.

구보: 일원팔십 전이 뭣이 비싸서 하나씩 모두 사서 봐.

필자의 기억 속 청계천은 도로 밑에 꼭꼭 숨겨야 했던 서울의 악취나는 치부였다. 아직까지도 세운상가나 동대문 시장의 청계천 주변 동네를 생각하면 하수구 냄새와 함께 탁한 기억이 먼저 떠오른다. 지금은 2000년대 복원 사업을 거쳐 도심 속 쉼터로 새롭게 변신했다. 서울에 가면 꼭 들러야 할 관광 명소로 자리 잡았고, 청계광장과 공원을 주변으로 연중 행사도 펼쳐진다. 청계천이 변신한 것처럼, 서울도 무섭게 변했고, 서울에 사는 사람들도 많이 달라졌다. 세월의 흐름과 변화에도 30년대 청계천의 풍경과 당시 서울 사람들의 시시콜콜한 모습이 그대로 살아남은 건, 박태원 소설이 일으킨 천변의 기적이다.

　　서울에서 태어나 서울에서 작품 활동을 했던 박태원의 집 또한 광교 청계천변에 있었다고 한다. 광교와 종로를 쉼없이 걷던 그는, 무슨 생각 끝에 천변을 떠나 집으로 향하지 않고 북으로 북으로 자꾸만 걸어가 버린 것일까? 그는 한국전쟁 후 월북해 평양문화대학 교수로 재직하며 작품을 썼지만 1956년 남로당 계열로 분류돼 작품활동을 금지당했다. 1960년 다시 작가로 복권되었으나 말년에는 실명과 고혈압으로 인한 전신마비로 고통받다가 1986년 지병으로 세상을 떠났다. 그 와중에도 아내 권영희의 도움을 받아 장편소설 『동학농민혁명』을 완성했다고 하니 끝까지 작가로 산 셈이다.

　　다시 올 수 없을지 모르고 떠난 길이었을 테지만 천변을 어슬렁거리며 사람살이를 꼼꼼히 살폈던 그가 그 밝았던 눈을 잃고 더 이상 걸을 수 없게 된 후 자신이 살았던 고향 청계천변을 많이 그리워하지 않았을까? 그 책을 읽는 우리도 각박한 일제강점기의 서울살이임을 잊고 사람들 간의 애정이 물처럼 흘렀던 천변 빨래터와 그곳에 울리던 빨래 방망이 소리가 이렇게 그리운데 말이다.

관
습
타
파
와

세
태
풍
자
의

희
곡
집

지난 가을 한국에 방문했을 때 대학로에서 뮤지컬『사의 찬미』를 관람했다. 대학로의 소극장이어선지 뮤지컬이라기보다 필자의 기억에 아직도 연극으로 남아 있다. 이 연극, 아니 뮤지컬『사의 찬미』의 주인공 또한 연극과 무관하지 않다. 실화를 극화한『사의 찬미』주인공 모델은 1920년대 활동했던 극작가 김우진이다. 그는 당시 유명한 성악가 윤심덕과 함께 현해탄 바다로 투신, 동반 자살한 사건으로 더 잘 알려졌다. 29세로 일찍 생을 마감해서 극작가로서의 활동은 비교적 짧았지만, 토월회를 중심으로 한 신극

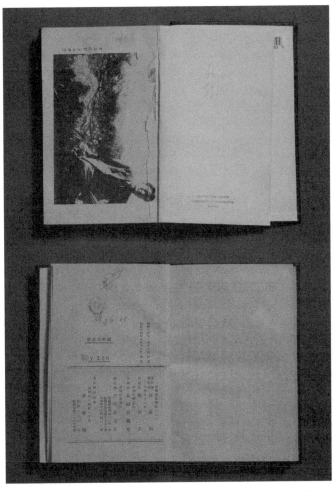

신연극 운동에 앞장 섰던 김송은 일제시대 극작가로서 『호반의 비가』를 포함 희곡집을
두 권이나 펴냈으나 극작가로 기억되지 않는다.

운동을 일으킨 연극운동가이자 표현주의 극작가로 주목
받았다.

잊혀진 극작가 김송

『호반의 비가』를 읽으며 극작가 김우진이 자연스럽게 떠
올랐다. 이 책의 작가 김송 또한 비슷한 시기에 신극운동을
활발히 펼쳤으며 자신의 창작 희곡 작품을 모아 희곡집을
낼 정도로 극 예술에 대한 열정이 뜨거웠기 때문이다. 하지
만 김송은 극작가로서 빛을 보지 못했다. 1930년에 '신흥
극장'이라는 극단을 만들어 작품을 상영하고 희곡 창작에
전념해 일제시대 극작가로서 유일하게 희곡집을 2권이나
출간했지만 김송은 극작가로 기억되지 않는다. 그는 1940
년부터 아예 소설로 창작 분야를 바꿨다.33

　　종합예술인 희곡은 무대와 연출 등을 공부하지 않고
는 창작할 수 없는 장르여서 한 명의 작가도 아쉬운 상황이
었는데, 열정적인 신인 극작가를 소설에 빼앗기다니 요절
한 김우진까지 더해져 더욱 안타깝다. 그가 그렇게 열정을
쏟았던 희곡을 포기하고 왜 소설로 전환했는지 이유를 정
확히 알 순 없지만, 무대 상연에 의존하지 않을 수 없는 희

곡 작품의 상업적인 문제는 작가 혼자의 힘으로 해결하기 어려웠을 것이다. 다행히도 김송은 소설로 전향해 『남사당』 같은 토속적 애수를 그린 작품으로 크게 주목을 받았다. 비록 널리 사랑받지 못하고 무대에도 오르지 못한 작품들이지만, 『호반의 비가』 희곡집을 통해 당시의 창작극 상황이 어떠했는지 그 막을 조심스럽게 열어 보고자 한다.

먼저 첫 작품 「원정」怨情에서는 남녀 간의 삼각관계가 등장한다. 주인공은 7년 전 소식이 끊어졌던 친구를 길에서 우연히 만나 그의 집에 초대받아 간다. 친구의 집에서 만난 친구의 아내는 오래 전 자신이 사귀었던 여자다. 옛 연인에게 받은 원망보다 그 사실을 이제껏 자신만 모르고 있었다는 데에 주인공은 더 큰 마음의 상처를 받는다. 과시하듯 주인공을 굳이 집으로 불러들여 그 광경을 목격하게 만든 친구도 원망스럽다. 옛 연인을 친구에게 뺏긴 주인공은 이제는 친구의 아내가 되어 있는 그녀에게 "나는 지금도 그렇지만 그때에도 남편이 안해의 생활을 질머진다거나 알뜰한 부부의 가정생활을 이루는 것을 즐기지 않았소"라고 자기 변명에 바쁘다. 과거 시인이었다는 주인공의 냉소적인 태도와 불필요한 대응이 연민을 불러일으키기보다 지질하다. 이렇게 말하는 옛 애인을 진짜로 만난다면 처지야 안타깝지만 루저의 끝판왕으로 여길 듯하다. 우연히 친구 집에서 옛 연인을 다시 만난다는 설정이 개연성이 부족한 듯하지만, 짧은 단막극 내내 긴장감을 유지하는 솜씨가 나쁘지 않다.

조혼으로 인한 세태를 풍자한 「결혼풍경」은 요샛말로 막장 드라마다. 주인공 남자는 어려서 아버지가 맺어준 여자와 이혼하고 다른 여인과 재혼하려 한다. 서양식으로 주례를 서고 들러리를 세운 신식 결혼식이 한창 진행되고 있는데, 갑자기 전처가 나타나 결혼식을 깽판 치는 것으로 극은 끝난다. 극중 간간이 형식적인 결혼식을 비판하는 목소리도 들리고, 강제 조혼의 인습이 초래한 문제도 제기된다. 비록 결혼식이 전처의 훼방으로 성사되지 못했지만, 사랑에 기반한 결혼을 중시하고 사랑 없이 맺어진 구습 결혼을 소리 높여 비판했다는 점에서 작가의 용기가 돋보인다. 특히 이혼과 재혼이 흔치 않았던 시대 상황을 감안하면, 당시에 센세이션을 일으킨 작품이 아니었을까 싶다. 작가 김송도 조혼으로 인해 이혼과 재혼의 과정을 거쳤다고 한다. 자신의 경험을 그대로 녹인 작품이다.

봉건 관습에서의 해방과 세태 풍자

표제작 「호반의 비가」에서도 유교적 봉건 관습으로부터의 해방을 부르짖는다. 대학까지 공부를 했으나 정신질환을 앓고 있는 이진사의 아들은 배 다른 누이 순이를 사랑한다. 어머니 박씨는 풍속에 어긋나는 일이라고 아들을 비난하고, 아들은 가슴을 쥐어뜯으면서 "내 심장을 얽어 놓는 그런 풍속을 없애고 싶다"며 "이 땅에 전해 내려온 풍속, 전통을 휴지처럼 불살라 버리겠다"고 한탄한다. 그에게 전통은 희망과 청춘을 매장한 것과 다름없다.

한편 순이는 오빠의 친구인 이웃 청년을 사랑한다. 결혼도 하지 않고 당장 그를 따라 상경하기를 원하지만 순이도 풍습을 따라야만 한다. 인습의 피해자가 된 순이는, "전통이니 풍속이니 하는 쇠사슬에 얽매여 진보하지 못하고 발전하지 못했다"며 "인간 생활과 사회발전상 장애가 된다면 (전통이나 관습을) 일조에 없애 버려야 된다"고 주장한다. 하지만 관습은 혼자 타파하기엔 견고하다.

순이는 아버지 이진사가 양녀인 자신을 부자에게 팔아 몰락한 가세를 조금이라도 일으켜 보려는 계획을 알고는 자신의 욕망을 접는다. 이를 막으려고 애쓰는 아들과 가족을 위해 자신을 희생하고자 하는 순이의 갈등이 눈물겹다. 순이를 사랑했던 이진사의 아들은 결국 순이를 자신의 친구에게 보내 주고 자신은 폐병으로 호반의 언덕에서 죽음을 맞이한다.

반면, 「생활풍경」은 시종일관 말발 좋은 아내와 회사 중역인 어리숙한 남편, 그리고 배짱 두둑한 하인 사이에 오가는 희극적인 대화가 주를 이룬다. 밤낮 음악회니 친구 모임이니 집 밖으로 도는 한가한 아내와 그녀의 말재주에 속아 넘어가는 어리석은 남편은 집안 경제를 위해 서로 양주를 끊으라느니, 담배를 끊으라느니 하며 옥신각신한다. 하지만 매번 남편은 아내의 말재간에 당하지 못한다. 하인마저 내보내고 혼자 집에 남은 남편은 속수무책으로 담배만 문 채, '털양말을 신고 화장을 하고 낙타 외투를 입고서 자동차를 타고 양주를 마시러 가는 사치스러운 아내'를 허탈하게 바라볼 뿐이다. 1930년대 말에 이런 생활이 가능했을지 상상하기 어렵지만 지금 봐도 씀씀이 큰 부인에게 하루가 멀다고 농락당하는 공처가 남편의 모습이 코믹하다 못해 짠하다. 모르긴 해도 작가가 이런 별난 부부를 어디선가 목격하고 작품으로 썼지 싶은데, 당시 일반 독자에게는 생경한 풍경이 아니었을까 싶어 그들의 반응이 궁금해진다.

시대의 단면 보여 주는 멜로드라마

『호반의 비가』 작품집에는 라디오 드라마 대본도 한 편 포함되어 있다. 「애원기」의 남자 주인공 인호는 다방에서 일하는 내희를 너무나 사랑한 나머지, 그녀를 위해 회사에서 돈을 훔쳐 함께 북만주로 도망가기로 약속한다. 하지만 내희는 약속을 깨고 돈만 챙겨 전 남편과 함께 어촌으로 가 살림을 차린다. 마음의 죄를 진 채 어촌의 주모가 되어 살아가던 내희는 우연히 자신의 술집에 찾아온 인호와 맞닥뜨린다. 인호는 자신의 생을 망친 내희와 그녀의 남편에게 복수하고자 칼을 집어 들지만 내희 부부의 딱한 사정을 듣고 결국 포기하고 돌아선다.

1930년대 라디오에서는 어떤 극이 흘러나왔을까 궁금했는데, 지금 세태와 크게 다르지 않다는 걸 느낀다. 특히 다방 마담이 내희에게 순박한 인호를 농락해 이용하고 차 버리도록 조언하는 부분은 타락한 양심의 바닥을 보는 듯해 읽던 눈을 의심케 했다. 1930년대 사람들은 이런 부도덕한 이야기들을 들으면서 어떤 상념에 빠졌을까? 한 비평가는 당시 신문에 라디오 드라마가 "천비한 미소와 부녀자의 눈물을 짜어낼랴는 헐값의 '센티멘탈리즘'이 충만

한 '에로큐-슌'을 방출하는 속악물'이라고 비판했는데, 이 극을 읽으니 이런 비난이 하나도 의아하지 않다.34 감정을 쏟아 대본을 연기하는 성우의 목소리와 막간에 삽입되는 극적인 음악 소리를 숨죽여 들었을 그때 사람들의 마음을 상상하게 하는 재미있는 작품이다.

당시 신인 극작가였던 김송은 이 책을 내고 작가 한설야로부터 극찬을 받았다. 사람과 글이 일치한다는 평처럼 좋은 평이 또 있을까? 한설야는 그의 작품을 읽고, 그의 사람됨과 마찬가지로 세대의 양심과 열의를 가지고 있음을 발견했다며 작가와 작품을 동시에 칭찬했다.35 모든 작품에 작가 김송이 비쳐 있다고 했는데, 주로 나약하나 자신의 도덕과 신념을 끝까지 고수하고자 때로는 시니컬하게, 때로는 바보스럽게, 때로는 정신병자로 살았던 주인공이 작가 김송의 얼굴이 아니었나 싶다.

하긴, 책 머리의 작가 사진에서 선량한 청년의 얼굴을 놓치기는 쉽지 않다. 급변하는 세상 속에서 구습을 버리고 사회와 개인 삶의 발전을 꾀하며 그 속에서 양심과 도덕을 지키려 애썼던 작가 김송. 평론가 백철은 1939년『매일신보』신간평에『호반의 비가』에 대해 불행한 남녀 주인공이 나누는 대화를 통해 작가가 자신의 심경을 토로함과 동시에 그 세대의 아픔을 노래했다고 썼다.

　혹자는 김송을 감상적 현실만 보여 주는 멜로드라마적 대중작가라고 낮게 평가했다.[36] 치열한 작가 정신이 미비하고, 현실 극복의 역사의식이 결여되었기에 극작가로 성공하지 못했다고. 하지만 그런 평가야말로 작가 김송이 그렇게 타파하고자 했던 구습에 젖은 봉건적 문학관이 아니었을까, 감히 그를 대변하고 싶다.

파경 破鏡

박화성 외 5명
중앙인서관
1939

'깨어진 거울'을 뜻하는 제목이 의미심장하다. 이혼이라는 말을 입에 담기 어려웠던 7080시대에 이혼을 전면에 내세운 파격적인 드라마 제목 같다. 하지만 그보다 수십 년 전인 1930년대 말에도 '파경'을 입에 올렸다니 놀랍다. 그래도 1930년대 파경에는 다른 의미가 있지 않을까 했는데 소설 『파경』破鏡은 여성의 사랑과 결혼 그리고 헤어짐을 담은 장편소설이다. 소설의 구체적 내용이 무척 궁금하겠지만, 줄거리는 조금 미루고 우선 이 소설의 독특한 기획을 먼저 짚어 보자. 내용만큼이나 파격적이고 실험적이다.

파격적인 형식의 소설 『파경』의 앞뒤표지. 여성 교양 잡지 『신가정』 연재 당시 6명의 각기 다른 작가가 이어달리기식으로 집필해 한 권을 완성했다.

실험적 형식의 연작 소설

이 소설은 단행본으로 나오기 3년 전인 1936년, 여성 교양 잡지 『신가정』新家庭에 4월부터 9월까지 총 6회에 걸쳐 연재되었다. 흥미로운 건 이 연재소설이 각기 다른 6명 작가가 공동 집필한 합작 연작소설이라는 것이다. 릴레이 소설이라고도 부르는데, 운동경기의 계주 이어달리기처럼 여러 명의 저자가 함께 참여하되, 한 챕터씩 이어가듯 쓴 소설이다. 이 릴레이 소설에 참여한 작가는 제1부에서 제6부까지 작품 순서대로 박화성朴花城, 엄흥섭嚴興燮, 한인택韓仁澤, 이무영李無影, 강경애姜敬愛, 조벽암趙碧岩 으로 이어진다.[37] 릴레이 합작 소설의 흥미를 더하기 위해 기획 당시 참여 작가의 명부만 공개하고, 매회 집필 작가의 이름을 밝히지 않았다. 최종회에 가서 독자에게 작가를 맞춰 보라고 했으니, 독자는 작가를 알고 싶은 조바심에 애를 태웠으리라.

　안타깝게도 이 작품이 실렸던 잡지 『신가정』은 발행 주체였던 『동아일보』가 일장기 말소 사건으로 무기 정간 처분을 받으면서 같이 폐간되는 바람에 마지막에 밝히기로 했던 작가 이름을 영원히 밝히지 못하게 되었다. 무려 3년이 지난 1939년이 되어서야 단행본으로 펴내면서 작가들의 이름이 비로소 밝혀졌다. 근래에 우리나라 젊은 작가들이 가명으로 소설을 발표하고 책으로 묶은 후에야 본명을 밝힌 기획을 한 적이 있었는데, 커튼 뒤에서 노래를 부르는 가수가 누구인지 알아맞추는 것처럼 문체나 메시지를 통해 작가를 추측해 보고 커튼이 열렸을 때 과연 맞았는지 확인하는 재미가 있다. 그러려면 작가들이 어느 정도는 대중적 인기를 누리고 있어야 했는데, 여기 참여한 작가들은 모두 당대 이름을 들으면 알 만한 작가들이다.

　　작품의 완성도를 떠나 독자에게는 호기심을 자극하는 재미있는 발상이다. 더군다나 참여 집필 작가 간에 작품에 대한 사전 협의 없이 각자 자유롭게 썼다고 하니 매우 진취적이고 실험적이다. 필자가 읽었던 소설 중에 일본의 두 작가가 이어 쓰기를 했던『냉정과 열정 사이』도 떠오른다. 하지만 이 작품은 같은 이야기를 여성과 남성 작가가 서로 다른 관점에서 나눠 쓴 작품이라『파경』에 비하면 수가 읽힌다고 할까? 잡지 등에서 한 가지 소재나 주제를 가지고 여러 작가에게 청탁해 연재한 후, 단행본으로 묶거나 돌아가신 선배 작가에게 헌정하기 위해 여러 후배 작가들이 연작 작품집을 묶어 내는 것을 본 적이 있지만 한 소설을 각기 다른 작가가 이어서 한 작품으로 완성하는 것은 지금 봐도 매우 드문 기획이다.

이 같은 릴레이 소설에 대한 연구까지 있는 걸로 봐서 1920~1930년대에 이런 형식이 꽤 인기를 끌었던 모양이다. 하지만 오래가지는 못했다. 그 이유에 대해 작가와 작품 간에 완성도 차이와 독자의 호기심과 명성 높은 작가에만 의존한 상업적 기획이 한계로 작용했다는 지적도 있다. 바통을 넘겨 받는다고 모든 작가들이 한결 같은 수준의 작품을 만들 수는 없을 테니 당연한 귀결 같다.[38]

금전과 제도의 횡포에 시달린 주인공 현애

이 작품은 당대에 어느 정도 호평을 받은 릴레이 소설이다. 6명의 작가가 모두 자유롭게 썼지만 "인생관, 세계관, 예술관들이 어느 정도까지 비교적 원만하게 융합되어 작품으로서 통일을 잃지는 않았"다고 한다. 이 평은 연작자 6인을 대표해 단행본 서문을 쓴 작가 염흥섭이 직접 썼다. 1939년 7월 24일 자 『조선일보』에 서평을 쓴 문학평론가 박영희朴英熙도 이 소설을 두고 책자로 나온 합작 소설로는 첫 작품이라는 것을 강조하며 비교적 우호적인 평을 남겼다. 박영희는 대개 합작 소설은 작가들의 개성과 문학적 태도가 서로 달라 높게 평가받기 어려운데, 이 작품은 6인의 작가가 가진 동일한 '경향' 때문에 그 한계를 넘었다고 평가했다.

여기서 동일한 경향이 무엇을 말하는 것인지 정확히 알 수 없지만, "생활의 정의를 내리고 사회의 현상을 더듬어 보려고" 했다는 평가로 미루어 정식 카프 회원은 아니었지만, 사상적으로는 프롤레타리아 문학에 동조한 작가들을 지칭하는 그 '경향'을 말하는 게 아닌가 싶다.[39] 특히 "금전의 농락과 제도의 횡포"라는 주인공 남편 상호의 외침에서 그 경향의 색이 두드러져 보인다. 또한 박영희는 이 소설이 여성의 정조관과 모성애 문제를 다룬 가정소설이지만 사회소설의 성격도 있는 작품이라는 평가도 함께 내렸다.

필자는 비록 이 소설을 줄거리 중심으로 읽었지만, 개별 작가의 다른 작품과 비교하며 그 작가만의 작품 경향성을 음미하면서 각 분량을 읽는다면, 읽는 재미가 훨씬 더 크지 않았을까 아쉬움이 남는다. 개인적으로 6인의 작가 가운데 가장 재밌게 읽었던 작품은 3회 분인 한인택 작가의 글이었다. 그는 앞서 전개된 이야기의 이해를 돕기 위해 앞뒤 맥락을 찰지게 풀어내 진정한 릴레이 작가의 면모를 보여 주지 않았나 생각한다. 이쯤에서 줄거리 요약을 간단히 해 보자.

주인공 현애는 남편이 옥살이를 간 사이 경제적 도움을 주던 M교수에게 강간을 당하고 원치 않게 아이를 갖게 된다. 아이로 인해 어쩔 수 없이 M교수와 동거생활을 한다. 남편 상호는 옥중에서 이 소식을 듣고 부인의 배신에 치를 떨며 '더러운 년'이라 현애를 맹렬히 비난했다. 현애 또한 더럽혀진 자신의 몸과 현재의 상황을 한탄해 마지않는다. 시어머니에게는 큰 딸아이 하나를 맡기고 도망치듯 젖먹이 아이만 데리고 M교수 집에 들어왔지만, 두고 온 아이와 남편에 대한 죄책감으로 매일매일을 죽지 못해 사는 괴로운 나날을 보낸다.

반면, 현애의 무관심 때문에 애정에 굶주린 M교수는 급기야 유모와 동침을 일삼고, 현애는 그 광경을 목격한다. 저항하는 현애를 향한 M교수의 손찌검과 학대가 나날이 더해 가자 이에 점점 지쳐가던 그녀는 마침내 M교수 집에서 도망치기로 결심한다. 남편 상호의 아들만 등에 업은 채 무작정 친구 근영이네로 도망을 왔다. 하지만 집에 두고 온 M교수와 사이에서 낳은 또 다른 젖먹이 승호가 또 다시 눈에 밟히고, 몸은 집에서 나왔지만 마음은 여전히 편하지 못하다.

　어찌 됐든 막노동을 해서라도 생활을 꾸려 나가기로 결심하고 새 희망을 가져 보리라 다짐하는데, 어느 날 남편 상호로부터 편지가 도착한다. (이때 편지가 왔다는 소리를 듣고 뛰어 나가던 어린 아들이 문지방에 있던 거울을 발로 차면서 '파경'이 된다.) 편지에서 상호는 출옥을 앞두고 몸이 극도로 쇠약해졌음을 전한다. 하지만 현애가 아들과 함께 M교수 집을 나왔다는 소식에 감격했다며, 그녀의 지난 잘못을 용서하고 자신이 심하게 했던 말도 모두 뉘우친다고 호소한다. 남편 상호의 용서에 감복한 현애도 눈물을 그치지 못하는데, 그 기쁨도 잠시 남편이 이미 병으로 옥중에서 사망했다는 비보를 전해 듣는 것으로 소설은 끝이 난다.

신여성에게도 여전한 가부장제의 그늘

얼핏 보면 평범한 여성소설로 읽힐지 모르지만, 1930년대의 소설 속 여타 여자 주인공과 현애는 많이 달랐다. 거침없는 행동과 당당한 태도, 모성애에 대한 그녀의 솔직한 감정을 여과없이 보여 준다. M교수에게 악을 쓰며 반항하는 모습이라든가, M교수와 낳은 아이를 욕하며 저주하는 말이라던가, 아이들 때문에 이렇게 되었다며 '진절머리 나는 새끼들'에 원망 가득한 말을 내뱉는 등 자녀에게 무조건 헌신하는 어머니의 모습을 현애에게서 찾아볼 수 없다. 여자로서 유모에게 느꼈던 질투심을 합리화하고 그 문제를 타자로 전치시켜 해석하는 모습에서는 그녀의 빠른 두뇌 회전과 영악함에 놀라게 된다. 여성다운 아름다움이라고 남성들이 예찬하는 것을 없애야 할 가치로 여기는 것에서도 관습적인 여성이 아니라 자아를 가진 한 인간을 느낄 수 있다. 여성의 고정관념으로부터 자유롭고자 하는 신가정 속의 신여성 현애다.

그러나 현애의 한계는 거기까지다. 비록 집을 박차고 나오긴 했지만, 모성애와 정조관념에 붙들려 내내 떳떳하지 못한 여성으로 살아갈 수밖에 없는 상황에 부딪힌다. 경제적 자립을 위해 애쓰는 현애의 모습도 나오지만 마음의 짐으로부터 자유롭지 못하다. 소설의 결말에 이르러 현애는 남편 상호로부터 참회자의 자격을 부여받고 그간의 갈등은 해소의 실마리를 갖는다. 마치 남편이 현애를 대신 용서하는 권한이라도 가진 듯해 그대로 받아들이기에는 불편한 결말이다. 마치 갈등 해소의 주체적 역할은 역시 남편이 주도한다는 내용인가? 이미 산산조각난 거울을 테이프로 덕지덕지 붙여 두고는 비틀어져 보이는 거울을 건네며 위로하는 듯하다.

하지만 현애의 삶을 '남성의 횡포와 금전의 농락과 제도의 희생'이라고 정의하는 남편의 해석은 여성 정절의 문제를 개인 문제가 아니라 가부장제와 사회 문제로 파악한 것이기에 의의를 두고 싶다. 자신에 대한 반성도 보인다. 그럼에도 불구하고 남편 상호의 마지막 메시지는 여성으로서 아내의 정절과 모성애를 여전히 강요하고 있어 여전한 가부장제의 그늘이 느껴진다. 그의 호소를 직접 한번 들어 보자.

나의 오직 하나인 친애하는 현애! 그는 나를 배반하지는 않았을 것이다. 그는 결국 남성의 횡포와 금전의 농락과 제도의 희생이 된 것이다. 나는 그를 사랑한다. 나는 참회자를 진실로 사랑한다. 그도 그럴 것이다. 그가 나를 진실로 사랑한다면 우리의 후예를 진실로 참인간으로 인도하여 길러 줄 것이다. 길러 주어야 될 것이다. 길러 줄 의무가 있을 것이다. 사랑은 오직 그 속에 있을 것이다.

이 소설을 읽은 당대의 여성들이 어떻게 반응했을지

알 수 없지만, 『82년생 김지영』이 세계적인 베스트셀러가 된 지금, 필자가 듣기에는 부담스럽다. 정절에 대한 문제는 그렇다 치고, 모성애를 강조하며 아이 양육을 여성의 의무로만 규정 짓는 듯한 부분이 못마땅하다. 아이를 낳을 수 있게 되어 있는 여성의 몸이 생물학적으로 달라지지 않는 한 여성이 육아와 모성애로부터 완전히 자유로울 수는 없을 것이다. 그렇기 때문에 더욱더 동반자 혹은 사회의 협력이 절실하다. 수십 년이 지나도 아이 양육은 엄마 몫이라며 모성애를 찬양하는 남성과 사회에 변화의 희망이 보이지 않는다면, 차라리 날로 발전하는 인공지능에 희망을 걸어 보는 게 나을 듯하다.

인간의 지능을 넘어선, 남성보다 훨씬 더 협조적인 인공지능 로봇을 기대하는 게 보다 현명한 선택일수도 있겠다. 어쩌면 우리가 상상하는 것 이상으로 육아의 고충에서 여성의 몸과 마음을 자유롭게 해 줄 세상이 도래하지 않을까? 2020년생 김지영은 적어도 우리가 겪었던 '파경'의 아픔을 그대로 되밟지 않기를 바란다.

책의 완성도를 높인 그림들
　—『파경』의 표지와 삽화를 그린 화가 정현웅

불안한 책 제목과 달리 표지에 그려진 꽃 그림에 평온함이 감돈다. 큼지막한 수술이 밖으로 돌출된 빨간 색 꽃 한 송이가 강렬한 인상을 주고, 곧게 뻗은 녹색 잎사귀는 시원함을 선사한다. 반듯하게 치켜 올라온 수술이 마치 주인공 현애의 저항을 표현한 듯하다. 이 그림은 당대 유명한 화가 정현웅鄭玄雄의 작품이다.40 조선미술전람회에서 수차례 수상 경력을 가진 서양화가 정현웅 화백은 신문 연재소설과 책의 삽화를 많이 그렸다. 1936년에는 『동아일보』 연재 작품 3편의 삽화를 혼자 도맡아서 그렸을 정도다. 장편소설 『여명기』黎明期 예고편에서는 정현웅을 "숨은 삽화가로 혜성같이 돌현하여 삽화계의 폭탄적 경이를 나타낸" 분으로 소개했다.41 이 소설 『파경』을 연재할 때도 "삽화는 정현웅씨가 맡아 주시니 금상첨화"라는 예고를 달았다. 하지만 단행본에서는 정현웅의 삽화가 모두 빠졌다. 일부러 연재 잡지 『신가정』의 영인본을 찾아 삽화 감상을 따로 했다.

비록 흑백이긴 했으나 시원시원한 서구적 이목구비를 가진 여인이 눈에 띄었다. 치마저고리를 입고 앉은 주인공 현애는 팔다리가 길고 작은 얼굴에 선이 가늘어 마치 서양의 엘리자베스나 제니퍼의 얼굴을 보는 듯하다. 그녀가 꿈꿨던 세상도 가부장제를 넘어선 저 먼 나라에 있었는지 모르겠다.

깨끗하게 보존되어 선명하게 색상이 남아 있는 표지화에 비하면 책등은 상당히 너덜너덜하다. 종이는 이미 누

『신가정』 1회 연재에 들어간 정현웅 화백의 삽화.
잡지 연재 당시 삽화를 그린 이는 조선미술전람회에서
수차례 수상한 정현웅 화백이다. 단행본으로
출간할 때 정현웅 화백이 그린 삽화들이 빠진 대신
표지 그림을 그렸다.(1983년도 문연각文淵閣에서
출판한 영인본)

렇게 산화되어 책장을 넘기면 금방이라도 바스라질 것 같다. 그래서 이 소설을 읽을 때 깨진 유리조각을 손에 들 듯 조심스럽게 책장을 넘겨야 했다. 양면을 활짝 펼치지도 못한 채 반 쯤만 열어 틈새로 간신히 읽었다. 최대한 빨리 읽어서 손때나 책장의 훼손을 줄이고 싶었지만, 145페이지의 짧은 소설임에도 맘대로 페이지를 넘기지 못해 마음만 급해 발을 동동 굴렸다. 읽는 내내 불안했던 마음은 주인공 현애가 M교수와 남편 사이에서 안절부절 못하며 살얼음 위를 걷는 것을 지켜보며 더 증폭되었던 것 같다.

참고로, 워싱턴대학교의 소장본 『파경』은 본교에서 한국문학을 가르치셨던 솔버그Sam Solberg 교수님으로부터 기증받은 '솔버그 컬렉션' 가운데 한 권이다.

흥사단 興士團

흥사단 이사부
나성
1939

조선의 청년 인재를 지도자로 키우려 한 흥사단은 책 『흥사단』을 통해 단체의 결의와 목표를 알리고자 했다. 붉은 색으로 크고 반듯하게 쓴 '흥사단'이라는 세 글자가 표지를 장악한다.

흥사단은 한자로 흥할 '흥'興에 선비 '사'土로 '선비를 일으키는' 단체라는 뜻이다. 한국의 계몽 선각자였던 도산 안창호 선생이 1913년 미국 샌프란시스코에 창설했다. 나라와 민족이 어려웠던 시기, 조선의 청년 인재를 발굴해 인격을 훈련하고 사회활동에 적극 참여하게 한 청년단체다. 흥사단은 그 성격이 시대에 맞춰 변화하기는 했지만 100년이 넘도록 전통을 계승해 오고 있다.

춘원 이광수의 입단과 흥사단의 성쇠

흥사단 역대 단원 중에 가장 영향력 있는 인물이자 논쟁의 대상이 되었던 단우 한 명을 꼽으라면, 단연코 춘원 이광수다. 1920년에 흥사단에 입단해 1930년대 말 흥사단이 해체 위기를 맞을 때까지 중추적인 역할을 맡았다. 당시 흥사단 입단 절차는 무척 까다로웠다. 예비 단우 문답식을 거쳐 통상 단우가 되면 다시 문답식을 통과해야 했고, 그 후에야 서약식과 입단식을 치를 수 있었다. 이광수도 도산 안창호 선생 앞에서 단우 문답의 엄중한 관문을 거쳤다.

문답 내용의 일부를 읽어 보면 흥사단의 결의와 목적이 어떠했는지 잘 알 수 있다.[42] 이광수의 문답은 미국이 아닌 중국 상해의 원동지부에서 행해졌다. 당시 안창호는 상해 임시정부 일을 위해 상해에 있었고, 그곳에도 흥사단을 세울 준비를 하고 있던 참이었다. 춘원의 입단과 함께 그해에 흥사단 상해 원동위원부가 세워졌다.

춘원의 흥사단 활동은 1921년 국내로 귀국한 뒤에 더욱 활발했다. 귀국 후 얼마 지나지 않아, 자신의 집에서 '수양동맹회'를 발의해 국내 흥사단 활동에 불을 댕겼다. 당시 도산 안창호는 춘원에게 국내에서의 흥사단 운동 추진 방향을 제시했다. 그 결과 서울에 있던 '수양동맹회'는 평양에 있던 '동우구락부'와 합쳐 서로 앞 두 글자를 딴 '수양동우회'가 되었고, 이 모임을 주축으로 도산 사상 확산과 흥사단 운동을 국내에서 이어갔다. 이광수는 이 단체에서 발간했던 잡지 『동광』을 통해 도산의 사상을 대필 연재했다. 후에는 '수양'을 떼고 '동우회'로 흥사단 운동을 이어갔다.

하지만 동우회는 이광수 및 동우회 회원들이 안창호와 함께 대거 투옥되면서 1937년 강제 해산의 위기를 맞았다. 도산 안창호는 이듬해인 1938년 병 보석 중에 세상을 떠나고, 동우회 사건은 4년간의 법정 심리를 거쳐 무죄 판결을 받게 되지만, 이광수는 이때부터 본격적으로 친일로 전향, 흥사단과는 멀어지게 된다.

등사 인쇄가 전하는 절박함

이 책이 출간된 시기는 바로 그즈음, 1939년이다. 도산 안창호의 서거 직후이자, 제2차 세계대전이 발발한 시기와도 맞물린다. 흥사단 미주 본부가 있던 지금의 로스앤젤레스, 나성에서 발행되었다. 국내 흥사단 활동이 중단된 후, 미주 본부에서 발행한 책이라는 점에서 의미가 있다. 더 흥미로운 것은 이 책을 통해서 흥사단에서 이광수의 역할과 위치가 어느 정도였는지 확인할 수 있다는 점이다.

　이광수 이야기는 뒤에서 다시 본격적으로 다루기로 하고, 먼저 흥사단 책의 외관부터 살펴보자. '興士團'이라는 크고 반듯한 붉은 색 활자가 표지를 장악한다. 활자의 정교함 때문인지 외양에서 풍기는 느낌은 한 권의 세련된 서양서 같다. 하지만 페이지를 넘기면 표지에서 봤던 반듯한 활판은 어디론가 사라지고 등사기로 찍어 낸 철필 손글씨체의 빛 바랜 등사지가 나타난다. 항일 독립투사들이 밀폐된 지하 공간에서 밤새 검은 잉크가 묻은 등사판을 밀어 유인물을 찍어 내는 모습이 절로 연상된다.

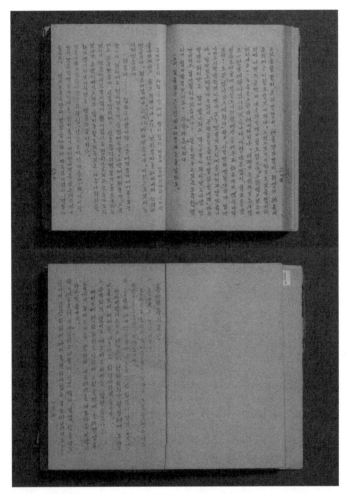

옛 한적 방식에 따라 제본한 책은 등사기로 찍어 낸 철필 손글씨라 단위마다 글씨체가
다르다. 2권을 기약하며 맺은 1권을 끝으로 '흥사단' 책은 더 이상 흔적을 찾을 수 없다.

책의 제본은 옛 한적의 방식을 따랐다. 한 장의 등사지를 반으로 접어 접힌 부분이 책배(책등의 반대편, 즉 손으로 페이지를 넘기는 부분)가 되도록 제본했고, 고서처럼 세로읽기 방식이다. 페이지 수도 1권에서 2권으로 이어진다. 2권 뒷부분으로 가면 총 218페이지라 적혀 있는데, 약 20장의 부록까지 합하면 전체 페이지는 이보다 많다. 또 한 장을 접어 두 페이지를 만들면서 페이지는 한 페이지로 표시해 책의 전체 장수는 적혀 있는 페이지 수의 두 배 정도다.

많은 페이지를 철필로 쓰고 등사하느라 흥사단 단원 여러 명이 동원된 듯하다. 한 권에 들어간 글씨체가 제각각일 뿐 아니라 글자의 크기와 띄어쓰기도 다르다. 어떤 이는 좀 더 힘있게, 어떤 이는 꼼꼼하고 조심스럽게, 또 어떤 이는 시원시원하고 자유롭게 썼다. 철필로 눌러 쓸 때 손에 힘이 얼마나 들어갔는지에 따라 잉크색의 옅고 진하기도 다르다. 활자로 찍은 것이 아니라 누군가 이 글자를 하나하나 썼을 거라고 생각하니, 여러 명의 흥사단원들을 하나하나 만나는 듯하다. 등사된 종이의 색깔도 어떤 종이는 좀 더 누렇고 어떤 종이는 좀 더 하얗다. 이런 요소들이 전체 책의 분위기를 산만하게 하지만 한편으로는 얼마나 어려운 환경에서 가까스로 나온 책일까 싶어 애틋해진다.

　　책의 마지막에 남긴 말에서도 "본단의 물질력이 넉넉지 못하고, 겸하여 해외의 사정이 불편한 관계로 본서가 미려한 활판으로 되지 못하고 조박한 등사로서 여러분을 다시 대하게 된 것은 천만 유감"이라고 했다. 본국의 동우회가 해산되고, 설립자 도산 안창호 선생의 서거 및 1939년 제2차 세계대전의 발발은 미주 흥사단이 동력조차 잃은 매우 열악한 상황에 처하게 된 직접적 이유였다. 그럼에도 불구하고 "조선의 갱생과 조선의 번영을 세우는 시기는 갈수록 더욱 농후하나 본서의 족적이 거의 끊기게 된 것을 한하여 우선 등사로 출판하오나 장차 활자와 영문으로까지 출판하려" 한다는 의지를 남겼다. 이후 영문과 활판 인쇄로 출판을 했는지는 책의 존재를 파악할 수 없어서 현재로선 알 길이 없다. 당시 흥사단이 겪은 암흑기로 미뤄 볼 때, 후속 출판은 어려웠을 것으로 추측한다. 참고로 해방 후 1948년 흥사단은 본부를 미국 로스앤젤레스에서 서울로 옮겼다.

도산 사상의 확산을 위해

열악한 상황에도 불구하고 이 책을 출판했던 목적은 단우들에게 도산 안창호 선생의 뜻과 모임의 이상을 교육하기 위해서였다. 그들에게 이 책은 '조선인의 성경'과 같았다. 실제로 단우들은 성경처럼 이 책을 여러 번 읽었다는데, 책의 내용이 궁금하지 않을 수 없다. 아쉽게도 워싱턴대학교에는 『흥사단』 제2권만 있다. 아쉬운 대로 2권 목차를 살펴보면, '흥사단주의 상해 문답'이 대부분이다. 뒷부분은 흥사단 약법과 부록으로 흥사단 규정 및 예비 단우 문답, 통상 단우 예상 문답 등을 실었다. 위에서 설명했던 춘원 이광수도 바로 이런 책을 보고 문답 공부를 한 뒤에, 도산 안창호 선생과 문답 시험을 치렀다. 그 과정이 얼마나 까다롭고 엄격했는지는 질문과 답으로 가득 찬 이 책만 봐도 알 수 있다.

『흥사단』 제1권은 로스앤젤레스에 있는 서던캘리포니아대학만 유일하게 소장하고 있다. 흥사단 본부가 있었던 곳이어서 두 권 모두 소장할 수 있었던 것 같다. 등사기로 만든 책이니 여러 부를 만들지 못했을 테고, 거기에 긴 세월을 거치면서 살아남은 책도 별로 없었던 듯 싶다. 1권에 실린 내용을 확인하고자, 대학 도서관끼리 대여해 주는 상호대차 서비스를 이용해 책을 받았다.

　책의 외형은 1권도 2권과 동일하다. 1권의 첫 페이지를 열면 도산 안창호 선생의 사진이 흥사단의 정체성인 양 등장한다. '흥사단' 책의 시작다운 면모다. 사진 아래에는 '본 주의를 사색하신 고 안도산 선생'이라 적었다. 사진 옆으로 태극기와 함께 흥사단 깃발이 펄럭인다. 선비 사士자 모양의 흥사단을 상징하는 기러기 한 마리가 날아가고, 청색, 붉은색, 노란색 등 원색 가득한 깃발은 마치 남미 어느 나라의 국기처럼 강렬한 인상을 준다.

　바로 뒷장에는 말끔한 얼굴의 젊은 청년 얼굴 사진 한 장이 등장한다. 사진 아래 설명을 읽어 보니 '본 서를 기고하신 춘원 이광수 군'이다. 하얀 양복 차림의 청년 이광수다. 춘원의 트레이드 마크인 동그란 안경은 쓰지 않았다. 이광수와 안창호 그리고 흥사단이 얼마나 밀접하게 연결되어 있는지 1권 권두에 실린 사진만으로도 잘 알 수 있다. 1권 전체에 이광수의 글이 실렸다. 다름 아닌 논란의 중심에 섰던 「민족개조론」이다. 이 글을 필두로 이광수의 「소년에게」와 「상쟁의 세계에서 상애의 세계에」도 함께 실었다.

「민족개조론」은 조선 민족의 전면적 개조를 촉구하는 글이다. 그가 상해 흥사단에 입단한 바로 그 이듬해 1922년 잡지 『개벽』을 통해 발표했다. 발표하자마자 엄청난 파장을 일으켰다. 파장의 요지는 일제로부터 독립이라는 정치적 선결과제를 외면한 채 개인의 수양과 도덕 함양을 중심으로 한 민족성의 개조를 요구했기 때문이다. 이광수는 이 세 편의 글을 모아 1923년에 『조선의 현재와 장래』라는 단행본을 출간하기도 했다.

이 논란의 글을 흥사단은 왜, 제1권에 수록한 것일까? 흥사단우들에게 성경처럼 읽히길 원했던 글이 이광수의 민족개조론이었단 말인가? 이 글을 둘러싼 당시의 무성한 논란을 생각하면 이 글이 흥사단 책에 실렸다는 사실이 의아하다. 하지만 흥사단의 목적을 좀 더 이해하고 또 '민족개조론'을 자세히 읽고 나서 의아함과 의문은 사그라들었다. 대신 다른 의문을 품게 되었는데 '민족개조론'과 흥사단 활동을 따로 떼어 놓고 볼 수 있는가 하는 문제다. 다시 말하면, 안창호 선생의 흥사단 활동은 높이 평가하면서 이와 한 뿌리인 '민족개조론'은 폄하하는 게 앞뒤가 맞지 않는다는 뜻이다.

개인은 변할 수 있다는 낙관

어떤 비평은 이광수의 '민족개조론'이 마치 도산의 사상을 자신의 것인 양 포장한 글이라고 혹평했다. 그렇게 생각할 여지가 충분하다. 이광수가 이 글을 쓴 시기는 흥사단의 사상과 안창호의 이상에 동조해 흥사단에 입단한 직후였다. 그 이후에도 이광수는 서울의 동우회 활동을 비롯해 훼절하게 된 1939년까지 흥사단 활동을 하며 안창호와 뜻을 같이 했다. 이광수 스스로도 「민족개조론」 서문에서 "이 글의 내용인 민족개조의 사상과 계획은 재외동포 중에서 발생한 것으로서 내 것과 일치하여 마침내 내 일생의 목적을 이루게 된 것"이라고 그 사상의 뿌리가 안창호에 있음을 분명히 했다. "내 것과 일치하여"라는 표현을 빌미로 도산의 사상을 빼앗은 것이라 비난한다면, 그건 지나친 억측에 가깝다. 춘원이 비슷한 생각을 가졌기에 흥사단에 입단하고 적극 활동한 것이 아닐까? 춘원은 도산을 진심으로 존경해 평전까지 펴냈으니까.

흥사단의 입장에서 봐도 마찬가지다. 흥사단이 이광수의 '민족개조론'을 지지하고 따르지 않았다면, 그의 글을 전면에 내세운 책을 출간해 단우들에게 읽게 하는 일은 없었을 것이다. 그런 맥락에서 1939년『흥사단』책에 수록된 춘원의「민족개조론」은 도산 안창호가 주장했던 흥사단의 목적과 이념을 그대로 반영했음을 증명하는 셈이다. 이 책 말미에 적힌 글귀 한 줄은 중요한 단서다. 흥사단 이사부는 이렇게 적었다. "본서가 고 도산 안창호 선생의 이상으로 춘원 이광수 군 기고를 힘입어 '조선의 현재와 장래'라는 가명을 쓰고 출세함이 우금 20유여 년이라". 이 말은 결국, 비록 '조선의 현재와 장래'라는 가명을 쓰고 세상에 나온 '민족개조론'이지만, 그 사상은 흥사단의 핵심 사상과 맥을 같이한다는 뜻이다. 흥사단이 추구하는 바가 바로 민족개조론이고, 이광수의 글이 이를 잘 전달하고 있다는 증거다. 그렇지 않고서야 상식적으로 그 후 20년이 지났음에도 이 책을 찍어 낼 리가 없다.

비록 이광수가 결국 훼절하고 말과 행동이 일치하지 않는 삶으로 스스로 자가당착에 빠지게 됐지만 '민족개조론'의 사상은 흥사단의 사상이자 안창호 선생이 이루고자 했던 민족 개조 프로젝트였음에는 틀림없다. 그런 의미에서 이광수의 '민족개조론'을 비판하려면, 흥사단 운동과 그 사상의 근원이 되는 도산 안창호 선생까지도 비판의 대상이 되어야 한다.

필자는 안창호와 흥사단 전문 연구자도 아니고, 작가 이광수의 열혈 팬도 아니다. 하지만 이 단 두 권의 책 『흥사단』을 읽는 것만으로도 이 조직의 목적과 방향과 추구하는 바가 무엇이었는지 이해할 만했다. 놀랍게도 흥사단은 어떤 정치적 편향도 띠고 있지 않았고(일제의 눈을 피하기 위해 일부러 그렇게 보이도록 했을지도 모르지만), 순수하게 민족성 개조에 초점을 맞추고 있다. 단우를 모집할 때 교육시키는 문답 내용도 그렇고, 흥사단의 약관을 읽어 봐도 이들 조직의 방향과 목적은 한결같이 인격의 내면 개조를 중시한다. 민족의 발전은 개인의 지·덕·체의 발전 없이는 이룰 수 없다고 주장하며 독립과 같은 대의를 이루기 위해 선행되어야 할 우리 개개인의 참된 사람됨을 강조했다. 무실, 역행, 신의, 용감의 네 가지 덕목으로 조선의 한 사람 한 사람이 단련해 나가고, 그렇게 단련한 전 국민이 단결해 나라를 발전시킬 수 있다는 논리를 반박할 사람이 있을까?

도산은 춘원에게 이렇게 물었다. "우리 민족 2천만을 모두 무실 역행하는 민족으로 변화시킬 수 있겠소?" 그랬더니 춘원은 "변화시킬 수 있다고 믿습니다. 내가 한 건전한 인격자가 됨으로"라고 자신 있게 답했다. 도산 선생은 그의 대답을 듣고 매우 흡족해했을지 모르겠지만, 춘원은 자신의 말을 끝까지 지키지 못해 지금까지도 많은 이들의 마음을 불편하게 했다. 도산이 강조한 것도 무실역행의 행함이 아니었던가? 역사는 행동하는 자에게 친절하지, 변절자에게는 어떠한 배려도 하지 않는 가혹한 심판자임을 다시 배운다.

'인간 개조'라는 도산 선생의 과업은 영원히 이룰 수 없는 꿈일까? 더 이상 제국주의의 지배를 받지도 않고 세계사에 유례없는 급속도의 경제성장을 이룬 지금도 우리는 한국인의 민족성에 대해 투덜댄다. 특히 실천은 없고 번드르르한 말만 무성하고 거짓말을 일삼는 사회지도층을 보며, 이 나라에 믿고 따를 훌륭한 인물 하나 없다고 푸념한다. 이 책이 지금도 의미를 갖는다면, 개인은 더 나은 방향으로 변화할 수 있고 그런 개인들이 모이면 멋진 공동체가 될 수 있다는 굳은 믿음이 깔려 있기 때문이 아닐까?

1940

5부

여성 저자의 부상과 현대 출판의 맹아

모든 것이 죽은 것처럼 보이는 겨울에도 땅밑에서는 새싹이 움틀 준비를 한다. 일제 식민지 기간 동안에도 책은 계몽이나 독립의지 고취 같은 대의를 위해, 때로는 당시 사람들의 사소한 삶과 감정을 전하기 위해, 때로는 어용의 나팔수로 계속 나왔다. 한 세대를 넘는 기간 동안 해방을 꿈꾸며 끊임없이 싸웠지만 정작 독립했을 때, 우리가 맞닥뜨린 것은 환희와 더불어 혼란이 아니었을까? 36년 동안 묵은 문제들이 독립을 맞았다고 일거에 해소되지는 않았을 테니까. 해방 전 5년, 일제는 패색이 짙어 가는 전쟁 막바지의 광기를 드러냈다. 그러는 동안 우리 출판계에서는 과연 어떤 책들이 나왔을까? 혼란보다 새로운 징후를 보여 주는 책들을 더 유심히 보게 되었다. 그래서 선택한 것은 우선 여성 저자들의 책이다.

근대 공교육을 통해 저자로 부상한 여성들은 그들이 할 수 있고 해야만 하는 이야기를 들려주었다. 자신들의 삶과 당대 여성들의 삶을 그

1945

린 작품들을 모은 『여류단편걸작집』은 제국주의와 가부장제의 이중 억압에 시달리던 여성들의 비참한 삶을 가차없이 그렸다. 아이를 어떻게 키워야 할지 유아 심리발달과 교육의 측면에서 본격적으로 다룬 『어머니독본』도 나왔다. 아이 키우기는 그 자체로 미래에 대한 은유다. 『조선요리제법』은 '엄마 손맛'을 재현할 수 있도록 모든 재료를 계량화한 요리책이며 오랜 기간 축적해 온 여성들의 기술을 집대성한 실용서적이다. 게다가 이 책은 베스트셀러와 저작권이라는 출판의 현대적 개념을 소개했다. 과학과 인문학이 만나는 『과학소화』는 요즘으로 치자면 '통섭'의 책일까. 이야기를 하듯 과학적 사실을 전달하는 새로운 방식이다. 출판에서 가장 중요한 것은 글자다. 글로 옮겨 전달하는 과정에서 맞춤법 통일은 무엇보다 중요하다. 같은 단어가 어디서든 같은 뜻으로 통용되어야만 책이 제대로 기능할 수 있기 때문이다. 그런 점에서 조선어학회가 마련한 『외래어표기법 통일안』은 현대 출판의 초석이다. 이 모든 것이 잉태된 시기가 바로 해방 전 5년이다. 이례적 책 한 권이 끼어 있다. 우리나라 저자가 쓴 영어 사용자들을 위한 한국어 교본 『A Standard Colloquial Korean Textbook for University Students』이다. 미국 최초로 한국어 수업이 개설됐던 워싱턴대학교에 동아시아도서관이 존재하는 의의를 되새겨주는 책이라 지나칠 수 없었다.

여류단편걸작집
女琉短篇傑作集

강경애 외
조광사
1940

참혹한
여성의
삶

이중, 삼중의 착취에 시달리는 여성들의 비참한 삶이 『여류단편걸작집』속 8편의 소설에
적나라하게 드러나 있다.

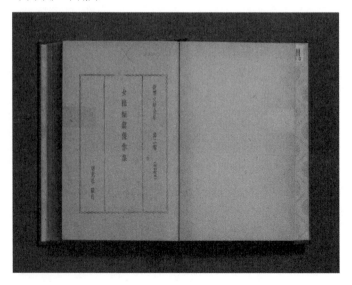

"네까짓 것쯤이야 단 주먹이야, 뭐 단 주먹에 박살이 나고
말고"

"……"

"이 년, 어서 내놓아!"

"……"

"이 년아 글쎄 네 이 년! 이 년아"

"……"

"아, 저 년이 귓구멍에다 XX를 박았나? 글쎄 이 년아, 돈
오십 전만 내놓으란 말이다"

"……"

"오십 전이 없거던 이십 전만이라도 내라!"

"……"

"당장에 배때기를 푹 찔러 간을 빼어 지근지근 씹어놓을
년, 돈 십 전이라도 내놓아라 응? 이 년아"

"……"

"이 년이 그래도 벼락을 맞지 않아서 근질근질하구나. 돈
오 전도 없어?"

"……"

"이런 빌어먹다가 얼음판에 가 자빠져 문둥지랄병을 하
다가 죽을 년아, 돈 오전이 없다고 안 내놓는단 말이야?

허허 참 이 년아! 에라끼 목 탕탕 썰어 죽일 년 같으니……"

가장 잔혹하고 어두운 걸작 모음

위 대목은 백신애의 단편소설 「호도」糊塗의 첫 대목이다. 주
인공 아내가 남편에게 온갖 욕지거리를 받는 장면으로 소
설은 시작한다. 세상에 이렇게 더럽고 추한 욕이 다 있나
싶은데, 소설을 더 읽어 보면 세상에 이렇게 비참하고 가련
한 여인이 다 있나 싶은 허탈감으로 기운이 빠진다.

이 불쌍한 주인공은 바로 다음 장면에서 남편의 폭력
으로 뜰 한가운데로 때려 눕혀진다. 큰 댓자로 덜컥 내동댕
이쳐진 아내는 만삭이 다 되었다. 그런 아내를 남편은 연달
아 차고 밟고 기운이 다할 때까지 두들긴다. 남편은 알코올
중독으로 비렁뱅이의 처참한 생활을 하고 있는지, 가난했
기에 알코올중독자가 되었는지 그 인과는 알 수 없지만 아
내에 대한 잔인한 폭행과 폭언이 상상을 초월한다.

여인의 뱃속에 든 아이는 네 번째 아이고, 앞서 낳은
세 아이 모두 남편의 발길질에 채여 사산되거나 태어난 지
얼마 안 되어 맞아 죽었다. 남편은 알코올중독으로 집에 남
은 솥단지 하나까지 들고 나가 깜깜무소식이기 부지기수

다. 여인은 아기와 자신의 입에 풀칠이라도 하고자 만삭의 배를 끌어안고 농장으로 밭일을 나간다. 밭일을 하다가 배추밭 고랑 사이에서 애를 낳은 것도 비참하기 짝이 없는데, "계집아이는 재수없다며 이까짓 것 먹일 것이 있거든 나나 먹자"는 남편의 발길질에 낳은 지 수일 만에 즉사를 당했다. 여인 또한 가난과 기아에 시달리다 오해를 받아, 결국 동네 사람들에게 맞아 죽는다.

　이런 천하에 몹쓸 남편과 그의 폭력을 참고 살아가야 하는 참담한 여인의 인생이 또 있을까 싶겠지만 놀랍게도 『여류단편걸작집』에 실린 8편의 소설 속 등장인물의 삶은 모두 비슷하게 암울하고 비참하다. 죽음은 도처에 있고, 가난에 질병, 육체적 불구와 정신적으로 뒤틀린 인간들이 소설 속을 유령처럼 떠돈다.

　『여류단편걸작집』의 첫 작품으로 수록된 강경애 작가의 「지하촌」도 마찬가지다. 홍역에 중풍까지 걸려 팔다리가 자유롭지 않은 아들 칠성이, 어릴 때 병으로 눈이 멀게 된 옆 집 큰년이, 아이가 죽은 것을 오히려 잘된 일이라고 생각하는 큰년이 엄마 등 불우한 운명과 시대를 감내하며 살아가는 인물로 가득하다. 여성 작가들의 소설이어선지 유독 임신과 어린아이의 죽음이 많이 등장하는데, 박화성의 「춘소」에서도 굶주린 아이들을 위해 엄마가 동분서주하는 사이 막내가 뒷간에 빠져 죽는다. 최정희의 「곡상」에서는 아편중독자 아버지가 어린 아들을 장기 밀매 일당에게 파는 끔찍한 일이 벌어진다.

여성작가들의 단편집이라 뭔가 여성적인 따뜻함과 부드러움을 기대했다면 오산이다. 어떤 연구자는 이 책에 실린 작품들을 두고 '부드러운 것'의 가장 대척점에 있는 작품들이라며 이 작품집은 일종의 '지옥도'에 가깝다고까지 표현했다.[1] 아마도 식민지 시기 문학의 각종 선집을 통틀어 가장 잔혹하고 어두운 서사의 걸작집이 아닐까 싶다.

여성으로 겪었던 수모와 고통

사실 생각해 보면, 그리 놀랄 일만은 아니다. 20세기 전반을 살았던 우리나라 여인의 삶은 대부분 고달프고 척박했다. 여성이기에 이중고를 겪은 경우도 많았다. 일제의 탄압이라는 시대의 아픔에 더해, 여성이기에 받아야 했던 억압과 차별로 인한 수모와 고통의 경험은 여성 작가의 눈에 더 선명하게 보였다. 지금의 페미니즘과는 차원이 다른, 기본 인권의 문제이자 생과 사를 오가는 생존의 문제다.

여성 작가들은 이 문제의식을 놓치지 않고 소설로 경각시켰다.

단편소설을 읽었는데 마치 다큐멘터리나 누군가의 참혹한 수기를 읽은 느낌이다. 우리 어머니들이 삶이 어떠했는지 충분히 들어서 알고 있다고 생각했는데, 그것이 빙산의 일각이었음을 이 작품집을 읽으며 깨닫는다.

작품도 작품이지만, 이 책에 실린 여성 소설가 7인의 '자서소전'自敍小傳을 읽어 보면 작가들 또한 굴곡진 삶으로부터 자유롭지 않았다. 의붓아버지와 의붓형제들에게 구박을 받아 항상 풀이 죽은 채 유약한 성격으로 자란 강경애, 질병으로 입원해 병마와 싸워야 했던 장덕조, 여섯 살 때 폐병으로 어머니를 잃고 어머니의 얼굴조차 모른 채 자란 이선희, 인생의 질고로 지금은 붓대를 내리고 귀먹은 벙어리로 지내는 박화성(남편 김국진과 이혼하고 다시 재혼한 때였으리라), 아버지가 딴 여자와 살림을 차려 어머니와 함께 눈물의 나날을 보내며 아버지를 미워하며 자란 최정희, 사내 동생을 보기 원하던 아버지 때문에 하이칼라 머리에 남장을 해야 했던 노천명, 대학생이 되고 싶어 서울로 도망친 백신애. 말 못할 억압과 고통을 감내하며, 오직 문학에 대한 열정 하나로 고군분투해 온 여성 작가들의 고백

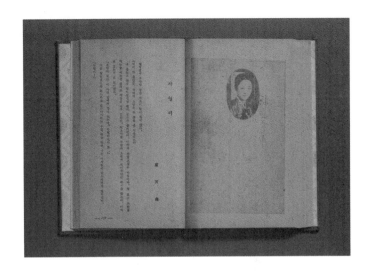

'자서소전' 앞에 실린 저자들의 사진. 그 시대 여성들의 존재처럼 희미하다.
왼쪽부터 강경애, 이선희, 노천명.

이 쏟아진다.

작가의 고백을 듣는 것만으로 같은 시대를 살았던 평범한 여성들에게 큰 위로가 되었을 것 같다. 소설 속 주인공처럼 쌍욕을 하는 남편에게 구타를 당하면서도 한 마디 반박도 못하고 오직 말줄임표의 침묵과 한숨으로 허무한 인생을 살다 간 여인에게 여성 작가의 작품은 자신을 대변해 주는 고마운 존재였을 것 같다. 작품을 통해서라도 자신의 억울한 인생이 만천하에 낱낱이 알려지고 고발되는 것을 기뻐하지 않았을까?

이 책을 편집한 『조선일보』의 주필 이훈구는 서문에서 "현 문단에 활약하고 있어 그들의 권위를 자타가 공인하는 여류문학가 제諸 씨가 자기들의 작품 중에서 가장 자신이 있다고 사유하는 바의 걸작을 수집"했다며 "여류문단의 정화요, 규수문예의 주옥"이라고 적었다. '걸작집'이란 거창한 타이틀을 내걸고 작가들이 각기 자신의 작품을 선정했는데, 한결같이 어두운 분위기의 비극인 것은 우연이 아니라 냉혹한 현실을 반영한 필연이다.

『여류단편걸작집』에 자서소전과 함께 7명 여류작가의 얼굴 사진이 실렸다. 모두 흑백이고 선명하지 않아 그녀들의 인상조차 알아보기 힘들다. 마치 가난과 고통 속에서 자취도, 족적도 없이 사라지고만 당대 여성들의 삶을 보는 듯하다. '걸작집'이란 제목을 그나마 작은 위안으로 삼는다.

외래어표기법 통일안
外來語表記法 統一案

조선어학회
1941

최초이나
불완전했던
외래어표기법

1941년 『외래어표기법 통일안』이 나온 후 지금까지 여러 번 수정안이 나왔지만 여전히
혼란을 겪고 있다.

'모-떤껄'을 읽고 신여성을 뜻하는 'modern girl'을 유추해 낼 수 있었다면 다행이다. 1930년대 초만 해도 우리나라엔 외국어를 한글로 표기하는 규칙이 정립되지 않은 상태였다. 국어학자이자 조선어사전 편찬위원회의 전임 집필위원이었던 이윤재 선생이 1931년도에 하신 말씀이다.[2] 하긴, 그 시기는 한글맞춤법도 통일되지 않았던 때이니, 외래어표기법이야 멀고 먼 과제였으리라. 그는 한 마디 덧붙여 당시 상황을 설명했다. "지금 조선어학회에서 국어학 전문가 수십 인이 회합한 일이 있었는데, 세계 각국어 음을 조사 심의하여 외국어음 표기법을 제정하기로 하였으니 오래지 않아서 발표되리라고 조금만 기다려 달라고."

10년 만에 완성한 외래어표기법 통일안

조선어학회는 한글맞춤법 통일안 제정에 착수함과 동시에 외래어표기법 제정을 위해 1931년부터 본격 작업에 들어갔다. 무려 8년에 걸쳐 각 분야 전문가의 의견을 종합한 외래어표기법 원안을 마련했다. 그 후 2년 동안 시험 적용과 수정 작업을 거쳐 꼭 10년 만인 1940년 6월에 드디어 완성을 보았다. 공식적인 책자 발간은 1941년 1월, 10년의 각고 끝에 『외래어표기법 통일안』이 탄생했다. 긴 산고 끝에 완성된 이 책에는 외래어표기법 통일안뿐만 아니라, 「국어음(일본어음) 표기법」, 「조선어음 라마자 표기법」, 「조선어음 만국음성기호 표기법」도 함께 제정해 부록으로 실었다.

이 일을 위해 조선어학회는 정인섭,[3] 이극로, 이희승 3인의 책임위원을 세우고, 가까이로는 조선음성학회, 일본음성학협회 및 각 기관의 음성과학 연구자들을 모았고, 멀리는 만국음성협회The International Phonetic Association, 세계언어학자대회The International Congress of Linguistics, 국제실험음성과학대회The International Congress of Experimental Phonology, 세계음운학대회The International Congress of Phonology 등의 연구자들을 동원했다. 직접적으로 관여했던 전문가 62명의 이름은 서문에 자세히 나온다. 일본인 포함, 내국인 25명에 외국인 37명으로 구성한 전문가 명단이다. 미국, 영국, 독일, 프랑스, 이탈리아는 물론 덴마크, 핀란드, 루마니아, 체코, 브라질, 인도, 이집트 등 세계 각국의 음성언어학자들이 참여했다.

외국인 명단 중에 낯익은 이름 하나가 눈에 띈다. 미국 캘리포니아대학 교수 G. M. 맥큔G. M. McCun이다. 여기 수록된 맥큔이 필자가 아는 그 맥큔이 맞나 싶어 풀네임을 서둘러 찾았다. 맞다. George McAfee McCune, 조지 맥아피 맥큔이다.

맥큔은 필자가 미국에서 한국학 사서로 일을 시작하면서 제일 먼저 접한 이름이다. 해외 한국학 사서라면 맥큔을 모르고는 업무를 시작할 수 없다. 그는 다름아닌 '맥큔-라이샤워McCune-Reischauer 한국어 로마자 표기법'을 만든 두 명 가운데 한 명이기 때문이다.[4] 이 표기법은 미국 대학을 비롯해 대한민국을 제외한 해외에서 가장 오랜 기간 사용해 온 한글 로마자 표기법이다. 한글의 로마자는 부산과 경주로 향하는 국내 도로표지판과 지도에서만 사용하는 게 아니다. 해외에서의 용도는 우리의 상상을 훨씬 뛰어넘는다. 특히 해외에서 한국학을 공부하는 이들에겐 반드시 마스터해야 하는 필수 규칙이다.

논문에 인용한 참고자료는 반드시 이 규칙에 따라 기입해야 하고, 해외 도서관도 한국어 책을 목록화할 때 이에 따라야 한다. 각 책의 해당 서명과 저자명은 물론 출판사항 및 고유한 주제어까지 모두 이 규칙에 따라 로마자로 표기한다. 로마자 표기하는 데 알파벳 하나라도 잘못 입력하면 키워드 검색에 차질이 생겨 원하는 자료를 이용하지 못할 수도 있다. 따라서 한 글자 한 글자 엄격히 적용해야 하는 규칙이다.

총 55페이지에 달하는 맥큔-라이샤워 표기법은 1939년 처음 나왔다. 서울에 있는 왕립아세아학회 한국지부 Royal Asiatic Society-Korea Branch, RAS-KB의 정기 학회지에 표기법의 규칙 전문이 실렸다.[5] 이 전문에서 흥미로운 사실 하나를 확인할 수 있는데, 맥큔-라이샤워 로마자 표기법을 소개하면서 표기법 제정에 도움을 받은 세 명의 한국 언어학자의 이름을 언급했다. 최현배, 정인섭, 김선기이다. 이들은 모두 앞서 언급한, 조선어학회의 『외래어표기법 통일안』 제정에도 관여했던 전문가들이다.

두 가지로 분열된 로마자 표기법

정말 흥미로운 건 이제부터다. 조선어학회 역시 한글 로마자 표기법을 만들었는데, 『외래어표기법 통일안』과 함께 제정한 '조선어음 라마자羅馬字 표기법'이 바로 그것이다. 문제는 이것과 맥큔이 만든 '한글 로마자 표기법'은 완전히 다른 방식의 표기법이라는 것이다. 비슷한 시기에 작업을 했을 뿐 아니라, 서로 상의하고 논의했다며 상대의 이름을 버젓이 서문에 언급하고 있음에도 같은 언어를 놓고 전혀 다른 표기법이 탄생했다.

　　두 규칙 간의 가장 큰 차이로는 한글 자음이 초성, 중성, 종성 가운데 어느 자리에 위치하느냐에 따라 표기하는 방식이 서로 다르다는 점이다. 조선어학회는 'ㄱ'이 초성으로 올 때 'G'로 표기하는 반면, 맥큔-라이샤워는 'K'로 적는다. 단어로 예를 들어보면, '가게'는 'ga:ge'와 'kage'가 되고, '떡'은 'd'eg'과 'ttŏk'이 되어 같은 자음이라도 초성이냐, 종성이냐에 따라 로마자 표기가 제각각이다. 복잡한 표기법의 차이를 이 자리에서 일일이 설명할 수 없지만 조선어학회와 맥큔은 서로 의견을 나누는 과정에서 뜻을 함께하지 못하고 각자 다른 한글 로마자 표기법을 만들었다.

　　비슷한 시기에 두 표기법이 만들어졌고, 서로 논의하고 도움을 주었음에도 불구하고 다른 표기법을 제정하게 된 이유가 궁금하다. 조선어학회의 표기법이 맥큔-라이샤워보다 조금 뒤에 나온 것을 감안하면 조선어학회의 학자들이 다른 로마자 표기법을 고려하며 고민하긴 했는지 의심스럽다. 이 부분에 대해서는 아쉽게도 조선어학회의 입장을 찾아볼 수 없었다.

　　이와 대조적으로 맥큔-라이샤워는 그런 고민을 비교

적 자세히 남겼다. 기존에 중구난방으로 사용되는 한글의 로마자 표기법의 통일을 이루기 위해 가장 많이 사용되고 있던 세 가지의 방식을 모두 검토했다. 먼저 게일 한영사전의 게일 방식, 프랑스 선교사들의 방식, 독일의 에카르트 방식을 꼼꼼히 비교해 장·단점을 밝혔다. 하지만 여기에 조선어학회에서 만든 '조선어음 라마자 표기법'에 대한 언급은 없다. 시기적으로 조선어학회의 안이 완성되기 전이어서였던 것 같다.

맥큔의 견해는 기존의 어느 방식도 한글의 복잡한 음운 현상을 적용하기 어렵다는 것이다. 로마자로 한글을 완벽하게 구현한다는 것 자체가 실현 불가능한 일이긴 하지만 가장 일반적이면서도 누구나 널리 사용할 수 있는 쉬운 통일안으로 맥큔-라이샤워 로마자 표기법을 제정했다는 설명이다. 가능하면 로마자 표기법을 통해 한글을 모르는 사람들도 한글 음운 변화를 쉽게 이해할 수 있게 되기를 희망한다면서. 이 과정에서 한글 표기법이 통일되지 않아 겪었던 어려움과 표준 발음은 경성의 중산층을 대상으로 했다는 점도 언급했다.

수십 년이 지난 지금도 한글의 로마자 표기법은 아직 통일을 이루지 못했다. 북미를 비롯한 유럽 국가들은 맥큔-라이샤워 표기법이 제정된 1939년 이후 이 표기법을 일관되게 사용하고 있다. 대한민국은 그간 4번이나 표기법을 개정하다 2000년 문화관광부에서 낸 개정안을 현재까지 사용하고 있다.

로마자 표기 혼란과 통일의 기대

2000년도에 대한민국 정부에서 로마자 표기법 개정안을 발표하자, 미국 전역에서는 학자들 간에 로마자 표기법에 대한 논쟁이 뜨거웠다. 새 개정안이 해외학자들에게 혼선을 줄 것이라는 염려가 컸는데, 그 이유는 대한민국 정부의 잦은 개정으로 인한 새 표기법에 대한 불신, 새 개정안이 맥큔-라이샤워보다 월등하지 않다는 것 등이었다. 로마자는 기본적으로 외국인을 위한 것이기 때문에 그들의 발음에 적합하게 만들어져야 한다는 이유 등으로 아직까지도 새 개정안의 수용이 이뤄지지 않고 있다.

두 가지 로마자 표기법의 병행은 결국 그 표기법에 의지해 정보를 찾아야 하는 이용자에게 고스란히 피해가 전가된다. 가령 제주에 대한 정보를 검색하려면 어느 책은 Cheju로, 어떤 책은 Jeju로 표기되어 있어 검색을 달리 해야 한다. 해외에서 한국에 대한 연구를 힘들고 더디게 만드는 걸림돌이다. 이 두 규칙 간의 자동 변환 검색이 시스템적으로 현재 구축되어 있지 않고, 앞으로도 특별한 계획은 없는 듯하다. 로마자가 아닌 한글 자체로 검색하면 이 모든 문제가 사라지겠지만 한글을 모르는 외국인들은 어떤 로마자 표기로 자료를 찾느냐에 따라 검색 결과가 엄청나게 달라진다. 특히 고유명사 검색어의 경우 로마자 그대로 쓰여진 영문 논문들도 많아 한글로만 검색한다고 해결할 수 있는 것도 아니다. 온라인 검색에서도 마찬가지다. 독도냐 다케시마냐를 두고 한국과 일본이 논쟁하는 것만큼이나 Dokto냐 Tokto냐의 문제로 대한민국과 여러 해외 국가 간에 소득 없는 논쟁이 계속되고 있다.

그렇다고 희망이 아주 없는 건 아니다. 외국어 표기의 통일을 이뤄 낸 전례가 있기 때문이다. 2000년 미국에서는 한 세기 이상 웨이드-자일Wade-Gile 방식으로 써오던 중국어 로마자 규칙을 국제사회법에 맞춰 한어병음법Pinyin으로 과감히 전환했다. 당시 급부상하던 중국의 국력을 의식한 정치적 결정이었다는 평가도 없지 않지만 이로 인해 미 의회도서관을 중심으로 미국 내 각 도서관은 로마자 변환 작업에 들어갔고, 수년 동안 수백만 권에 이르는 도서 목록의 중국어 로마자를 모두 통일했다.

　　자동 변환과 함께 수작업 처리를 하느라 엄청난 비용이 들었고 이 프로젝트에 참여했던 중국인 사서들의 불평과 불만이 하늘까지 치솟았다. 이 프로젝트의 선봉 역할을 했던 미 의회도서관 사서들의 고충은 수십 년이 지난 지금까지도 돌이키고 싶지 않은 기억으로 남아 있다. 억측이겠지만 이런 힘들었던 경험 때문에 한국 정부가 새 로마자 표기법을 내놨을 때, 미국 내 사서들이 혹시나 닥칠지 모를 혼돈에 대한 공포로 더 놀라지 않았나 싶다. 여전히 한글 로마자 표기법으로 맥큔-라이샤워만을 고집하고 있는 것도 개정안으로 인해 치러야 할 고통이 너무 커서일지 모르겠다. 그래도 한 번의 악몽으로 앞으로 평생 발 뻗고 편안히 잘 수 있다면, 차라리 고통을 달게 받는 게 낫지 않을까? 서로 다른 두 가지 로마자 표기법의 병행은 훨씬 더 큰 고통이다.

　　그래서 그 시작점이 된 이 책을 대면하자 지난 20년간 묵혀 둔 한글 로마자 표기의 고충으로 인한 비애와 한탄이 한꺼번에 쏟아져 나왔다. 필자가 사서직을 유지하는 동안 완전한 통일안을 이룰 수 있을지 모르겠지만 그 희망을 완전히 접고 싶지는 않다. 통일은 이용자를 위해서 선택이 아

닌 당위다. 비용 절감을 위한 최적기는 내일이 아닌 오늘이
다. 하지만 비용보다 더 어려운 난관은 어느 쪽으로의 통
일이냐는 정치적 문제다. 통일은 언제나 이렇게 정치적이
어야 하나 싶어 생각만으로도 피곤하다. 이용자는 괴롭고,
해외 사서도 고통에서 자유롭지 못하다.

어머니독본 어머니讀本

김상덕
경성동심원
1941

변하는 것과
변하지 않는 것

어머니가 배워야 할 양육의 지식과 지혜를 담은 『어머니독본』.

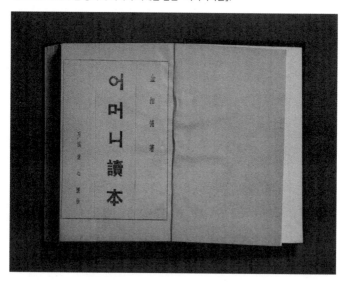

어머니를 예찬하는 글을 담은 독본이려니 했다. 자녀들에게 어머니의 헌신적 사랑에 관한 글을 읽혀 존경심을 불러일으키려는 책 정도로 예상했다. 하지만 필자의 짐작과는 달리 이 책은 아이들을 키우는 엄마들이 알아야 할 내용을 담은 어머니 교육서다. 올바른 자녀 교육을 위해서, 맹모와 같은 훌륭한 어머니가 되기 위해서 어머니가 배워야 할 자녀양육과 관련한 지식과 지혜를 담았다. 롤모델로 삼을 만한 엄마들까지 전부 불러들였다. 한마디로 1941년 판 육아책이다.

육아의 근본은 어느 때든 같다

1941년 판이라고 우습게 볼 일은 아니다. 최신 어떤 교육자의 육아개론서나 발달 심리 및 유아 교육방법론에도 전혀 밀리지 않을 책이라고 자신 있게 소개할 수 있다. 일일이 상황을 예로 제시하여 그때마다 엄마가 취해야 할 적절한 태도나 육아 방향을 조근조근 설명해 준다. 때로는 조심스럽게 설득하고, 때로는 단호하게 타이르며 육아에 지친 엄마의 공감과 동의를 얻어내는 화법이 매우 세련된다. 자식 교육을 망치고 싶은 엄마가 세상에 어디 있을까? 홀

량한 엄마가 되고 싶다면 이 책에서 한 수 배울 것을 추천한다.

일단 내용이 흥미진진하다. 어? 1941년에 벌써 선행교육의 문제점을 논하다니? 이거 꽤 과학적 근거를 제시하고 있는데? 자장가도 유행가 같은 아무거나 부르지 말고 경박하지 않은 브람스나 슈베르트의 자장가를 들려주라고? 어라, 젊은 과부에게는 자신의 행복만을 추구한 재혼은 하지 말라는 따끔한 충고까지? 허영심에 거짓말하는 아이들은 대부분 그 부모의 허영심이 반영된 경우가 많은 줄 알라고? 하…… 부모로서 마음이 뜨끔해지는 대목이 어찌나 많던지. 마치 육아 상담 전문가와 대화를 나누는 듯한 느낌이 페이지를 넘길 때마다 들었다.

필자도 육아로 고생했던 경험이 있다. 집안에 가족력 하나 없는 아들 쌍둥이를, 그것도 만리타향에서 낳고 부모님이나 선배 엄마 도움 하나 없이 남편과 단 둘이 한꺼번에 키우느라 막막했던 적이 한두 번이 아니었다. 보채는 아이를 둘러 업고 안고 어르다 지쳐 답답할 때면, 책 밖에 의지할 것이 없었다. 특히나 쌍둥이 양육에 관한 사전 지식은 전무했고, 주변에 조언을 해 줄 경험자도 없었기에 책의 도움은 절실했다. 그런 개인적인 경험을 떠올리며 이 책을 읽어 봐도 참 훌륭하다 싶어서 80년 전이나 지금이나 아이 기르는 일은 크게 다르지 않구나 했다.

하긴 사람을 키우는 일인데 세상이 변했다 해서 뭐 그리 다를까 싶으면서도 새삼 놀랐던 건 그 시절에도 우리 어머니들에게 이런 종류의 지식을 전달한 책이 존재했다는 사실이다. 물론 책을 구입할 수 있는 여력과 이런 책의 존재를 알 수 있는 정보력, 한글이나마 읽을 수 있는 문해력 등이 갖춰진 여성에게 국한된 이야기였겠지만, 이 책에 담긴 지당한 육아 지식조차 다 활용하지 못하고 자식을 키운 필자 자신을 생각하면 훌륭한 선배들 앞에서 그저 부끄러울 따름이다. 세상이 달라져서이기도 하겠지만 필자를 비롯해 지금 엄마들은 사람 키우는 일의 본질보다 그저 치열한 생존경쟁에서 살아남을 수 있게 아이들을 더 거칠고 이기적으로 키우고 있는 건 아닌지 깊이 반성하게 된다.

문학과 극을 통한 어린이 교육

이쯤 되면 『어머니독본』 내용이 무척 궁금할 것 같다. 총 35과로 구성된 책은 육아에 관한, 그야말로 다양한 주제를 다뤘다. 아동과 가정교육을 필두로 부모가 가질 수 있는 편애심에 대해서, 외자녀의 교육은 어떠해야 하는지, 편모 가정의 자녀를 기르는 방법은 어떻게 달라야 하는지, 자녀의 학업을 위해서 부모가 할 일을 시작으로 자장가, 울음, 양육, 식물, 식모, 회화, 음악, 독서, 동화, 완구, 취급 곤란한 아동, 싸움, 칭찬, 꾸지람, 거짓말, 불량성, 도벽, 근로정신, 질투심, 책임, 신경질, 성교육, 노파심, 절약교육, 공상과 본능, 질향, 금은 교육 및 음주와 흡연 까지 자녀를 키우면서 발생할 수 있는 일을 모조리 다뤘다. 각 과는 짧게는 3페이지 정도에서 길게는 5~6페이지에 이르는 분량으로 핵심을 잘 정리했고, 실례를 들어 설명하면서 과학적·상황적·심리적 근거를 명쾌하게 제시했다. 책은 총 278페이지, 각 과마다 배울 것이 차고 넘친다. 지금 아이를 둔 엄마가 읽어도 시대에 뒤떨어지지 않으리라 장담한다.

부록으로 14편의 모범 어머니 사례를 엮어 80쪽 분량의 「조선 위인의 어머니 힘」을 수록했다. 강감찬 어머니부터 정문, 김원술, 김부식, 최응, 송유, 정몽주, 남효온, 박광우, 김유신, 석탈해, 동명성제, 성간, 정인지의 어머니가 등장한다. 위인을 길러낸 어머니의 힘을 재차 강조하면서 육아에 지친 어머니들에게 감동을 주며 힘을 북돋아 준다.

이런 책을 쓴 육아 전문가가 과연 누구인지 궁금하다.

저자 김상덕은 당시 동화, 그림책 및 아동극 등을 여럿 쓴 동화작가다. 아동의 심리와 정서를 잘 알아 그가 쓴 어린이 책이 호평을 받았고, 아동 관련 책도 여러 권 썼다. 이 책 말미에는 김상덕의 동화·동극집 『꿈에 본 작난감』과 세계명작 그림동화 『파랑새』의 광고도 실렸다. 김상덕은 신문에 어린이를 위한 동화 및 아동극을 연재하고 단편동화도 여럿 발표했다. 1935년 『동아일보』에 「복돌이의 지혜」, 「까치의 재판」, 「이상한 색실」, 전래동화 「이죽이와 삐죽이」, 1937년에는 「꽃 속에 숨은 전설」, 1938년에는 「파랑새」, 「비행기」, 「되잡힌 원숭이」, 「즐거운 원족」과 1940년에는 「비누풍선」 등의 작품을 실었다.

그는 동화작가로서뿐 아니라 1934년 아동극단 '두루미회'를 창립해 아동극 연구와 보급에도 힘썼다. 1939년에는 극단 이름을 '경성동심원'으로 바꾸고 더 많은 어린이들을 모집해 더 활발한 공연을 펼쳤다.6 이 책도 작가 김상덕이 지도교사로 있던 경성동심원에서 발행했다. 서문에서도 밝히고 있듯이 저자는 경성동심원 5주년을 기념하여, 그간 어린이 문제에 특별한 관심을 갖고 각 신문과 잡지에 실었던 글을 다시 수정하고 새로 몇 편을 보태서 책으로 엮었다.7 덧붙여 그는 자녀교육 때문에 "눈물 지우는 어머니들과 같이 눈물을 반씩 나누고, 귀여운 자녀가 모두 위대한 소국민이 되어 국가와 사회의 일꾼이 되는 인물이 되여주기를 희망하며, 앞으로는 더욱더 연구하여 모성교육 사업에 전 생애를 바치겠다"고 다짐했다. 작가의 자녀교육에 대한 신념과 그 교육을 담당할 어머니 교육에 가졌던 애틋한 열정이 전해지는 대목이다.

친일 동화작가라는 굴레

하지만 대대적인 홍보로 시작된 경성동심원의 공연 활동도 1940년 이후에는 신문지상에서 찾아보기 힘들어졌다. 작가 김상덕에 대해서도 마찬가지였다. 이렇게 활약이 컸던 작가에 대해 '1916년생 아동문학가'라는 한 줄을 빼고는 국어국문학 관련 사전에서조차 설명이 없으니 신기할 정도다.

친일 아동작가라는 낙인 때문인 듯하다. 김상덕은 일제 말기 기네우미 소도쿠金海相德로 창씨개명했고, 그가 관여했던 '경성동심원'은 일제의 관변단체로 조선총독부의 정책을 선전하는 친일 아동단체였다. 그 때문에 '색동회'를 비롯한 많은 어린이 단체들이 1937년을 기점으로 전

갑자기 자취를 감춘 저자 김상덕의 자취는 이 책 판권에 새겨진 '경성동심원'에서 비롯된다. 친일 아동작가의 굴레는 그의 남은 생애에 긴 그림자를 드리웠다. 책 뒷면에 들어간 산삼과 녹용이 들어간 강장수 상업광고도 재미있다.

격 해체되었을 때도 경성동심원은 유일하게 살아남았고, 1930년대 중·후반에서 1940년대 초까지 활동할 수 있었다. 책의 매력에 빠져 있다가 뒤통수를 한 대 맞은 느낌이다. 이런 사실을 알자 그가 쓴 서문을 다시 읽게 되었다.

목하 우리나라는 동아영원한 평화를 위하여 장기건설의 매진하고 있음은 이미 잘 아시는 바입니다. 이 성스런 대

목적을 수행하기 위하여는 여러 가지 중요한 일이 있습니다만은 다음 시대를 짊어지고 갈 제2국민을 정신적으로 육체적으로 뛰어나고 훌륭한 국민으로 훈육해야 함은 재론할 여지가 없는 것입니다.

서문에서 일제가 주장했던 내선일체와 황국신민화의 냄새가 폴폴 난다. 이 책 말고도 1943년도에 일본어로 펴낸 동화집 『반도명작동화집』半島名作童話集8에는 더 노골적으로 '내선일체는 소국민(어린이)의 융합'이라고 강조했다. 하지만 서문이 아닌 본문에서는 노골적인 친일 흔적은 찾아볼 수 없었다. 그저 교육자로 자녀를 바르게 교육하기 위해 어머니가 알아야 할 다양한 지식이 담겨 있을 뿐이다. 우리 민족의 훌륭한 어머니들을 불러내 민족의식을 고취한 것도 친일과는 거리가 있다.

해방이 되고 1950년 후반이 될 때까지 김상덕은 별로 이렇다 할 활동도, 작품도 없다. 그러다가 1950년대 말에서 1960년대 초, '한국아동문학회'에서 출판위원과 임원으로 일한 기록이 나온다. 1962년에는 그의 책 『한국동화집』과 『재미있는 세계동화』가 아동 도서 부문에서 전국 서점 베스트셀러 7위와 9위를 각각 차지했다는 소식도 있다. 그러다 김상덕의 이름을 1965년 7월 17일 자 신문에서 "아동문학 이름 도용"이라는 기사에서 다시 만났다. 우위사에서 출간한 '소년소녀 세계명작만화전집' 전6권의 대표 편집자였던 김상덕은 함께 기술된 4명의 아동문학가들의 이름을 사전 양해도 없이 편집위원으로 책에 소개해 그들로부터 고소를 당했다는 소식이었다. "아동교육의 암적인 존재인 악질 만화책 집필가로 취급, 명예를 손상"케 했다는 고소 내용이었다. 이후로는 그의 이름을 어느 신문에서도 찾아볼 수 없었다.

다작의 활동으로 한국 아동문학에 공헌한 바가 적지 않았지만, 김상덕은 결국 친일 아동문학가로 낙인 찍히고, 말년에는 악질 편집자로 고소까지 당하며 불명예스러운 말년을 보냈다. 순간 허탈하게 떠오른 상념 하나가 다름 아닌 '어머니'였다. 이런 김상덕의 부침을 모두 지켜보았다면, 그 어머니는 어떤 마음이었을까?

어떤 연구자는 김상덕을 친일 작가로만 평가하는 것은 매우 피상적이라고 반박했다. 그의 작품을 좀 더 면밀히 해석해서 검토할 필요가 있다는 것이다.[9] 자식 키우는 같은 어머니로, 김상덕 어머니께 위로 삼아 이 논문을 추천해 드리고 싶다.

조선요리제법
朝鮮料理製法

방신영
한성도서주식회사
1942

베스트셀러
표절까지 낳은

일제 강점기 말 베스트셀러는 얼마나 팔렸을까? 한 번 인쇄할 때 도대체 몇 부를 찍었으며, 몇 번의 판과 쇄를 거듭하며 장수하는 책이 베스트셀러의 반열에 오를 수 있었을까? 그리고 어떤 분야의 책이 가장 절찬리에 판매되었을까? 여기 그 대표적인 책 한 권을 소개한다. 놀라지 마시라. 영예의 주인공은 다름 아닌 주부들의 사랑을 듬뿍 받은 요리책,『조선요리제법』이다.

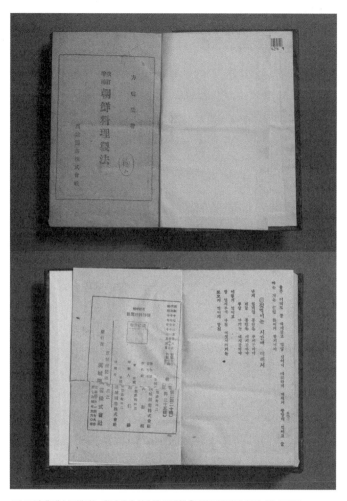

1940년대 베스트셀러는 우리나라 최초의 요리책 『조선요리제법』이다. 물자 부족 때문이었을까, 종이질이 너무 나빠 안타깝다.

40년 넘게 사랑 받은 베스트셀러

저자 방신영은 직접 책의 인기를 숫자로 보여준다. 1942년 한성도서주식회사에서 찍어낸 재판본의 서문에서, 초판으로 2천 부를 찍고 매번 2천 부씩 10판까지 출판해서, 그간 2만 동무의 손에 한 권씩 놓이는 지경까지 왔다고 책의 인기를 증명했다. 하지만, 절판이 되고도 책을 찾는 이가 끊이지 않아 다시 수정 증보판을 냈다. 엄청난 선풍을 일으킨 이 책은 활자본으로 나온 것으로는 조선 역대 최초 요리책이다.

베스트셀러의 기록은 비단 여기서 그치지 않는다. 이 책의 초판본이라 부를 수 있는 책은 무려 이보다 4반세기, 즉 25년 전에 이미 나왔다. 1917년 8월 12일 『매일신보』의 신간 소개에는 신문관에서 발행한 방신영의 『조선요리제법』이 실렸다. 이 책은 일상 음식으로부터 연회 음식 및 제과 요리법 270가지를 정리했고 그 외 일본과 중국, 서양 등 외국 요리법과 각 지방의 조리법을 수록했다고 전한다. 요리제조법 저술이 없었던 참에 방신영 여사 덕분에 꼭 비축할 만한 좋은 책이 나왔다며 선전을 더했다.

이후로 개정과 증보를 거듭해 무려 33판을 1960년에 내기까지 이 책은 스터디셀러로 자리를 굳혔다.[10] 한 권의 책이 이렇게 오랜 기간 꾸준히 사랑을 받기는 쉽지 않을 텐데 여사의 음식 비법이 대단했던가 보다. 당시 우리네 선조들의 맛있는 음식에 관한 관심은 지금의 맛집 탐방, 먹방의 열기보다 더 뜨거웠을 수도. 책장을 열기도 전에 벌써 군침이 넘어 간다.

　　너무 많은 부수를 찍어내느라 값싼 종이를 써야 했나? 이 책은 장안의 지가紙價를 올릴 정도로 많이 팔린 책이라는 언급이 있지만[11] 책의 명성에 비해 지질은 신문지 수준으로 베스트셀러의 위상에 어울리지 않게 조악하다. 요리하다가 물 묻은 손으로 한 장이라도 넘기면 금세 녹아 없어질 것처럼 종이가 얇다. 요리책이란 자고로 반질거리며 빳빳한 원색이라야 제맛인데, 컬러는 고사하고 펼치기도 조심스러울 정도다. 튼튼하게 만든 요리책이라야 음식 만들 때마다 자주 들여다봐도 낡지 않을 뿐 아니라 자신이 쓰고 자식들에게 대를 물려 전해 줄 수 있지 않을까? 종이질이 베스트셀러의 명성을 따라가지 못해 안타깝지만, 많은 부수를 찍느라 조악한 종이를 쓸 수밖에 없었으려니 이해하고 넘어갈 수밖에.

　　이 책이 없었다면 방신영 여사의 음식 비법이 조선의

각 가정으로 전수되지 못했을 것이다. 저자는 책 헌사에서 "우리 조선 집집이 우리 동무 손마다 이 책이 놓여 있음은 어머님의 크신 사업이요 크신 선물입니다"라고 어머께 감사한 마음을 전했다. 책을 내 준 방신영 여사에게도 고맙지만 집안의 원조 레시피를 제공한 이름도 얼굴도 모르는 그녀의 어머니께(어쩌면 몇 대를 걸친 여러 명의 어머니들께) 먼저 감사를 드려야겠다.

재료 계량은 물론 서양 요리까지

첫 책이 나왔던 1917년에 저자 방신영은 겨우 27세의 젊은 신여성이었다. 자신의 경험만으로 요리책을 쓰기엔 나이가 너무 어려 초판본에서는 어머니께 배운 요리법을 그대로 적는 것에 그쳤다. 저자는 어머니 무릎 앞에서 한 가지 한 가지를 여쭈어 보면서 자신의 조그만 손으로 적어서 만들었다고 고백했다. 그러다가 자신의 경험이 쌓이면서 요리법도 실험 교정하고, 그에 맞게 책의 내용도 개정 증보했다. 작가가 재직했던 정신여학교와 이화여자전문학교 및 이화여자대학교 가정과에서 수업 교재로 이 책을 사용하면서 조선의 요리법도 날로 발전해 갔다.

우리 선조들이 이 책으로 요리 실습을 했던 당시 부엌으로 들어가 보자. 총 502페이지에 달하는 방대한 요리책은 모두 61장으로 구성되었다. 처음 1장에서 3장까지는 요리 용어 설명과 중량 비교 및 주의할 사항을 정리했다. 이어서 '4장 양념법'을 시작으로 '58장 떡'에 이르기까지 종류별로 요리법을 설명했다. 마지막 59장에서 61장까지는 각 절기에 따른 음식 준비, 잔칫상 차리는 법 그리고 어린아이 젖 먹이는 법에 대해서 적었다. 양념에서 시작해 떡에 이르기까지 음식 종류만 무려 55종에 달한다. 종류별 이름만 언급해 보면, 양념, 분말, 소금, 기름, 당류, 초, 메주, 장, 젓, 김장 김치, 보통 김치, 찬국, 장아찌, 조림, 찌개, 지짐이, 찜, 볶음, 무침, 나물, 생채, 전유어, 구이, 적, 자반, 편육, 포, 말린 것, 회, 어채, 묵, 잡록, 쌈, 떡국, 만두, 국수, 편, 정과, 강정, 엿, 엿강정, 숙실과, 다식, 유밀과, 화채, 차, 즙, 의이, 암죽, 미음, 죽, 국, 습, 밥 그리고 떡이다. 각 음식 종류 밑에는 개개의 다양한 조리법이 나온다.

예를 들어 '23장 나물편'에는 가지나물에서 잡채나물에 이르기까지 무려 28개의 각기 다른 나물요리 조리법이 소개된다. 각 조리법 시작에는 재료와 함께 계량화된 분량이 나온다. 우리나라 전통 음식 조리법을 체계적으로 정리

완성한 요리책으로 면모를 갖추었다. 음식에 맞는 절기가 따로 있으면, 이를 친절하게 알려 주는 것도 잊지 않았다.

조선의 음식뿐 아니라 몇 안 되지만 외국 음식 조리법도 등장한다. '56장 숩(스프)'에 가면, 『조선요리제법』에 소개된 유일한 서양 음식 두 가지가 나오는데, 캐비지가 잔뜩 들어간 '로서아숩(러시아 스프)'과 버터와 밀가루가 들어간 '계란 우유 숩'이다.

요리책을 뒤적이다 국민 간식으로 부동의 1위를 차지하고 있는 떡볶이 조리법을 찾아보았다. 3인분 재료로 표고 네 조각, 석이 두 조각, 버섯 네 조각, 실백 한 숟가락, 미나리 썬 것 한 보시기, 물 한 보시기의 재료가 등장하는데, 제일 중요한 고추장이나 고춧가루에 대한 언급은 한 마디도 없다. 과거에는 떡볶이에 세 종류나 되는 버섯을 넣고 잣과 미나리까지 얹어 간장으로만 간한 맵지 않은 떡볶이를 즐겨 만들었나 보다. 아닌 게 아니라 필자가 어렸을 때 어머니는 불고기 간장 양념에 고기를 넣어 볶은 떡볶이를 만들어 주셨다. 고추장 양념이 들어간 매운 떡볶이는 언제 대중화되기 시작했을지 문득 궁금해졌다. 1917년부터 근 50여 년간 개정된 이 요리책을 시대별로 나란히 놓고 조선의 음식 조리법의 변천사를 찾아보면 시대마다 다른 떡볶이 맛을 느끼는 것만큼이나 흥미롭겠다.

저작권 침해 소송에서도 승리

이 요리책을 눈으로 훑으며 놀랐던 것 가운데 하나는 우리나라 디저트 음식의 가짓수가 많고 다양하다는 점이다. 서양에 초콜릿이 있다면 조선에는 엿이 있고, 서양에 쿠키가 있다면 조선에는 다식과 강정과 유밀과가 있으며, 서양에 케익이 있다면 조선에는 떡이 있고, 서양에 주스가 있다면 우리에겐 화채가 있다. 지금은 마트에서 모두 손쉽게 구할 수 있는 간식들이지만, 필자가 어렸을 때만 해도 어머니께서 직접 집에서 만들어 주지 않으면 맛보기 어려웠다. 어머니가 만들어 준 깨강정이 기억나지만 깨가 귀하면 누룽지를 기름에 튀긴 후 설탕 옷을 입힌 간식도 있었다. 그때 먹었던 어머니표 간식에 대한 추억이 달달해 지금도 매우 그립다. 자고로 요리책을 밤늦게 펼쳐 들면 위험하다. 너무 오래 읽어도 위험하긴 마찬가진데, 책장을 넘길 때마다 어느새 입안 가득 침이 고이고 배가 고파 뭔가를 꺼내 먹게 되기 때문이다. 오래된 레시피임에도 불구하고 이 책도 마찬가지라 더 길게 소개하고 싶지만 다이어트를 고려해 그만 덮어야겠다.

　잠깐, 마지막으로 한 가지만 언급하자. 요리법은 아니지만 베스트셀러에 따르는 해프닝 하나가 재밌다. 이 책의 폭발적인 인기는 저자 방신영의 레시피를 표절한 책이 출간되는 일로 번졌다고 한다. 당시 이화전문학교 교수였던 저자 방신영은 책 장사 강의영 씨를 상대로 저작권 침해에 대한 손해배상을 청구했다. 경성지방법원은 피고에게 삼백오십 원의 손해배상금을 내도록 했고, 저작권을 침해한 책의 판매를 금지하도록 판결을 내렸다.[12]

　지금에서야 정착되고 있는 저작권 문제가 식민지 시기에 법정 소송으로 이어진 것은 물론, 저자의 지적재산권이 당당히 인정받았다는 것은 크게 환영할 일이다. 사서로 저작권 관련 선구적인 사례를 만나니 더 반갑다. 순수 창작물이 아니라 요리 레시피는 집단 경험이 바탕이 된 것이라 하찮게 취급 받을 수도 있는 저작의 승소라 더 의미 있고, 그 저작의 주체가 줄곧 부엌에서 하대 받던 여성이었기에 더 뿌듯하다. 우리 선조 어머니들의 부엌에서의 노고에 대한 절대 인정의 완판 승리라 정말 기쁘다.

　Long Live 조선요리제법!

모국과 모국어를
그리워하다

미국 대학 내 최초의 한국어 수업 시간에 쓰인 한국어 교재 『A Standard Colloquial Korean Text Book for University Students』는 맨 첫 장에 조선반도 지도를 넣었다. 굴곡진 삶을 살았던 저자 선우학원에게는 그리운 산천이었을 것이다.

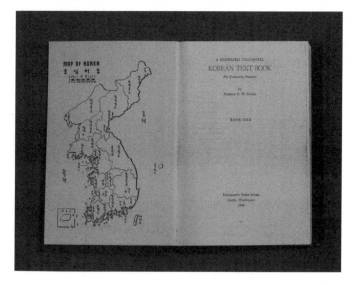

BTS 방탄소년단의 K-POP 노래를 한글로 따라 부르는 요즘 외국 학생들보다 훨씬 오래전에 조선의 노래를 따라 부르며 한국어를 공부하던 외국인들이 있었다. 그들은 워싱턴대학교에서 미 육군 특기훈련을 받던 군인들이다. 제2차 세계대전이 한창이던 1940년대 초, 미국에서는 한국으로 파병될 미군들에게 한국어를 가르쳤다. 미국 내 한국어 수업으로는 최초가 아닐까 싶다.

미국 내 최초의 한국어 수업

필자가 근무하는 대학에 미국 내 최초의 한국어 수업이 개설되었다는 사실은 대단한 영광이 아닐 수 없다. 워싱턴대학의 한국 장서를 소개할 때도, 미 육군들의 한국어 수업을 위해 한국 책을 수서하게 되었다는 이야기를 빠뜨리지 않고 언급한다. 이를 더욱 확고하게 증명해 주는 책이 바로 1944년 워싱턴대학에서 출간된 『A Standard Colloquial Korean Text Book for University Students』이다.

이 책은 미국 대학에서 한국어 수업이 뿌리를 내리는 데 개척자 역할을 했다.[14] 한국어 교재를 만든 저자는 워싱턴대학교에서 한국어를 가르쳤던 25세의 청년 해럴드 선우(선우학원 鮮于學源)다. 한때는 목사가 되기를 희망했던 선우학원은 한국어 교육의 선구자이지만, 누구보다도 사연 많고 굴곡진 삶을 살았다. 일제 강점기 한국에서 태어나 일본을 거쳐 미국으로 왔다가 영국과 체코슬로바키아를 떠돌다 한국전쟁 직전에 다시 미국으로 돌아와 생을 마쳤다. 97세로 근 한 세기의 여정을 마감한 후에는 자신의 고향 평양으로 돌아갔다. 현재 그의 유해는 북한의 신미리애국열사릉15에 안장되어 있다.

여러 나라를 떠돌며 범상치 않은 삶의 궤적을 남긴 선우학원에 대해 어디서부터 이야기를 시작하면 좋을까? 선우학원은 미국 내 공산당 활동으로 1954년 6월 18일, 시애틀에서 열렸던 미 하원 비미非美활동조사회의 청문회에 선적이 있다. 그 청문회에서 선우학원이 자신에 대해 직접 진술한 이야기로 시작해 보려 한다.16

선우학원은 1918년 2월 2일 평양에서 출생, 고등학교를 마치고 목사가 되기 위해 일본으로 떠났다. 동경에 있는 아오야마 가쿠인青山学院大学 기독교 미션스쿨에서 2년간 수학한 후, 1938년 조부가 있는 미국으로 왔다. 로스앤젤레스에 있는 바이올라대학교BIOLA University(Bible Institute of Los Angeles) 신학교에 들어갔다가 파사데나대학Pasadena College

Koreans have a word for it,
Dr. Sunsoo explains

워싱턴대학교 1944년도 졸업앨범에 실린 선우학원.

으로 옮겨 1943년에 학사 학위를 받았다. 대학 졸업 후에
는 워싱턴대학교의 미 육군 한국어 수업을 맡아 시애틀로
갔다. 당시 그의 모습은 1944년도 워싱턴대학 졸업 앨범
Tyee Yearbook에서도 찾아볼 수 있다. 태평양 전쟁이 발발하
자 그는 미군에 입대해 1945년도 6월에서 12월까지 미국
남부에서 복무하고 시민권을 얻었다. 1946년 1월에 다시
시애틀 워싱턴대학으로 돌아와 1949년 8월까지 한국어 수
업과 석·박사 학업을 병행했다.

　이 시기는 그의 삶에 큰 전환점이 되었다. 자유와 평등
이 보장되는 나라라고 믿었던 미국 땅에서 혹독한 인종 차
별을 겪었는데, 아시아인이라 월세를 구하기도 어렵고 학

교에서도 학위를 받지 못하는 지경에 이르렀다. 그는 목사가 되고자 했던 자신의 진로를 재고했고 이즈음 인종 차별을 비롯, 어떤 차별도 없는 사회를 지향하는 공산주의에 관심을 갖게 되었다. 그는 시애틀에 있던 미국 공산당에 가입한 뒤, 미국 서부지역의 한국계 공산당 지도자 역할을 했다. 해방 후, 한반도의 남과 북이 미국과 소련의 영향 아래 놓이자 김일성이 주도하는 공산체제로 한반도를 통일시키기 위해 자신의 역할을 본격적으로 모색했다. 뜻을 함께 했던 목사 이선영과 북한의 김일성과 박헌영에게 보내는 밀서를 작성해 전달하는 등 한반도의 분단을 막기 위해 재미동포 공산당원으로서의 활동에 적극 나섰다.

재미 공산당원으로 활동하다 유럽으로

1940년대 말은 공산주의에 반대하는 매카시즘 열풍이 미국을 휩쓸던 때였다. 워싱턴 주도 공산주의자 색출에 한껏 열을 올렸다. 특히 워싱턴 주의 입법원들로 구성된 일명 '캔웰위원회'Canwell Committee는 워싱턴대학교 교수들이나 공무원 가운데 공산주의자를 색출하는 일을 체계적으로 맡았다. 선우학원은 미국 공산당원이자 워싱턴대학 교직원 노조의 책임자였기 때문에, 캔웰위원회에서 집중적으로 감시하던 대상이었고, 공청회에 출석할 것을 통보 받기도 했다. 이에 선우학원은 다른 교수들 8명과 공동으로 성명서를 내어 캔웰위원회의 공청회 소환에 반대하며 이러한 조치는 미국 헌법이 보장한 개인의 자유를 침해하는 일이라고 반박하고 나섰다. 그때가 1948년 7월 무렵이었다. 이 사건의 전모는 워싱턴대학교 특별장서에 보관된 성명서 전문에서 확인할 수 있다.[17] 선우학원은 이 일로 이듬해인 1949년 해직을 당했다. 해직과 함께 박사 학위 또한 어려워졌다고 선우학원은 당시를 뼈아프게 회고했다.[18]

이 사건 이후, 그는 시애틀을 떠나 유럽으로 향했다. 영국 런던대학교에서 공부를 하다가 1949년 9월에는 사회주의 공화국이 된 체코슬로바키아로 떠났고, 1950년 5월 찰스대학교Charles University에서 역사학으로 박사 학위를 받았다. 체코에서 바로 북한으로 가기를 희망했지만 한국전쟁으로 인해 전쟁 발발 겨우 6일 전에 다시 미국으로 귀국했다. 귀국 후, 샌프란시스코에 머물며 『샌프란시스코 크로니클』San Francisco Chronicle 신문 편집부에서 일하며 스탠포드대학교와 골든게이트대학을 다니고, 밤에는 캘리포니아대학에서 비즈니스 관련 수업을 들었다.

그 후 선우학원은 국내에서는 연세대 전임 강사 및 『코리아 헤럴드 주필』 등을 역임하고, 미국에서는 미국 미주리주 센트럴메소디스트대학의 교수로 사회과학부 부장 교수를 역임했다. 또한 선우평화재단을 만들어 한반도 평화통일을 위한 기금을 지원하는 등 한국의 민주화와 통일을 위해 언론·학계·정치 등 각 방면에서 활발한 활동을 펼쳤다.

선우학원의 인생은 참으로 숨가쁜 긴장의 연속이었다. 제국주의가 지배하던 식민지 조국에서 태어나 이념과 사상의 첨예한 대립으로 인한 전쟁 등을 겪으며 고국도 아닌 해외에서 자신의 신념을 지키며 살아간다는 것이 얼마나 고독한 일이었을까? 그 격동의 시기에 탄생한 이 한국어 교재는 다른 교재들과 다른 독특한 역사의 자취를 페이지에 더러 남겼다. 그가 직접 제작한 한국어 교재를 살펴봄으로써 선우학원이 고뇌했던 시대의 한 단면을 조금이나마 이해해 보자.

문법 및 이론을 뺀 실용회화 책

책의 첫 장에는 나진에서 제주도까지 온전한 한반도 지도
가 한국어로의 입문을 알린다. 서문에서는 이 책으로 빠르
고 실용적으로 한국어를 배울 수 있을 거라는 저자의 자신
감이 넘친다. 덩달아 한국어 공부에 대한 의욕이 불끈 솟아
오른다. 당시 구조주의 언어학으로 명성을 날렸던 레오나
드 블룸필드Leonard Bloomfield의 외국어 학습법을 참고해 만
들었다는 교재는 약 1000개의 기본 어휘와 일상 회화에 가
장 많이 사용하는 문장만을 고른 일상 대화를 위한 교재다.
따라서 외국어 공부에 필요한 이론이나 문법 설명을 과감
히 모두 없앴다. 발음을 표기하는 데에 있어서도 기존에 사
용하던 한글 로마자 규칙이 아니라 국제 발음기호를 이용
해 저자가 새로운 발음 표기 방식을 만들어 썼다.

본문은 총 111페이지로 48과로 구성돼 있는데, 각 과
마다 20여 개의 단어와 20여 개의 문장을 소개했다. 왼쪽
페이지에는 한글로 단어와 문장을 나눠 적고, 오른쪽 페이
지에는 한글 발음 표기와 영어 뜻풀이를 적었다. 아침인사
와 같이 쉬운 일상 회화로 시작해 책의 전체 난이도는 비
슷하다. 교재 2권 제작을 염두에 두고 있었기 때문인 듯하

다. 아쉽게도 2권 제작은 이뤄지지 못했지만 1권만으로도 미군들이 한국에 가서 바로 쓸 수 있을 만큼 실용적이고 알차다.

택시를 불러 호텔에 가고, 호텔에 도착해 방을 구하고, 치과 의사를 만나서 이를 뽑고, 영화를 보러 가고, 책방에 가고, 백화점에 가는 등 다양한 일상 대화와 군대에서 필요한 계급 관련 대화가 주로 등장한다. 1940년대에 쓰였던 옛날 어휘들을 지금과 다른 맞춤법으로 띄어쓰기도 없이 세로로 써 해독이 쉽지 않지만, 예문들은 한반도 어느 곳에서나 쉽게 들어 볼 수 있는 대화들이다. 조선은행과 조선호텔, 화신백화점, 제일관, 서대문책방과 화신책방, 동명병원 등 경성에 실제 존재했던 상가 이름이 먼저 인사를 한다. 마치 저자와 과거 속을 함께 걷는 듯하다. 저자는 경성을 벗어나 조선 반도 곳곳으로 읽는 이를 안내한다. 바닷가로는 원산과 몽금포 해변을 추천해 주고, 온천으로는 동래와 온양온천이 좋다고 권한다. 스케이트는 한강과 대동강과 압록강에서 탈 수 있고, 스키는 원산 근처 삼등에 가면 된다고 소개하는데 정말 그곳에 스키장이 있었을지는 모르겠다.

일본의 식민 지배에 대한 저자의 태도도 대화 틈틈이

보인다. 꼭 집어 삼월 초하루가 무슨 날이냐고 묻는 학생에게 이 날은 미국의 독립기념일과 같은 날로 도심에서 민중 집회가 열리고 가두행진도 한다고 설명하고, 서대문의 독립문에 대해 따로 지면을 할애할 정도로 조선 독립에 대한 염원도 보인다.

생활 풍경도 엿볼 수 있다. 당시 라디오에서는 계정식 박사의 바이올린 연주가 흘러나오고, 미군들은 『라이프』 잡지를 읽고 영국전쟁을 다룬 영화 『미네바 부인』을 관람한다. 젓가락이 아닌 '저'를 쓰는 방법도 가르치고, 조선의 유명한 음식으로 김치와 만두와 전을 소개한다. 조선도 워싱턴 주처럼 비가 많이 오냐는 질문에는 주로 여름에만 비가 많이 온다고 답한다. 조선에서 제일 센 축구팀은 평양 숭실팀이라는 대화를 통해서는 저자가 고향 축구단의 열혈팬이었음도 확인할 수 있다.

교재의 마지막 부분인 46~48과에는 애국가, 동경행진곡, 새조선과 군인행진곡 등 네 곡의 노래를 실었다. 이 중 '동경행진곡'은 반일 감정을 담은 선동적인 노래로 가사를 선우학원이 직접 만들어 붙인 듯하다. 곡조는 외국 번안곡인데, 원곡은 미국에서 참전군인들의 위문용으로 만들었던 영화 『스테이지 도어 캔틴』Stage Door Canteen에 나오는 「베를린 행진곡」Marching Through Berlin이다. 1943년 연합군의 베를린 점령을 기원하며 불렀던 노래다. 한국 상황에 맞춰 선우학원은 "베를린을 장악하듯 동경을 함락 시켜 온 세상에 참된 평화를 실현시키자, 만세 만만세"로 개사했다.

어설픈 한국어로 「동경행진곡」을 힘차게 따라 불렀을 미군들의 수업시간을 상상해 본다. 글자의 뜻은 알았겠지만 그 가사를 썼던 선생님의 마음까지 알았을까? 1944년은 아직 조선이 해방을 맞이하지 못한 때였으니 노래를 선창하던 선우학원 선생의 목소리는 얼마나 비장했을까? 꽃미남 방탄소년단의 노래를 따라 부르는 지금의 한국어 수업 풍경과는 비교할 수 없을 정도로 엄숙한 풍경이었으리라.

교재 앞머리에 저자는 한국어 수업을 하는 학생들에게 몇 가지 수업 규칙을 당부했다. 그 가운데 한 구절이 눈에 띈다. "문법에 대해 질문하느라 시간 낭비하지 말고, 학생들이여 한국어 공부를 즐기라!" 선우학원의 이러한 당부가 필자에게는 또 다른 목소리로 들린다. 첨예한 이념의 시대 한가운데서 그가 견지한 정치적 신념을 따지느라 시간을 낭비하지 말고, 멀고 먼 타국에서도 조국과 모국어를 그리워하고 사랑했던 그를 기억해 달라는 말로 들린다.

과학의 신세계와
이야기의 만남

과학소화 科學小話

최상수
조선어연구회
1944

『과학소화』 표지에는 새로운 문명을 상징하듯 열기구와 잠수함, 비행기 등의 그림들이 대거 등장한다.

워싱턴대학교 소장본 한정이긴 하지만 과학책을 마지막으로 해방 전에 출간된 책 소개를 마치게 되었다. 의도하지 않았는데, 출판의 흐름이 합리적인 귀결로 이어진 듯하다. 쇠락하는 한 왕조의 말기를 거쳐 식민지배의 암흑기 동안 출간된 책들을 살피던 끝에 만난 과학이란 단어는, 그 단어만으로도 새로운 미래, 발전, 신세계로의 도약을 연상시켰다.

비행기, 열기구, 잠수함의 신세계

책 표지에서 이미 신세계의 전조가 보인다. 남색 바탕 위로 비행기가 날고, 전차의 바퀴가 힘차게 굴러가고, 잠수함과 선박이 대양 위와 아래를 은밀히 누비며, 신기한 열기구가 두둥실 꿈과 비전을 싣고 하늘로 떠오른다. 마치 과학의 힘이 조선 반도 육해공을 누비기 시작한 듯이. 표지 그림만 봐도 이전 시대와는 판이하게 다른 신문명의 세계가 열린 듯하다. 지금의 눈으로 보면 아무것도 아닌 과학의 발명품처럼 보이겠지만 1944년이라면 혁혁한 발전이자 놀라운 변화의 급물살이다.

한반도 내 1944년 경의 과학 상식의 수준이란 과연 어떠했을까? 저자는 일반 소년 소녀와 정규 수업을 받지 못한 이에게 과학 상식을 전달하기 위해 29편의 과학 상식 이야기를 한 권에 담았다. 소개된 핫한 아이템들로는 유리, 전구, 기차, 석탄, 석유, 양초, 전기, 엑스광선, 인조견 등 당시 인류가 만들어 낸 문명의 아이콘들이다. 두 차례의 세계 대전을 치른 뒤 탄생된 독가스와 탱크 그리고 잠수함도 시대의 산물로서 한 자리를 차지했다. 책 전반에서는 앞서 언급한 발명품과 함께 만유인력과 물, 비, 서리 등 자연 현상의 원리를 설명하고, 후반부에는 동·식물 관련 이야기도 실었다.

흔히 접하는 꿀벌, 잠자리, 매미와 귀뚜라미, 후조(기러기와 제비), 송이버섯, 국화 등의 이야기는 마치 동·식물 도감을 읽는 느낌이다. 이어서 가을은 왜 서늘한지, 나뭇잎은 왜 지는지, 은행잎은 왜 노래지고, 나무에 싹은 언제부터 트는지 등의 일반적인 자연 현상을 설명해 주고, 볍씨를 심어 밥을 먹을 때까지의 과정과 고무를 따서 신을 만드는 과정 등 삶 속에 녹아 있는 과학도 만나게 해 준다. 책은 양력과 음력은 왜 다른지에 대한 설명을 끝으로 과학의 소화, 즉 짧은 이야기를 끝낸다.

분명 과학책을 읽었는데, 마치 옛날 이야기 책을 읽고

난 느낌이다. 한마디로 이 책은 '과학으로 쓰고, 옛날이야기로 읽다'인 셈이다. 아무리 지난 날에 눈부셨던 과학도 신기술이 도래하면, 이미 호랑이 담배 피우던 아득한 옛 이야기가 되고 마는 과학의 속성을 고려하더라도 단지 그 이유만으로 과학책이 옛날 이야기처럼 읽혔을까?

옛날 이야기처럼 읽히는 과학책

일단 기억에 남는 옛날 이야기 몇 가지를 함께 나눠 보자. 참기름과 들기름 또는 나물씨로 만든 채유로 등불을 켜고 살았던 깜깜했던 시대를 기억하는가? 등불이 없어서 겨울에는 눈덩이를 빛 삼아, 여름이면 반딧불이를 모아 책을 읽고 공부했다는 선비의 이야기는 말로만 듣던 옛이야기가 아니다. 양초조차 귀했던 시절에는 소의 기름이나 벌집의 밀랍에 심지를 넣어 초 대신 사용했다. 양초를 만드는 원료인 파라핀은 석유에서 추출되는데, 석유 한 방울 나지 않는 조선 땅에서 양초는 모두 수입품일 수밖에 없었다. 값이 비싸지만 불이 밝지도 않았다.

그런 양초도 귀했던 시절, 등유로 밝아진 세상에 휘둥그레졌을 사람들을 상상한다. 조선 땅에도 유전이 있다고 신문지상에서 떠들어 댄 이야기를 읽을 때는 같이 마음이 들떴다가, 석탄이 없어지면 어쩌나 걱정하는 이야기에 함께 걱정을 하다가 아직 15억 돈의 석탄이 조선 땅에 묻혀 있다는 이야기에 다시 마음을 놓는다. 이제까지 들어 보지 못한 신기한 정보도 있다. 탱크에도 암놈과 수놈이 있단다. 암놈 탱크는 기관총만을 설비하고 가깝게 달려드는 적병을 물리치고, 수놈 탱크는 대포를 설치해 적진으로 쳐들어가 모든 설비를 부숴 놓는 역할을 한단다. 탱크의 암수 구분법, 흥미로운 이야기 아닌가?

이야기 가운데 으뜸은 만유인력을 설명하는 부분이다. 만유인력을 쉽게 설명하고자 저자는 지구에 구멍을 뚫고 그 속으로 사람이 빠지는 상황을 가정했다. 사람이 조선 땅 밑으로 빠지면 미국 땅 어디에선가 솟아 하늘로 올라간다. 이번엔 다시 그 구멍으로 미국 사람이 빠지면 한국 땅으로 발목부터 솟아난다. 이 같은 설명은 우스꽝스럽기 짝이 없다. 만유인력을 이용해 달나라에 가는 이야기는 아예 동화책 한 부분을 읽는 듯하다. 계수나무 아래서 토끼가 떡방아를 찧는다는 이야기와 별반 다르지 않다. 1969년 아폴로 11호를 타고 실제로 달에 착륙했던 닐 암스트롱을 떠올리지 말고, 1940년대 버전으로 달에 착륙한 상상 속 인간을 한 번 만나 보시라. 이렇게 상상력과 감수성이 풍부하게 동원된 과학책이 또 있을까?

지금 큰 대포를 만들어서 일 분 동안에 한 천 리를 가게 하고, 그 대포알 속에는 만반의 준비를 하여 가지고 몇 사람이 들어가서 있게 하고, 어느 달 밝은 날 높은 산에서 달을 향하여 쏘았다고 합시다. 커다란 대포알은 공중으로 일 분 동안에 천 리라는 무서운 속도로 달아날 것이며, 그 가운데 들어 있는 모험가들은 복잡한 우리 풍진 세상을 떠난 것이 미상불 시원한 생각도 있었겠지만, 창 구멍으로 내다볼 때에 우리 지구가 역시 광막한 공중에 외로히 떠 있는 것을 볼 때에 새로이 가이없는 탄식을 금치 못할 것입니다. 그리하여 근근히 한계점을 넘어선 때에는 '지구야 잘 있거라, 이제는 네 신세는 다 졌다'고 하고 달에게 빨리여 저절로 휠휠 들어갈 것입니다. 그리하여 이틀 동안만 대포알 속에서 답답한 곤경을 지나고 나면, 그들은 벌써 산 설고 물 설은 냉랭한 월세계에 내리게 될 것이니, 계수나무 맑은 그늘에 곤한 다리를 쉬이면서 멀리 우리 지구를 바라다볼 때에 그들의 마음이 과연 어떠하겠습니까? (61~62페이지)

조선의 풍속을 과학과 더불어

뿐만 아니라 저자는 조선의 전통 및 풍습에 대한 풍부한 지식도 십분 활용한다. 비를 이야기하면서 1925년 을축년 여름에 한강에 물난리가 나서 큰 피해가 난 것을 이야기하고, 태풍을 설명하면서는 태풍이 오는 시기가 한식 전날 청명일로부터 꼭 210일째 되는 때라고 전하며, 우리 땅에 사는 잠자리 13종류의 이름을 술술 읊는다. 또 송이버섯에 대해 설명할 때는 버섯 나는 곳을 아무에게도 가르쳐 주지 말라고 당부할 정도로 각별한 애정을 드러낸다. 예로부터 조선의 송이는 품질이 좋아서 중국 사람들이 일종의 선해로 알고 진중히 여겼다고 전한다. 이런 설명을 읽고 나면 어쩐지 저자와 함께 송이를 따러 가고 싶다.

국화에 대해서는 음력 9월 9일, 중양절에 국화 넣은 떡과 국화로 만든 술을 먹는 풍습도 소개한다. 국화에 얽힌 전설까지 곁들여 딱딱하고 지루할 수 있는 과학 이야기를 친근하고 재밌게 풀어냈다. 또한 글의 바탕에는 조물주와 하느님에 대한 저자의 믿음이 깔려 있다. 인간에게 영혼이 있다는 믿음을 책 곳곳에서 심심치 않게 만날 수 있다. 한마디로 『과학소화』는 과학과 인문학이 자주 교차하는 색

다른 과학책이다.

알고 보니, 『과학소화』에는 그럴 만한 배경이 있었다. 저자 최상수는 설화와 전설, 민속놀이와 민요를 연구한 학자로 한국 우리나라 최초의 민속연구단체인 '한국민속학회'를 창립하고 회장을 지냈다. 처음에 저자의 이력을 알고는 민속과 풍습을 공부하신 분이(물론 여러 방면에 박학다식할 수 있지만) 고무나무에서 추출한 고무로 고무신을 만드는 과정을 설명하고, 만유인력과 달나라에 대포를 쏴서 사람을 보내는 이야기를 하고, 공기의 압력을 이용한 잠수함의 원리를 설명하는 것을 선뜻 믿고 받아들이기가 쉽지만은 않았다. 더군다나 이분의 경력 중에 저서로 『과학소화』를 언급한 자료를 쉽게 찾을 수 없어서 필자가 검색한 인물과 이 책의 저자가 동명이인이 아닌지 한참을 의심했다. 다행히 몇몇 논문들이 민속학자 최상수가 이 책의 저자라는 것을 확인해 주어, 그 의구심을 가까스로 풀 수 있었다.[19]

사실 그 논문들보다 과학책에 뜬금없이 등장했던 전설 이야기가 저자에게 더 확신을 주었다. 저자 최상수는 초등학교 시절 자신의 스승에게 들었던 경주 봉덕사의 에밀레종 전설에 매료되어, 이듬해 직접 경주를 찾아갔고 그것이 민속학에 관심을 갖게 된 계기였다고 회고했다.[20] 그는 전설을 수집하고 그 이야기를 과학적으로 증명하려고 반세기가 넘는 기간 동안 전설의 현장 수천여 곳을 직접 찾아다녔다. 과학책을 이야기책처럼 쓰기에 이보다 적당한 저자가 또 있을까? 불현듯 그가 국화에 대해 설명하면서 들려주었던 전설 이야기가 떠오른다.

지금은 전설이 돼 버린 과학 상식책이지만, 최상수 작가의 『과학소화』는 인문학적 상상력을 발휘해 집필한 것이기에 과학적 사실을 확인하는 효용이 다 한 후에도 두고두고 읽힐 수 있겠다는 생각이다.

두 개의 '조선어연구회'

『과학소화』를 출간한 곳은 '조선어연구회'다. 하지만 우리가 잘 알고 있는 '조선어연구회'가 아니다. 우리가 아는 '조선어연구회'는 조선어학회와 한글학회의 전신으로 우리말 사전을 편찬하고 한글맞춤법을 통일하는 등 식민지 조선의 혼으로 한글을 연구했던 단체다. 그러나 이 책을 펴낸 '조선어연구회'는 역할은 비슷했지만 조선총독부의 지원을 받았다. '조선어연구회'가 1931년 '조선어학회'로 이름을 바꾼 이유도 이 단체와 혼동되지 않기 위해서였다.

잡지를 발간하고 교과서를 펴내는 등 비교적 활발한 활동을 했는데,[21] 최상수는 1944년부터 이 단체의 책임자 역할을 맡았다. 1944년 4월 17일 자 『매일신보』에 조선어연구회를 이끌어 오던 일본인 이도伊藤韓堂 씨의 별세로 오랫동안 활동이 침체됐던 연구회가 도요노豊野實(최상수) 씨를 수장으로 맞아 내부 진용을 강화하고 국어보급총서와 만지어滿支語 총서 발간에 주력하게 되었다며 새 출발을 기대한다는 기사가 실렸다.

그가 어떻게 이 단체에서 활동하게 되었고, 영향력이 어떠했는지는 크게 연구된 바가 없어 현재로서는 그 경위를 정확히 파악할 수 없다. 다만, 이 연구회의 책임자를 맡은 후 『과학소화』를 펴냈고, 창씨개명한 이름 도요노로 일본어책 『女の學校』를 같은 해 2달 뒤에 출간했다는 사실을 확인할 수 있을 뿐이다22. 상충하는 두 분야, 과학과 민속학처럼 이 단체와 최상수의 관계도 쉽게 이해되지 않는다. 과학처럼 명료하게 설명하기 어려운 것이 한 인간에 대한 이해가 아닐까 우선 결론 내리고, 훗날 더 심도 있는 연구로 해명될 날을 기대한다.

나오는 말

어느 날 『유물즈』라는 손바닥만 한 작은 책을 만났다. 다소 고리타분하다고 할 수 있을 박물관 유물들을 소재로 한 책이었다. 저자의 매우 사적인 유물 감상기였는데, 관심 밖이었던 고대 유물을 다시 보게 하는 매력이 있었다. 사소할 수 있는 이야기가 값진 유물과의 참신하면서도 신선한 만남을 주선해 주었다. 우리 도서관 서고에 있는 케케묵은 한국책들도 이렇게 소개하면 어떨까 싶었다.

유홍준 선생님의 『나의 문화유산답사기』에서도 영감을 받았다. 답사기를 읽으면 미처 가 보지 못한 우리 땅 구석구석의 흙냄새와 공기를 느낄 수 있었다. 혼자라면 그냥 스쳐 지나갔을 장소에 새로운 감흥을 느끼게 해 준 유 선생님만의 목소리가 있었다고 할까? 책은 당장 그곳으로 떠나고 싶게 만들었다.

박물관의 유물, 답사지의 유적, 도서관의 고서, 이 삼총사에서 뭔가 공통점이 느껴졌다. 바로 그거였다. 평소에 관심도 없던 낡은 책이지만 이 책을 읽고 나면 직접 찾아 읽어 보게 만드는 책, '나의 오래된 한국책 이야기'을 쓰면 좋겠다는 생각을 했다.

한국학 사서라지만 우리 옛 선조들이 만든 오래된 책에 대해 무지하기는 일반인과 다를 바 없다. 너무 모르기에 연구하기로 마음먹었다. 책의 서지사항을 확인하는 것을 넘어서, 책에 관한 정보를 찾아 고신문에서부터 연구논문, 참고도서 및 인터넷 자료를 샅샅이 뒤졌다. 물론 독자의 마음으로 책을 읽는 것은 기본이었다. 순한문 책들은 번역본을 구해 읽었고, 국한문 혼용체는 모르는 한자를 찾아 가며 떠듬떠듬 읽어 나갔다. 어떤 책은 순한글이었지만 고어가 많아 쉽게 읽히지 않았다.

책의 내용뿐 아니라 독자로서의 감상 및 저자와 당시 시대적 배경과 역사, 책이 탄생하게 된 배경과 독자에 이르기까지 한 권 한 권을 꼭꼭 씹으며 읽었다. 씹으면 씹을수록 달았다. 21세기 독자가 20세기 책을 읽는 일이 쉽지만은 않아서 한숨이 나올 때도 많았지만 값진 것들을 많이 알게 되었다. 어렵고 불편한 책을 하나씩 읽으면서 가까이 다가가고자 노력했더니 시대에 대한 이해도 넓어졌고, 20세기 초 지식인들도 많이 만났고, 일제 강점기 한국의 상황도 생생하게 읽어 낼 수 있었다. 슬프기도 했지만 감격적이었고 해학의 여유, 감탄, 놀라움, 충격, 감동, 창피함, 연민 등 온갖 감정이 교차했다.

오래된 책을 해제집이나 목록집 같은 딱딱하고 낡은 방식으로만 소개하고 마는 것은 아쉽다. 이 책이 옛날 이야기를 듣듯 재밌게 읽을 수 있는 책 이야기로 읽힌다면 목적 달성이다. 내 식대로 책을 분석하고, 느끼고, 맛보고, 관찰하고, 조사해 소개해 보았는데, 펼쳐 놓은 책 마당에 독자들이 모여 흥미로운 시간을 보냈기를 바란다.

감사의 말

얼굴도, 이름도 모르는 필자의 책을 펴내기로 결정한 유유출판사 대표님께 먼저 감사를 드린다. 유유출판사와 다리를 놓아 주신 이현주 편집자님 덕분이다. 시애틀 이웃이라는 이유만으로 이현주 편집자님의 편집의 깊은 맛을 누리는 행운을 얻었다. 인생의 운을 다 쓴 기분이다. 코로나19로 어려운 가운데서도 끝까지 편집을 봐 주신 편집자님의 노고에 깊은 감사의 말을 전한다.

　연구년이라는 시간이 없었다면 책 집필은 생각도 못 했을 것이다. 연구년 신청서에 흔쾌히 승인 도장을 찍어 준 워싱턴대학교 동아시아도서관의 즈자 선Zhijia Shen 관장님과 일본 자료를 보는 데 도움을 준 동료 아주사 다나카Azusa Tanaka 일본학 사서에게도 감사하다. 소심한 필자에게 선뜻 책을 내주시겠다며 호의를 마다하지 않으셨던 경인문화사의 한정희 사장님과 김소영 팀장님(비록 경인문화사의 신세를 지게 되진 않았지만), 한 권으로 그치지 말고 시리즈로 열 권쯤 내라며 무한 격려해 주신 이화여자대학교의 정연경 교수님, 책 쓰는 것을 지지해 주신 워싱턴대학교의 유혜자 선생님, 대박 날 거라며 응원을 아끼지 않은 대학 동기이자 친구 공주대학교 이미화 교수 등 감사할 분들뿐이다.

한 권의 책이 나오기까지 많은 분의 도움이 필요했다. 날카로운 조언으로 늘 내 역량 이상으로 성장하도록 지도해 주시는 워싱턴대학교의 조희경 한국문학 교수님, 그리고 지금은 은퇴하셨지만 옛 책의 향연에 가장 처음 초대해 주신 상명대학교의 김종천 교수님께도 감사를 드린다. 살아 계셨으면 이 책의 추천사를 받고 싶었는데, 안타깝게 집필 중에 고인이 되신 이화여자대학교의 고 김봉희 은사님께도 마음의 큰 절을 올린다.

마지막으로 가족의 든든한 울타리가 되어 준 사랑하는 남편과 쌍둥이 아들들에게 고마움을 전한다.

1부 1900~1909: 근대화와 식민화의 운명 앞에서

1   『Papers Relating to Pacific and Far Eastern Affairs Prepared for the Use of the American Delegation to the Conference on the Limitation of Armament』, (Washington, 1921~1922) pp.1032.

2   히데오 미네기시(峰岸英雄), 「Trajectory of Heikichi Muraoka, the founder of Fukuin Printing('福音印刷' 創業者 村岡平吉の軌跡)」, (Kyodo Kenkyu Kanagawa＊= Kanagawa prefecture local history) (53), 1-16, 2015-02, p.7.

3   이숙, 「게일에게 한국어를 가르치고 공동 번역자로 활동한 이창직」, 『기독교사상』(초기 선교사의 한국어 교사 10) 729호, 2019, pp.133~147.

4   '초등교육', 한국민족문화대백과사전.

5   「초등소학 재판」, 『황성신문』, 1907년 6월 25일 자.

6   강진호, 「근대 국어 교과서와 민간 독본의 탄생 ―『초등소학』(1906)을 중심으로」, 『현대문학이론연구』 60, 2015, pp. 29~58.

7   최기영, 「한말 국민교육회의 설립에 관한 검토」, 『한국근현대사연구』 1 , 1994, pp.29~62.

8   「교육설회」, 『황성신문』, 1904년 8월 27일 자.

9   책 출간에 앞서 『황성신문』(1906.8.28~1906.9.5)에 총 7회에 걸쳐 「독월남망국사」가 소개되었다.

10   한국민족문화대백과사전.

11   최박광, 「『월남 망국사』와 동아시아 지식인들」, 『인문과학』 36 , 2005, pp. 7~23.

12   앞의 논문.

13   「횡설수설」, 『동아일보』, 1958년 11월 8일 자.

14   김소운, 『김소운수필선집』. 아성출판사, 1978(영인본). v.5 pp.28 (逆旅記: 새時代의 脈搏이).

15   한자로 된 원문의 한글 번역은 『조선시대 영어교재 아학편』(베리북, 2018)의 책에서 참조.

16   도쿄대학 홈페이지. https://www.u-tokyo.ac.jp/en/about/presidents.html

17   가토 히로유키, 『인권신설』, 谷山楼, 1882.

18 讀賣新聞, 1881년 11월 24일 자.

19 西周, 植手通有 遍, 『西周, 加藤弘之』日本の名著34, 中央公論社, 1981, pp. 488~489

20 이토 히로부미(1841~1909). 일본 제국의 초대 내각총리대신이며 조선통감부의 통감을 역임. 일본 제국 헌법의 기초를 마련했다.

21 이 부분은 김도형의 논문에서 상당 부분 발췌했다. 김도형. (2007). 「가토 히로유키 시화진화론의 수용과 번역양상에 관한 일고찰 —『인권신설』과 『강자의 권리 경쟁론』을 중심으로」. 『대동문화연구』, 57, pp.171~201.

22 아단문고의 표지 스캔본. http://adanmungo.org/view.php?idx=3482

23 이중환, 『우리출판 100년』. 현암사, 2001. p. 47.

24 홍을표, 「『자유종』과 『은세계』 비교」, 『인문과학연구논총』 35, 2013, pp.73~101.

25 박대성, 「현순(玄楯)의 생애와 사상 연구(A study on the life and thought of the Rev. Soon Hyun)」, 감리교신학대학교 대학원, 2005.

26 현앨리스는 해방 후 미 군속으로 남한에서 일했는데, 그로 인해 미국 스파이로 지목되어 북한에서 처형당했다.

27 한규무, 「현순, 『포와유람기』」. 『한국사 시민강좌』 42, 2008, pp.141~158.

28 1904년 경성부 서소문 내에 설립된 일한도서주식회사는 조선 내에 여러 일본인이 합자해 만든 민영 인쇄소로, 1907년에 명동으로 옮기고 이름을 일한인쇄주식회사로 바꾸었다. 1919년에는 조선인쇄주식회사에 인수되었다. (류현국, 『한글 활자의 탄생 1820~1945』, 홍시커뮤니케이션, 2016)) 현채는 일한도서주식회사의 부사장이었다.

29 조동걸 외, 『한국의 역사가와 역사학』, 창작과 비평사, 1994, p. 40

2부 1910~1919: 일제를 피해 해외를 떠돌다

1 유춘동, 「윤치호의 『우순소리』 신한국보사(新韓國報社, 1910)본에 대하여」. 『근대서지』10 , 2014, pp. 167~175.

2 이익(1681~1763), 『백언해』

3 『한국민족문화대백과사전』을 비롯해 일부 문헌과 논문에서는 이 책이 회동서관에서 1913년에 출간되었다고 기록되어 있는데, 한국과 세계 도서관 목록을 통해서도 해당 서지를 확인하지 못했다. 워싱턴대학교의 소장본은 1913년(대정 2년) 불교서관에서 발행되었다.

4 「신간소개」,『매일신보』(每日申報), 1914년 5월 10일 자.

5 조명제 옮김,『조선불교유신론』, 지만지, 2014. p.31

6 한용운, 위키백과

7 「승니가요헌」(僧尼嫁要獻議),『황성신문』(皇城新聞), 1910년 3월 27일 자.

   「추원재건의」(樞院再建議),『대한매일신보』(大韓每日申報), 1910년 5월 11일 자.

8 대처승, 한국민족문화대백과사전

9 수도승, 「'견성성불'과 '중생제도'로 가는 번뇌와 고행」,『동아일보』, 1971년 3월
   27일자.

10 「조선 ○○단원에게 사살당한 박용만 씨」,『동아일보』, 1928년 10월 27일자.

11 외국어의 한자 음역은 한 가지가 아니다. 미국의 경우 아미리가(亞美里加) 외에
   도 米國(미국), 며리계(弥里界), 亞米利加(아미리가), 亞墨利加(아묵리가), 亞米利堅
   (아미리견), 亞美利堅(아미리견), 亞彌利堅(아미리견), 米利堅(미리견), 美利堅(미
   리견), 彌利堅(미리견), 花旗(화기) 등 수도 없이 많다. 한글로 외래어를 표기할 때
   제각각일 수 있는 것과 같은 이치이다.

12 우리가 아는 보통 책은 가로쓰기로 왼쪽 페이지에서 오른쪽 페이지로 읽어 나간
   다. 반면 세로쓰기 방식은 과거 동양서에 주로 쓰인 방식으로 맨 끝장에서부터 시
   작해 오른쪽 페이지를 읽은 후에 왼쪽 페이지를 읽는 방식이다.

13 최영호, 「박용만」,『한국사 시민강좌』47, 2010, pp. 88~134.

14 이 번역본 외에도 이대위가 1915년 9월 2일자부터 12월 9일자까지 자신이 주필
   로 있던『신한민보』에 8회에 걸쳐『한국통사』를 국문으로 번역해 연재했다. 이대
   위는 제2편 제1장부터 제12장까지 번역했지만 200쪽이 넘는 이 서적을 다 번역
   할 수 없어 중요한 부분을 발췌 번역하고자 하였으나, 이루지 못했다고 한다. (독
   립유공자 정보, 공훈전자사료관)

   http://e-gonghun.mpva.go.kr/user/IndepCrusaderDetail.do?goTocode=
   20003&mngNo=70787)

15 한국민족문화대백과사전

16 위키실록사전

17 「나절로 만필, 그리운 애국자상」,『동아일보』, 1973년 12월 8일 자.

18 서울역사아카이브, 가로경관

19 워싱턴대학교 도서관은 팔레 교수님의 직접 번역하신『반계수록』영문 초고본을

소장하고 있다.

3부 1920~1929: 번역물로 연 깊고 다양한 책의 세계

1 「Joan of Arc's They Are Calling You」, 일리노이 디지털 아카이브

2 「Joan of Arc's Answer Song」, 미 의회도서관 소장

3 『황성신문』, 1907년 10월 8일 자.

4 한국민족문화대백과사전

5 「연애소설 짠닥크의 연애, 극성 이상수 지음(極星 李相壽 作)」,『동아일보』, 1924년 7월 15일자.

6 「JOAN OF ARC IS CANONIZED: Gorgeous Ceremonial Conducted by Pope at St. Peter's in Rome Illustrious Gathering」,『The Globe』, 1920년 5월 17일자.

7 『동아일보』, 1921년 5월 10일자.『데모쓰테네쓰』광고에는『짠딱크』는 현재 인쇄 중이라고 출간 예고를 함께 실었다.『짠딱크』는 5월 31일에 발행되었다.

8 권오숙,「셰익스피어 한국어 번역 100년사」.『번역학연구』19(4), pp.45~74.

9 중국은 현재 자료 대부분에서 사사비아(莎士比亞)로 표기하고 있고 1902년에도 이미 이 방식으로 표기했다.

10 「沙翁의 初版書 一冊에 十萬圓 미국 사람이 사드렷다」,『매일신보』(每日申報),1928년 1월 18일 자.『조선일보』1921년 12월 14일 자에는 '쉑스피어' 극을 단성사에서 상연한다는 광고가 있다.『조선일보』1930년 3월 23일 자에는 '쉑쓰피어'라는 표기도 보인다.

11 「Spelling of Shakespeare's name」, Wikipedia, the free encyclopedia. Accessed June 21, 2019 https://en.wikipedia.org/wiki/Spelling_of_Shakespeare%27s_name

12 방효순.「조선도서주식회사의 설립과 역할에 대한 고찰」,『근대서지』6 , 2012, pp. 54-106

13 표지와 표제지에는 상해의 새글집으로 적혀 있고, 판권지에는 발행소 회동서관으로 되어 있다. 상해판을 회동서관에서 영인한 것으로 보인다.

14 『독립신문』(상해판) 제123호 (1922년 4월 15일자) , 제124호(1922년 5월 6일자), 제126호(1922년 5월 20일자), 제127호 (1922년 5월 27일자), 제129호 (1922년 6월 14일자), 제130호 (1922년 6월 24일자)

15 「응접실」, 『동아일보』, 1933년 9월 13일 자.

16 『깁더조선말본』, 부록 pp.101.

17 한국민족문화대백과사전.

18 판권지에 따르면 대정 5년(1916) 1월 15일에 제1판, 대정 7년(1918) 4월 15일에 정정판, 같은 해 11월 5일에 제3판, 대정 9년(1920) 7월 25일에 제4판, 대정 10년 (1921) 6월 15일에 제5판, 대정 11년(1922)년 5월 1일에 제6판이라 나옴.

19 박진영, 「창립 무렵의 신문관」, 『사이間SAI』7.0, 2009, pp. 9~46.

20 엄순천, 「한국에서의 러시아문학 번역현황 조사 및 분석」, 『노어노문학』17(3), 2005, pp.241~272.

21 앞의 논문. 원래 『가주사/애화/해당화』로 표기되었던 책의 정확한 서명은 연세대학교 소장도서 목록에서 확인했음.

22 세계서지로 유명한 WorldCat의 도서 목록에 의하면 워싱턴대학교가 유일하게 소장하고 있는 책이다. 물론 이 서지에 포함되지 않은 개인 소장본이나 세계서지에 목록을 공유하지 않은 그 외 기관들이 소장하고 있을 가능성이 아주 없지는 않다. 한국 내에서는 한국현대문학관에서 유일하게 소장하고 있는 것으로 보인다.

23 Rabindranath Tagore and W. B. Yeats, 『Gitanjali』(Song Offerings), London, Chiswick Press for the India Society, 1912.

24 https://archive.org/details/gitanjalisongoff00tago_0/page/n9

25 1970년 출간된 일본어 책 『재일한국인의 민족운동』(在日韓国人の民族運動)의 저자 정철(鄭哲)은 1909년생으로 동명이인일 가능성이 높다.

26 『동아일보』 1면 광고, 1924년 4월 9일 자.

27 「雜誌(잡지) 『愛(애)』 創刊號(창간호) 이달 중순에 발행」, 『동아일보』, 1923년 12월 6일 자.

28 화봉문고에서 올린 사이트에서 확인 http://bookseum.hwabong.com/jsp/show57/picture.jsp?user_code=1-115&code=17001

29 『한국민족문화대백과』 사전에 의하면 『시대일보』는 서울에서 최남선이 민족의 단합과 협동을 제일의 사명으로 1924년에 창간한 일간신문으로 주간 잡지 『동명』(東明) 폐간 후에 제호를 바꾸어 발행한 것이다. 1926년 경영난으로 발행이 중단되고 『중외일보』(中外日報)로 다시 탄생한다.

30 춘원 이광수, 「오도답파여행」(五道踏破旅行), 『매일신보』(每日申報), 1917년 6~8

월 연재.

31   책의 원문에는 震의 한자를 쓰고 있지만, 기원전 4~7세기 경의 백제 전신인 마한·
      진한·변한 시대보다 그 이전의 나라 진(辰)을 말하고 있는 것 같다.

32   「사학가(史學家)로서의 육당(六堂)」, 『동아일보』, 1957년 10월 15일 자.

33   「시각미술로 거듭나는 북디자인의 세계」, 『한겨레신문』, 1998년 7월 20일 자.

34   유춘동, 「구활자본 고소설 출판에서 저작권 및 원작자의 문제」, 『근대서지』 11,
      2015, pp. 571~576.

35   한국민족문화대백과사전.

36   한 연구자는 일제의 억압으로 자유롭게 표현하지 못한 것이라고 했다.
      정민, 「권구현의 삶과 초기시의 양상」, 『충북학』 7, 2005, pp.163~183.

37   박대헌, 『한국 북디자인 100년: 1883~1983』(Korean Modern Book Design in
      1883-1983), 21세기북스, 2013, p.140.

4부 1930~1939: 암흑기에 뿌려진 한국 문학의 씨앗

1   「이여성의 고증에 의해 제작된 상고시대 여성 의상」, 『한겨레신문』, 1991년 7월
      12일 자.

2   신용균, 「1930년 전후 이여성의 약소민족운동 연구와 민족해방운동론」, 『사총』
      76, 2012, pp.31~59.

3   「내 이름은 이여성 (3), 남에서도 북에서도 환영 받지 못한 민족적 사회주의자」,
      『뉴스인』, 2019년 10월 8일 자. http://www.newsmin.co.kr/news/42166/

4   「유아 달래는 말을 자기에게 욕했다고」, 『동아일보』, 1924년 1월 15일자.

5   「도소기도으로 행악」, 『동아일보』, 1923년 1월 4일 자.

6   한국민족문화대백과사전.

7   하세가와 이쿠오(長谷川郁夫), 『미주와 혁양: 제일서방·하세가와 미노기치』(美酒
      と革囊: 第一書房·長谷川巳之吉), 河出書房新社, 2006. pp. 260~262.

8   한국민족문화대백과사전.

9   『동아일보』, 1933년 2월 28일 자.

10   류덕제, 「김기주의 『조선신동요선집』 연구」, 『아동청소년문학연구』23, 2018,
      pp.153~184.

11   이덕주, 「신앙과 조국을 노래한 종교시인 장정심」, 『새가정』 7·8, 1988, pp.

108~113.

12 萍蘭의 한자 표기가 잘못된 것이 아닌가 생각된다. 석용원, 「신앙을 위한 시인」, 『새가정』, 1965년 9월, pp.40~44.

13 「조선문화이십년 33: 시집출판의 왕성」, 『동아일보』 1940년 6월 1일 자.

14 한국민족문화대백과사전.

15 솔버그 컬렉션 http://archiveswest.orbiscascade.org/ark:/80444/xv77172

16 건설출판사 1946년도 재판본 판권지에 의하면 초판본이 1934년 10월에 출간되었다는데 시문학사의 발행일 1935년 10월보다 1년이 앞선다. 한국민족문화대백과 사전에도 1934년도 건설출판사의 초판본에 대한 언급은 없고, 실물을 확인할 길이 없어서 날짜가 잘못 인쇄된 것이 아닌가 생각된다.

17 홍승진, 「1950년대 김종삼 시에서 장소로서의 이미지와 내재성」, 『한국시학연구』 53, 2018, pp. 243~289.

18 http://www.adanmungo.org/view.php?idx=2608

19 1930년대 경성의 대표적 요리집으로 명월관 본점과 지점을 비롯해 천향원 (인사동), 식도원 (남대문동), 국일관 (관수동), 태서관 (공평동) 등이 있었다고 한다. 이들 요리집에는 큰 연회장에 무대까지 갖춰 기생들의 공연이 이루어졌고, 술과 음식을 파는 상업적 공간이었다. 서울역사아카이브 근·현대 서울사진: http://www.museum.seoul.kr/archive/archiveList.do?type=D&arcvGroupNo=2848

20 정우택, 「1920~1930년대 동인지의 동향과 특성」, 계간 『시작』18(2), 2019, pp.25~32.

21 모윤숙, 「『정지용시집』을 읽고」, 『동아일보』 3면, 1935년 12월 10일 자.

22 한국민족문화대백과사전.

23 정지용, 「쉽게 씌어진 시, 고 윤동주」, 『경향신문』, 1947년 2월 13일 자.

24 박용철, 「올해 시단총평 (완) 기상도와 시원오호」, 『동아일보』, 1935년 12월 28일 자.

25 박제홍, 김순전, 「일제말 문학작품에 서사된 김옥균상」, 『일본어교육』 48, 2009, pp.175~189

26 조현서, 「박팔양의 만주체험과 작가의식 변화」, 『국제어문』 75, 2017.pp. 235~258.

27 이해문, 「중견시인론」, 『시인춘추』 2, 1938, p.60.

513

28 능금.

29 철자와 띄어쓰기는 '목젖이처서' 부분을 제외하고 현대어에 맞췄다.

30 박문원, 위키백과.

31 박상준, 「『천변풍경』의 개작에 따른 작품 효과의 변화 — 연재본과 단행본의 비교」, 『현대문학의 연구』45, 2011, pp.275~30.

32 「뿍 레뷰: 박태원씨 저 『천변풍경』」, 『동아일보』, 1939년 2월 18일 자.

33 류민영, 「연재 한국희곡사연구(連載 韓國戱曲史硏究) 12 : 김송(金松)의 희곡(戱曲)」, 『연극평론』19, 1980, pp.30~40.

34 양훈, 「라디오드라마에 관한 프라그멘트 (상)」, 『동아일보』, 1939년 8월 11일 자.

35 한설야, 「신간평 김송『호반의 비가』평」, 『조선일보』, 1939년 2월 9일 자.

36 앞의 류민영의 논문.

37 단행본에 수록된 소설 순서대로 작가 이름을 적었다. 나중에 출간한 영인본(문영각 출판)에 수록된 목차와 색인집에는 작가 이름에 오류가 있다. 첫 작품의 저자를 조벽암, 두 번째 저자를 강영애로 잘못 적었다.

38 박정희, 「1920~30년대 '릴레이 소설'의 존재방식과 그 의미에 대한 연구」, 『한국현대문학연구』51, 2017, pp. 261~290.

39 '동반자작가', 한국민족문화대백과사전 http://encykorea.aks.ac.kr/Contents/Item/E0016484

40 「연작소설(連作小說)'에 대하야」, 『신가정』, 1936년 4월, p.192.

41 「장편소설 예고 "여명기"」, 『동아일보』, 1935년 12월 24일 자.

42 『흥사단운동70년사』, 흥사단, 1983, pp.106~112

5부 1940~1945: 여성 저자의 부상과 현대 출판의 맹아

1 손성준, 「'여류' 앤솔로지의 다시 쓰기, 그 이중의 검열회로」, 『코기토』81, 2017, pp.160~201.

2 「한글질의란」, 『동아일보』, 1931년 2월 7일 자.

3 책 서문에는 정인섭(鄭寅燮)으로 나와 있는 것과는 달리 『한국민족대백과사전』에는 정인보(鄭寅普)라고 나와 있어 혼선이 있으나, 서문에 나온 대로 정인섭이 책임위원으로 활동한 것이 맞다고 생각된다.

4 맥큔과 라이샤워는 미국 선교사 집안의 자제로 각각 한국과 일본에서 태어나 자

랐고 어린 시절부터 친구 사이였다. 미국에서 각각 한국과 일본을 주제로 공부했으며, 서울에서 우연히 같이 지낸 시기에 한글 로마자 표기법을 함께 만들었다. 맥큔은 초기 1세기 한국학 학자로 캘리포니아대학에서 교편을 잡았으나 1948년 40세의 나이로 일찍 세상을 떠났고, 라이샤워는 하버드대학의 일본학 교수로 오래 재직했다.

5 Royal Asiatic Society-Korea Branch, 「The Romanization of the Korean language: based upon its phonetic structure」, 『Transactions of the Korea Branch of the Royal Asiatic Society』 29, 1939, pp.1~55.

6 『조선일보』, 1939년 9월 13일 자.

7 과거 『만선일보』(滿鮮日報)와 「가정지우」(家政之友)에 기고했던 글인 경우에는 글 말미에 저자가 밝히고 있다.

8 金海相德 編, 『半島名作童話集』, 盛文堂書店, 1943년 10월, 경성

9 유재진, 「일본문화: 김상덕의 일본어 동화 『다로의 모험(太郞の冒險)』 연구 1 — "친일" 문학의 균열」, 『일본언어문화』 28, 2014, pp.609~624.

10 방신애, 『우리나라 음식 만드는 법』, 장충도서출판사, 1960.

11 김성은, 「신여성 방신영의 업적과 사회활동」, 『여성과 역사』 23, 2015, pp. 203~243.

12 「요리법 작권 침해 방신영씨가 승소」, 『조선일보』, 1933년 7월 23일 자.

13 University Book Store는 워싱턴대학출판부(University of Washington Press)의 전신.

14 「The Once Over」, 『Books Abroad』 19, no. 2, 1945, pp. 207~219.

15 「신미리 애국렬사릉에 렬사들의 유해 새로 안치」, 『노동신문』, 2016년 10월 13일 자.

16 "Testimony by Harold W. Sunoo", Hearing before the Committee on Un-American Activities, House of Representatives, Eighty-Third Congress Second Session, June 18, 1954, 『Investigation of Communist Activities in the Pacific Northwest Area』, part 7: Seattle, pp.6489~6509.

17 Flier entitled Canwell Committee and the University of Washington, July 1948, Special Collection at the University of Washington, https://digitalcollections. lib.washington.edu/digital/collection/pioneerlife/id/24223

18   선우학원, 『아리랑 그 슬픈 가락이여 : 미주 이민 90년을 맞으며』, 대흥기획, 1994

19   김광식·이복규, 「해방 전후 시기 최상수 편 조선전설집의 변용양상 고찰」, 『한국
      민속학』 56, 2012, pp.7~39.

20   최상수, 「나의 스승 김용우 선생님」, 『경향신문』, 1983년 5월 23일 자.

21   「또 하나의 '조선어연구회'」, 『중앙일보』, 2004년 4월 8일 자.

22   도요노(豊野実), 『女の學校』, 朝鮮語研究會, 1944.

워싱턴대학의 한국 책들
동아시아도서관의 보물: 1900~1945

2021년 12월 14일   초판 1쇄 발행

지은이
이효경

펴낸이   **펴낸곳**   **등록**
조성웅   도서출판 유유   제406 - 2010 - 000032호 (2010년 4월 2일)

                  주소
                  서울시 마포구 동교로15길 30, 3층 (우편번호 04003)

전화   **팩스**   **홈페이지**   **전자우편**
02 - 3144 - 6869 0303 - 3444 - 4645 uupress.co.kr   uupress@gmail.com

                  페이스북   **트위터**   **인스타그램**
                  facebook.com   twitter.com   instagram.com
                  /uupress   /uu_press   /uupress

편집   **디자인**   **마케팅**
이현주, 사공영   이기준   황효선

제작   **인쇄**   **제책**   **물류**
제이오   (주)민언프린텍   라정문화사   책과일터

ISBN 979 - 11 - 6770 - 018 - 6 93020